名作文学で読み解く英文法

風と共に去りぬ

Gone With
the Wind

Margaret Mitchell

装　　　幀＝高橋 玲奈
コラム執筆 ＝ Raina Ruth Nakamura
ナレーション ＝ Ariane Marchese

本書の英文テキストは、弊社から刊行されたラダーシリーズ『Gone With the Wind』から転載しています。

はじめに

　マーガレット・ミッチェルの『風と共に去りぬ *Gone With the Wind*』は、アメリカの歴史を理解し、そこで生きた人々の人生が織りなした社会を知る上で、忘れてはならない名作です。1936年に初版が発行されたこの小説は、主人公のスカーレット・オハラの目を通して南北戦争とその復興の時代を描いています。

　スカーレットは奴隷制度に支えられたプランテーション（大農園）家族の出身で、戦前の豊かなアメリカ南部の生活から、戦後の大きな社会変動までを経験します。彼女は多面的な性格の持ち主で、逆境に強い回復力と適応力で、様々な試練を乗り越えていくのです。

　彼女が戦争による故郷の破壊と家族・友人の死、さらに夫との確執の末に戻ってきた故郷——そこはタラという名の丘陵地でした。スカーレットの父はオハラ家のプランテーション「タラ農園」の崩壊を目の当たりにしながら、失意のうちに死んでしまいます。しかし、彼が常に心に抱いていたのは、彼の故郷アイルランドにある「タラの丘」（The Hill of Tara）でした。その丘は、アイルランドを統治した伝説の王たちが住んでいたとされる、アイルランド人にとって特別な場所です。

　スカーレットには、そんなアイルランドへのプライドに支えられた移民の血が流れています。彼女の不屈の精神は、イギリスの植民地になり、19世紀になって貧困と抑圧に苦しみつつ大西洋を渡ってきたアイルランド人を象徴するものでした。彼女の父親は、多くの苦難を乗り越え、タラの丘の王たちから受け継いだ誇りを胸にプランテーションを築きあげました。新天地でも抑圧されたアイルランド移民が、南部で黒人奴隷を使って開拓したことは、歴史の皮肉であり、同時に19世紀の社会の矛盾と現実でもあったのです。

スカーレットが復興を誓った南部には、戦後も貧困と差別が残り、20世紀になってもそれは変わりませんでした。1960年代に公民権法が制定されたことによって、南部でも初めて全ての人が平等に扱われるようになったのです。言い換えれば、スカーレットが夢見た復興が真の意味で達成されたのは、南北戦争から100年経過してからだったのです。

　この壮大な歴史を背景にしながら、劇的に変化した南部に生きる人々を見事に描いたところが、「風と共に去りぬ」が議論を呼びながらも、名作として語り継がれている理由と言えるでしょう。

　本書では原書をシンプルな英語にリライトし、読み解く上でのヒントとなる文法解説、時代背景の説明をつけました。日本語訳もありますので、アメリカをさらに知るための一冊として、楽しみながら読み進めていただければ幸いです。

IBC編集部

目次

Gone With the Wind

本書の使い方

　本書の英文は、ラダーシリーズLevel 3の一作として小社から刊行された*Gone With the Wind*（『風と共に去りぬ』）のバージョンに基づいています。使用語彙が1,600語レベルに制限され、総語数を3万5,000語程度に抑えてリライトされているので、原書よりもはるかに楽に、楽しみながら無理なく読み切ることができるはずです。

　とはいえ、使用する文法には特に制限がかけられていません。言い換えれば、文法については手心が加えられていない、ネイティブスピーカーの自然な英語なのです。そのため、語句の表面的な意味は概ね理解できても、語形や語法、文の構造などに関する理解が追いつかず、文章の真意や筆者の意図を十分に把握できないこともあるかもしれません。個々の文の意味は、そこで使われる単語や熟語に多くを依存しますが、実は文法によって決定される部分も決して小さくないのです。特に、文章、文脈という大きな単位での理解には文法力が欠かせません。

　本書では、特に日本の英語学習者がつまずきがちなポイントを中心にして、英文に文法的な注釈・解説を付けてあります。単語や熟語の意味は全てわかるのに文全体の意味がはっきりつかめない、文章の前後関係がどうも釈然としない——英文を読みながらそんな思いを抱いたら、英文の対向ページ（各右ページ）にある文法解説に目を通してみてください。疑問が解け、誤読を防ぐことにもつながるはずです。

　また、文法解説を参照しながら英文を読み進めれば、それまでバラバラで脈絡のない知識の断片だった文法事項が、具体的にどんな場面でどんな役割を担い、どのような意味・ニュアンスを伝えるのか、といった観点で、少しずつ体系的に整理されていくことでしょう。

　語彙や表現に加えて文法も十分に理解した上で、本書を読破したら、次にはぜひ長編の原書にチャレンジしてみましょう。本書で身につけた知識や理解力は、原書を読むときにも必ず役に立つはずです。

●無料音声一括ダウンロード●

本書の朗読音声（MP3形式）を下記URLとQRコードから無料でPCなどに一括ダウンロードすることができます。

https://ibcpub.co.jp/audio_dl/0813/

※ダウンロードしたファイルはZIP形式で圧縮されていますので、解凍ソフトが必要です。
※MP3ファイルを再生するには、iTunesやWindows Media Playerなどのアプリケーションが必要です。
※PCや端末、アプリケーションの操作方法については、編集部ではお答えできません。付属のマニュアルやインターネットの検索を利用するか、開発元にお問い合わせください。

Gone With the Wind

『風と共に去りぬ』を
読み始める前に

1. History of the Civil War

Gone With the Wind is a historical fiction with a romance woven into it. The setting of the book is the southern state of Georgia during and after the American Civil War. It is useful to know some background about that war in order to understand the story better. Let's take a look at the causes of the war, one of the important battles mentioned in the book, and what happened in the South after the war ended.

The issue of slavery was causing problems and division between the northern and southern states long before Abraham Lincoln was elected President in 1860. The northern states had outlawed slavery in the first half of the 19th century, but new states, such as California, could decide whether they were free or slave states. There were several violent situations between Northerners and Southerners over freed slaves or runaway slaves before the war. The economy of the south was driven by slave labor and the southern plantation owners knew that if slavery was outlawed in their states, they would be ruined. So, they decided to form their own country called the Confederate States of America.

In April of 1861, soldiers from the South fired on a fort in the harbor of Charleston, South Carolina. No one was killed, but it was the beginning of the deadliest war in United States history.

The two sides in the Civil War had nicknames used in *Gone With the Wind*. The Northern Army, also called the Union Army, were called Yankees. This was a nickname from long before the war. A Yankee during the Revolutionary War with the British was an American. Within the U.S., though, Yankee referred to people from the northern states. The Southern Army was known as the Confederate Army and their soldiers had the nickname Rebels, or people who go against the authorities. The short forms of the nicknames for the two sides were Yanks and Rebs.

1. 南北戦争の歴史

『風と共に去りぬ』は、恋愛物語が織りこまれた歴史小説です。その舞台は、アメリカ南北戦争の戦中・戦後の南部ジョージア州。南北戦争の背景について知っておけば、この小説をもっとよく理解できるでしょう。それでは戦争の原因、本書に出てくる重要な戦いのひとつ、そして戦後の南部に起こった出来事について見ていきましょう。

黒人奴隷制度は、1860年にエイブラハム・リンカーンが大統領に選ばれるずっと前から、北部と南部の州のあいだで問題や分裂を引き起こしていました。北部の諸州は19世紀前半に奴隷制度を廃止しましたが、カリフォルニア州のような新しい州は奴隷制度を採用するかどうか決めることができました。北部人と南部人のあいだでは戦争前にも、解放奴隷や逃亡奴隷をめぐって暴力的な事件がいくつか起こっています。南部の経済は奴隷労働に支えられていたので、南部の農園（プランテーション）の経営者たちは、奴隷制が廃止されると自分たちが破滅するとわかっていました。そこで彼らは、南部連合国という自分たちの国をつくることにしたのです。

南部連合国を形成するために連邦を離脱したすべての州名の略称をヘビで表したポスター。SCはサウスカロライナ州、次のGaはジョージア州の略称。

1861年4月、南軍がサウスカロライナ州のチャールストン港にある要塞を砲撃しました。死者は出ませんでしたが、これが米国史上最多の戦死者を出す戦争の発端となりました。

南北戦争の両軍には、『風と共に去りぬ』で用いられたニックネームがあります。北軍、すなわち合衆国軍は「ヤンキー」と呼ばれました。これは南北戦争のずっと前からあったニックネームです。イギリスとの独立戦争では、ヤンキーはアメリカ人のことでした。しかしアメリカ国内では、ヤンキーは北部の州の人々を指したのです。南軍は連合軍として知られ、兵士は「レベル」と呼ばれました。これは、権力に反抗する者という意味です。それぞれのニックネームの略称は「ヤンクス」と「レブズ」でした。

「ステインレス・バナー（しみのない旗）」と呼ばれる南部連合の旗のひとつ。

「ボニー・ブルー・フラッグ」と呼ばれる南部連合の非公式の国旗（216ページ参照）。

The Confederate Army had several flags, some used in battles and some for official places like government buildings.

The boys and men in *Gone With the Wind* were excited to serve as soldiers in the war. But not everyone in the south wanted to get involved. This poster says that men and boys were required to sign up to be soldiers. It also says that it's a matter of honor for their land and family to become a soldier. If they didn't join, they would be arrested and forced to march with the army wherever they went.

Scalawags, or Scallywags as it is spelled in the book, were white people from the South who supported the Northerners during and after the war. When Rhett refused to join the Confederate Army, people called him a Scallywag. He was a blockade runner, using his ships to bring supplies from England to the South. This helped the Cause and also himself by making money. Later, he tries to erase his Scallywag reputation so that his daughter doesn't grow up in shame. By the end of the book, he is no longer a Scallywag, but a true Southern gentleman.

Atlanta was a very important city for the war, as the book says. It was the crossroads of four main railway lines that carried supplies to the rest of the south. Yet, before the war Atlanta was a small town of only 10,000 people. It grew quickly, to 20,000 within three years after the start of the war. The Union Army knew it had to capture Atlanta in order to win the war. In 36 days, the Union Army fired over 32,000 cannon shells into the city. This is equal to what a bomber would drop

TO ARMS! TO ARMS!

HEADQUARTERS 3RD BRIGADE 1st DIVISION ARKANSAS MILITIA,
Fort Smith, Arkansas, February 25th, 1862.

By order of the Governor and Commander in Chief of the Militia, and President of the Military Board of Arkansas, every man subject to military duty is required to report himself forthwith to the Commanding officer of his company, armed and equipped as the law directs.

Those who refuse to report themselves must be made to comply, or treated as deserters who desert in the face of the enemy. Such persons cannot be left behind safely! All suspicious persons will be arrested and kept under guard and moved forward with the Militia. Black Republican spies, deserters, vagrants, and sympathizers with the North, if there be such in the land, cannot be trusted in the rear when the Militia moves forward! All must, therefore, move together or be dealt with as law directs.

All are entreated by their honor, their homes, and their families to act promptly.

Officers will lay aside all other business, and devote themselves exclusively to the public service—rally their men, borrow, purchase or seize all the arms in the hands of non-combatants and march to the places appointed for rendezvous.

N. B. BURROW,
Brig. Gen. Commanding.

南北戦争が始まるとすぐに南部連合に参加した、アーカンソー州の民兵へ呼びかけるポスター

　連合軍にはいくつかの軍旗があり、戦いの場で用いられるものや、庁舎のような公的な場所で用いられるものがありました。

　『風と共に去りぬ』に登場する男性たちは、兵役につくことに沸き立っていました。しかし、南部の人がみな戦争に関わりたかったわけではありません。このポスターには、男性は老若問わず入隊義務があると書かれています。また、入隊は自らの土地と家族にとって名誉に関わる問題である、とも書かれています。入隊を拒むと逮捕され、軍と一緒に進軍させられることになっていました。

　Scalawagsスキャラワグ（本書でのつづりはScallywags）は、戦中・戦後に北部人に協力した南部出身の白人のことです。レットが連合軍に入隊するのを拒んだとき、人々からスキャラワグと呼ばれました。彼は北軍の海上封鎖をすり抜ける封鎖破りで、自分の船でイギリスから南部へと物資を運んでいたのです。これは南部の大義に役立ち、自身にとっても金儲けになりました。のちに彼は、成長していく娘が恥ずかしい思いをしないように、スキャラワグという悪評をぬぐい去ろうとします。物語の最後ではもうスキャラワグではなく、本物の南部の紳士になっています。

　アトランタは本書に描かれているとおり、この戦争にとってたいへん重要な町でした。南部全体に物資を運ぶ主要な４本の鉄道が交差する地点です。ただ戦前は、アトランタは人口わずか１万人の小さな町にすぎませんでした。戦争が始まってから３年のあいだに急激に成長して、人口２万人になったのです。合衆国軍（北軍）は、戦争に勝つためにはアトランタを陥落する必要があるとわかっていました。合衆国軍は36日間で３万2000発の砲弾をこの町に浴びせました。これは、第２次世界大戦でひとつの町に落とされた爆弾と同じ数

on a city in World War II. While many soldiers died, only around 25 residents of the city died. Most of the residents, like Miss Pittypat, had left Atlanta before the fighting started.

Before the battle of Atlanta, Lincoln himself did not believe he would win reelection as president in 1864. But after the Union victory in Atlanta, Lincoln won and worked to bring the end of slavery to all states. Unfortunately, he was killed on April 14, 1865, only six days after the South surrendered and the war ended. Lincoln's vision of ending slavery continued, however, when Georgia approved the 13th Amendment to the Constitution which said it was illegal to own slaves.

*

The era after the Civil War is known as Reconstruction. Carpetbaggers and the KKK were two elements of Reconstruction that were mentioned in *Gone With the Wind*.

クランの独特な式服を身に
まとった初期のクラン団員

Carpetbaggers got their name from the idea that they could carry everything they own in a cheap bag made of carpet. The Southerners thought carpetbaggers were Northerners with little education who came to make money from the confusing situation after the war ended. Actually, history has shown that some carpetbaggers moved to the south after the war to help the freed slaves try to fit into society. Others were doctors and lawyers who wanted to find jobs in the south.

The Ku Klux Klan was organized in 1867, around the same time that freed black people were being elected to governing roles in states and in Washington D.C. Seeing former slaves in positions of power was too much for some white men, and the Ku Klux Klan was born. Their main purpose was to intimidate blacks and the white people who supported them. In the book, there is a secret meeting which Scarlett's and Melanie's husbands attend. Most of the KKK's activities were secret and happened at night. Though Mitchell describes the KKK

です。大勢の兵士が戦死しましたが、町の住民の死者はわずか25人ほどでした。ほとんどの住民はミス・ピティパットのように、戦いが始まる前にアトランタから避難していたからです。

　アトランタ戦が起こるまで、リンカーンは自分でも1864年に大統領に再選されるとは思っていませんでした。しかし、アトランタで合衆国が勝利したあとリンカーンは再選を果たし、奴隷制度の廃止を全州にもたらそうとしました。ところが不幸にも、1865年4月14日、南部の降伏により終戦を迎えたわずか6日後に、彼は暗殺されたのです。それでも奴隷制度廃止というリンカーンの志は受け継がれ、ついにジョージア州は、奴隷の所有を禁止するアメリカ合衆国憲法修正第13条を批准しました。

＊

　南北戦争のあとの時代は、再建時代（リコンストラクション）として知られています。カーペットバッガーとKKKは再建時代のふたつの特徴的存在で、『風と共に去りぬ』でも触れられています。

　カーペットバッガーは、カーペットでつくった安物のかばんに所有物を全部入れて持ち運べそうだと思われたことから付いた名前です。南部人は彼らのことを、戦後の混乱に乗じて金儲けしようとやってきた無教養な北部人だと思っていました。じつは史実によると、カーペットバッガーのなかには、解放奴隷が社会に適応するのを助け

カーペット生地で作られたバッグ

るために戦後の南部に移住してきた人たちがいたことがわかっています。また、南部に仕事を求めてやってきた医師や弁護士もいました。

　秘密結社クー・クラックス・クラン（KKK）は1867年に結成されました。解放された黒人たちが各州やワシントンD.C.で政府の要職につくようになったのとほぼ同じ頃です。かつての奴隷が権力の座に就く光景は、一部の白人には我慢できないことでした。そしてクー・クラックス・クランが誕生したのです。彼らのおもな目的は、黒人や、黒人を支える白人を脅すことでした。本書中にも、スカーレットとメラニーの夫が参加していた秘密の会合の話があります。KKKの活動の大半は秘密であり、夜に行われました。著者のミッチェルは、スキャラワグを襲うグループとしてKKKを描いていますが、彼らはお

as a group that targeted white Scallywags, it killed or injured mostly blacks. From its beginnings to the current day, the KKK was known as a terrorist organization with white supremacy as its main goal. The Klan still exists and holds marches. The most recent and well-known Klan rally was held in Charlottesville, Virginia in 2017.

2. Margaret Mitchell and the Legacy of *Gone With the Wind*

Margaret Mitchell only wrote one book in her short lifetime. But that book, *Gone With the Wind*, has stayed on best-seller lists for more than 80 years since its publication. It's interesting to learn some facts about Mitchell's life and how her book was received both in the 1930s and more recently.

Mitchell was born in 1900 in Atlanta, Georgia where most of *Gone With the Wind* takes place. Her father was a lawyer and her mother worked in the social movement that fought for women's right to vote. As a child, Mitchell listened to many stories of Civil War battles, told by her grandfathers, great uncles and other older family members. From all that she heard, she believed the war was about fighting to preserve the southern way of life. At age 10, she was shocked to hear that the South had lost the war. She had heard many details about the war except the outcome of it.

She began college in 1918, but quit after her mother died to take care of her father and brother. She was known as a bit of a wild woman in the Atlanta social scene, appearing at balls in flapper dresses and dancing in a style that was not considered appropriate at the time. Some people have even compared the character of Scarlett to Mitchell herself. She, like Scarlett, was a woman who didn't care what others thought.

もに黒人を殺したり傷つけたりしていました。結成当時から今日まで、KKK
は白人至上主義を目指すテロ組織として知られています。クランは今も存在
し、デモ行進をしています。最近では、2017年にヴァージニア州シャーロッ
ツビルで行われたクラン集会が有名です。

2. マーガレット・ミッチェルと
　　『風と共に去りぬ』という遺産

　マーガレット・ミッチェルがその短い生涯
で書いた本は1冊だけでした。しかしその作品
『風と共に去りぬ』は、出版されてから80年以上もベストセラーリストに載り
つづけています。ミッチェルの人生と、そして彼女の作品に対する1930年代
と近年の評価について知ることは興味深いことです。

　ミッチェルは1900年にジョージア州のアトランタで生まれました。この
ジョージア州が『風と共に去りぬ』の舞台の大半を占めています。彼女の父親
は弁護士、母親は女性参政権を求める社会運動に携わっていました。子どもの
頃、ミッチェルは祖父や大叔父など年かさの親族から、南北戦争についての話
をたくさん聞かされました。こうして聞いた話から、その戦争は南部の生き方
を守るための戦いだったのだと信じていました。10歳のとき、彼女は南部が
戦争に負けたことを知って驚きました。戦争について詳しい話をいろいろ聞
いていたのに、結末は聞いたことがなかったからです。

　彼女は1918年に大学に入りましたが、母の死後、父と兄の世話をするため
に退学しました。アトランタの社交界では少々自由奔放な女性として有名で、
舞踏会にフラッパードレスで現れ、当時ははしたないとされた踊り方をしま
した。スカーレットの人物像がミッチェル本人に似ていると考える人もいま
す。彼女はスカーレットのように、他人からどう思われようと気にかけない女
性でした。

She became a reporter for an Atlanta newspaper, but in 1926 an injury forced her to quit her job and stay home. It was during the next ten years that she wrote *Gone With the Wind*. She did not have an organized writing style. Rather, she wrote scenes and put them in different places in her house. It is said that the first scene she wrote was the final scene of Scarlett sitting in her house in Atlanta, planning to go home to Tara and saying, 'Tomorrow is another day.'

A friend of Mitchell's asked an editor at a major publishing company to look at some of her writing. The editor liked the few sample chapters she had written and offered her a publishing contract. Mitchell promised the book would be ready in seven months and then worked day and night to pull all the scenes she had written together into a book. The publisher wanted to use the title *Tomorrow is Another Day*, but Mitchell preferred *Gone With the Wind* and that became the book's now-famous title.

When *Gone With the Wind* was published, Mitchell was worried the publisher would not get its money back. She thought no one would buy it. Instead, it sold 50,000 copies in one day and an unheard of one million copies within six months. Up to the current day, it is the best selling U.S. novel of all time.

*

Mitchell's life changed dramatically after the publication of *Gone With the Wind*. She did not enjoy all the fame, though, and kept to herself at home, answering fan mail and working with overseas publishers to translate the book in many languages. Sadly, Mitchell died of injuries she got from a car accident at the age of 48.

Gone With the Wind was praised by regular readers and critics, although some people thought it was too long. It was given the Pulitzer Prize in Literature, even though some reviews said it was a woman's romance novel rather than a serious book of literary fiction. As the decades went by, however, the racism in the book has been criticized.

Though the rewritten version of the book does not include racist language or scenes, the original has many conversations and

彼女はアトランタの新聞の記者になりましたが、1926年にけがのため、仕事をやめて家にいざるを得なくなります。『風と共に去りぬ』を執筆したのは、そのときから10年のあいだです。彼女には、きちんとした書き方などありませんでした。むしろ、いくつかの場面を書いては、家のあちこちに置きっぱなしにしていました。彼女が最初に書いた場面は、スカーレットがアトランタの家でタラへ帰ろうと決心し、「明日はまた別の日」と言う最後の場面だったといわれています。

　ミッチェルの友人が大手出版社の編集者に、彼女の作品を見てほしいと頼んでくれました。編集者は彼女が試しに書いた数章を読んで気に入り、出版契約を申し出ました。ミッチェルは7カ月後には完成させると約束し、その日から日夜働いて、これまで書いてきた全場面を1冊の本にまとめました。出版社は『明日はまた別の日』を題名にしたいと言いましたが、ミッチェルは『風と共に去りぬ』のほうが好きだったので、これが今や有名な本書の題名になったのです。

　『風と共に去りぬ』が出版されたとき、出版社は採算がとれないのではないかと、ミッチェルは心配でした。誰も買ってくれないだろうと思ったからです。ところがなんと1日で5万部売れ、6カ月のうちに100万部という空前の販売数になりました。今日に至るまで、ずっとアメリカのベストセラー小説でありつづけています。

＊

　『風と共に去りぬ』の刊行後、ミッチェルの生活はすっかり変わりました。ですがその名声をほとんど享受することなく、家にこもってファンからの手紙に返事を書き、本書をさまざまな言語に翻訳するため外国の出版社と協力していました。そして悲しいことに、ミッチェルは交通事故でのけがにより、48歳で亡くなりました。

　『風と共に去りぬ』は愛読者や批評家たちに称賛されましたが、長すぎると感じる人もいました。また、文学部門でピューリッツァー賞を受賞しましたが、まじめな文芸小説というより女性向けの恋愛小説だという批評家もいたのです。しかし数十年の時が経つにつれ、作品中に見られる人種差別が批判されるようになりました。

　改訂版には人種差別的な言葉や場面は含まれていませんが、原作には、黒人を無教養で怠惰で動物的な人たちとして描いている会話や文章が多くありま

narrative sections that show black people as less intelligent, lazy, and animal-like. In recent years, historians have pointed out Mitchell's various untrue statements, not only about black people, but also about the Ku Klux Klan. In the book, the KKK was described as a club for southern gentlemen focused on keeping their women safe. In fact, the KKK was and still is a racist terrorist organization that killed blacks and whites who supported blacks. Information on the KKK was available at the time Mitchell was writing and its headquarters were located on the same street Mitchell lived. But, as Mitchell wrote in a letter, she did not take the time to find out about it.

"As I had not written anything about the Klan which is not common knowledge to every Southerner, I had done no research on it."

In recent years the book and the film that was made based on it have been questioned. In 2020, after a black man named George Floyd was killed by police for no reason, an American cable channel stopped showing the movie version for a time. When the channel started showing it again, a statement was included that said, "It is not only a major document of Hollywood's racist practices of the past, but also an enduring work of popular culture that speaks directly to the racial inequalities that persist in media and society today."

When *Gone With the Wind* was reissued by a UK publisher in 2023, it included a warning at the beginning. The warning stated that there were problems in the book, including the "romanticization of American history and the horrors of slavery." It also said the book includes "unacceptable practices and racist depictions and language." However, the publishers kept the original words because they thought that changing the language would change the nature of the book. The warning ended by saying that the publisher does not approve the language or characters' words in the book.

す。また最近では歴史学者たちによって、黒人についてだけでなく、クー・クラックス・クラン（KKK）についてもさまざまな誤った記述があると指摘されています。本書では、KKKは南部女性の安全を守るための南部の紳士の集まりだと書かれています。実際は、KKKは昔も今も人種差別主義のテロ組織で、黒人や黒人を支える白人たちを殺してきたのです。ミッチェルの執筆当時でもKKKについての情報は入手可能で、住んでいた通りにはKKKの本部がありました。ところが、のちにミッチェルが書いているように、彼女は時間を割いて調べなかったのです。

「クランについては、南部の人々にとって既知であったこと以外は何も書かなかったので、調査はしませんでした」

近年、この小説やそれをもとに製作された映画が疑問視されてきました。2020年にジョージ・フロイドという黒人男性が警官によって理由もなく殺されたあと、アメリカのあるケーブルテレビ局はこの映画の放送をしばらく中止しました。放送再開時には、次のような文が掲示されました。「本作はハリウッドの過去における人種差別的行為の重要な資料であるだけでなく、今日のメディアや社会に根強く残る人種差別に対して率直に語りかける永続的な大衆文化作品である」

『風と共に去りぬ』が2023年にイギリスで再版されたとき、巻頭に注意文が掲載されました。それには、本書には「アメリカの歴史の理想化とおぞましい奴隷制度」などの問題があると書かれています。また、「受け入れがたい行為、人種差別的な表現や言葉」が含まれているとも記されました。それでも、出版社は原作の言葉のままで刊行しました。言葉を変えれば、作品の性質を変えることになると考えたからです。注意文の最後は、出版者は本書中の言葉や登場人物の台詞を容認するものではない、と結ばれていました。

3. A character analysis of Scarlett O'Hara

Scarlett O'Hara is one of those characters that people love to hate. She is what some call an 'anti-heroine,' a female character that has none of the qualities of a heroine. Heroines are supposed to be kind, unselfish and follow the rules. Scarlett is cruel, self-centered, and doesn't care about rules or traditional societal values. And yet, readers, especially women, can relate to Scarlett because she is human, a person with both good and bad qualities. As humans none of us are either completely good or completely bad. Just like Scarlett, we all have good days and bad days. We all have relationships that sometimes work and sometimes don't work. Scarlett is, in fact, a character we can admire, even while being shocked at her behavior.

*

When we first meet Scarlett she is 16 years old and she wants nothing to do with the war. She doesn't want to hear about it or think about it. She is the eldest daughter of a large plantation owner and, as such, she can do what she wants and think only about boys, dresses, and the next ball. But soon the war starts and she is put in a situation which many girls her age would never have to face. First, she becomes a widow with a young child. Then, she is forced to help the woman she hates, Melanie, have a baby without a doctor in the middle of a battle. Afterwards, she escapes Atlanta with Rhett, but he leaves her once they are outside the city. She has to face the scary path back to Tara by herself. She knows that Melanie, two children, and a scared slave are counting on her to keep them safe. In these scenes we see Scarlett's bravery and determination to do what needs to be done.

Another way Scarlett shows her bravery is when a union soldier breaks into Tara and tries to steal something. She shoots the man in the face and then buries him outside before anyone sees the body. At first she is horrified about killing a man, but then she is proud of herself for keeping Tara, herself, and Melanie safe.

3. スカーレット・オハラという人物像の分析

　スカーレット・オハラは嫌われ者の登場人物のひとりです。彼女はいわゆる「アンチヒロイン」、つまり女主人公らしさがない女性です。ヒロインは優しくて、無私無欲で、規則に従うものとされています。しかしスカーレットは非情で、自己中心的で、規則や伝統的な社会的価値観を気にしません。それでも読者は、とくに女性はスカーレットに親しみを感じます。彼女は人間らしくて、長所も短所も合わせもつ人だからです。わたしたちはみな、完全によい人間でもなければ、完全に悪い人間でもありません。スカーレットと同じように、よい日もあれば悪い日もあります。また、うまくいったり、いかなかったりする人間関係をもっています。スカーレットはじつは、その行動に驚かされることがあっても、感嘆する面もある登場人物なのです。

＊

　最初に登場するとき、スカーレットは16歳で、戦争には関わりたくないと思っています。戦争のことなど聞きたくもないし、考えたくもありません。大農園主の長女ですから、その例にもれず、したいことはなんでもできますし、青年たちやドレス、次の舞踏会のことばかり考えていられます。ですがまもなく戦争が始まり、この年頃の少女がふつうは出合わなくていいような状況に置かれます。まず、彼女は幼子をもつ未亡人になってしまいます。それから戦闘の最中で医者もいないなか、大嫌いな女性メラニーが出産するのを手伝う破目になります。その後、レットとともにアトランタを脱出しますが、町を出たとたん、レットに置き去りにされます。恐ろしい夜道を自分ひとりの力で進み、タラまで帰らなければなりません。メラニーやふたりの子どもたち、そしておびえる奴隷も、スカーレットが守ってくれるだろうと頼みにしていることが彼女にはわかっています。このような場面に、スカーレットの勇気と、なすべきことをするという意志の強さが見られるのです。

　スカーレットが勇敢さを見せるもうひとつの場面は、合衆国軍の兵士がタラに押し入り、物を盗もうとしたときです。彼女は男の顔を銃で撃ち、遺体を誰にも見られないうちに家の外に埋めます。初めは人を殺したことに震えおののきますが、やがてタラと自分とメラニーを守ったことを誇らしく思うようになります。

One of Scarlett's more shocking behaviors is how she pursues her love interest, Ashley Wilkes. She knows that Ashley loves Melanie, and yet she tries to seduce him. Even after Ashley comes back from the war, Scarlett still believes that she and Ashley can be together. It isn't until after Melanie dies that Scarlett realizes she has no future with Ashley because she doesn't love him anymore.

Another relationship that doesn't go well is with Rhett. Scarlett marries him to escape her guilt over her second husband's death. She doesn't love Rhett but she enjoys the wealth and security that he offers her. She also enjoys the fact that Rhett will allow her to be a business-woman. She and Rhett have a very up-and-down relationship and, in the end, she hurts him terribly when she accuses him of causing their daughter's death.

Rhett leaves Scarlett and we as readers think that perhaps now she is at the end of her rope. Of all the terrible things that have happened to her, this is the thing that will break her. But she proves us wrong when she remember Tara. She realizes that Tara is her home and everything she has done in the previous ten years has been to save her home. The last scene of the book shows Scarlett in her house in Atlanta promising to get Rhett back. She is going to face another day with the same strength of spirit that she has shown throughout the book. This is the most admirable quality of Scarlett: her resilience. She is a character who will never give up.

There are many things to love and many things to hate about Scarlett. Even Margaret Mitchell was heard to say critical things about Scarlett. She also said that she began writing the novel with Melanie as the main character, but Scarlett 'just took over the story.' Though she might not have wanted to, Mitchell ended up creating a very human, very real character in her only novel, *Gone With the Wind*.

スカーレットのさらに驚くべき行動のひとつは、恋する相手アシュリー・ウィルクスへのしつこいまでの求愛です。彼女はアシュリーがメラニーを愛しているのを知っていますが、それでも彼を誘惑しようとします。アシュリーが戦争から帰ってきたあとでさえ、スカーレットはまだアシュリーと結ばれると信じています。メラニーの死後にようやく、もうアシュリーのことを愛していないから彼との未来はないと気づくのです。

　うまくいかないもうひとつの関係がレットとの関係です。スカーレットは2番目の夫が自分のために死んだという罪悪感から逃れるために、レットと結婚します。レットを愛してはいませんが、彼から与えられる富と安全に惹かれていきます。また、女性実業家になるのを許してくれることも魅力でした。彼女とレットの関係はずいぶん起伏の多いものでした。そしてついに彼女は、レットが娘を死なせたと非難して、彼をひどく傷つけてしまいます。

　レットがスカーレットのもとを去ると、わたしたち読者は、スカーレットもついに万策尽きただろうと思います。彼女に起こったあらゆる不幸のなかでも、この出来事はさすがに彼女を打ちのめすだろうと。ところが彼女はタラのことを思い出して、わたしたちが間違っていることを証明します。彼女はタラが故郷であり、この10年でしてきたことすべてが故郷を守るためだったと気づきました。最後の場面では、スカーレットはアトランタの自宅でレットを取りもどすと誓います。そして本書を通して見せてきたあの強い精神力で、明日に立ち向かおうとします。これはスカーレットのもっともすばらしい性質、すなわち回復力です。彼女はけっしてあきらめない人物なのです。

　スカーレットには愛すべき点と憎むべき点がたくさんあります。マーガレット・ミッチェルでさえ、スカーレットについて批判的な意見を述べたそうです。また、メラニーを主人公として小説を書きはじめたのに、スカーレットに「物語を乗っ取られた」のだとも語りました。望んでいなかったとしても、結局ミッチェルは自らの唯一の小説『風と共に去りぬ』のなかで、とても人間らしく、まさに実在しそうな登場人物をつくりあげたのです。

4. Plantation Culture in the South

Southern culture in the 19th century was organized around farms and plantations. In *Gone With the Wind,* the O'Hara's have a large plantation. However, only about a quarter of white people in the south owned slaves and ran large farms like theirs. The other three-quarters of white people were either poor with no land (those Scarlett refers to as 'white trash') or yeoman farmers who owned small plots of land. The poor whites were more similar to the enslaved blacks than they were to the plantation owners, but the whites believed they were better than the blacks and this prevented them from forming an alliance.

Of the white farmers that owned slaves, there were only 2000 families who owned more than 100 slaves. The O'Hara's were one of these so-called "great planters." Each plantation was a small town by itself. In contrast with city life, life on southern plantations was quite separated. Each piece of land was very large, so socializing among the great planters only happened at places like balls, sports like horse races, and political rallies.

The great planter families had a strict system of ranks. The master was, of course, like a king. He oversaw the daily operations of the plantation and whatever he said was the law. The wives of plantation owners were supposed to be gracious and ladylike, while still managing the many activities of the household and its people. In the original book, Ellen O'Hara, Scarlett's mother, is described like this:

"As far back as Scarlett could remember, her mother had always been the same, her voice soft and sweet whether in praising or in reproving, her manner efficient and unruffled ... Scarlett had never seen her mother sit down without a bit of needlework in her hands, except at mealtime, while attending the sick, or while working at the bookkeeping of the plantation. Scarlett could not imagine her mother's hands without her gold thimble as she moved about the house superintending the cooking, the cleaning, and the wholesale clothes-making for the plantation."

4. 南部の農園（プランテーション）文化

　19世紀の南部の文化は農場や農園を中心に育まれていました。『風と共に去りぬ』のオハラ家は大きな農園をもっています。とはいえ、オハラ家のように奴隷を所有して大農園を経営していたのは、南部の白人の4分の1にすぎません。残りの4分の3の白人は貧しくて土地がないか（スカーレットが「くず白人」と呼ぶ人たち）、小さな土地をもつ自作農でした。貧しい白人は農園主よりも黒人奴隷に近かったのですが、白人のほうが黒人よりも上だと信じていたため、彼らが団結するようなことはありませんでした。

　奴隷を所有する白人農家のうち、100人以上の奴隷をもっていたのは2000の農家だけです。オハラ家はこのような、いわゆる「大農園主」のひとつです。各農園はそれだけで小さな町でした。都会での暮らしとは対照的に、南部の農園では互いにかなり離れて暮らしていました。それぞれの土地がとても広いので、大農園主たちの交流の場は舞踏会や、競馬のようなスポーツ競技、政治集会ぐらいしかありませんでした。

　大農園主の家族には厳しい階級制度がありました。家の主人はもちろん王様のようです。彼は農園の日々の作業を監督し、その言葉はなんであろうと法律のように絶対でした。農園主の妻は優雅で上品なレディーであるべきとされ、一方で家族や奴隷たちのさまざまな行動の管理もしていました。原作では、スカーレットの母のエレン・オハラがこのような女性として描かれています。

　「スカーレットが覚えているかぎり、母はいつも変わりませんでした。ほめるときも叱るときも穏やかな優しい声で、物腰は無駄がなく落ち着いて……。スカーレットは、母がちょっとした縫い物を持たずにすわっているのを見たことがありませんでした。例外は食事のとき、病人の看病をしているとき、農園の帳簿を付けているときだけです。母が料理や掃除、農園のための大量の服作りを指図しながら家のなかを歩きまわるとき、その手に金色の指ぬきがないことなど想像もできませんでした」

One of the clear divisions on the plantation was between slaves who worked in the field and slaves who worked in the house. The house slaves felt they were superior to the field slaves. In the book, Mammy and Prissy refuse to work in the cotton field when Scarlett asks them to. Prissy says she is a house slave and she shouldn't have to work outside. Of course, she is not a slave anymore, since the war is over and the slaves have been freed.

Understandably, some blacks decided to stay with their former masters even after the war because the south was not friendly to freed slaves. Also, traveling to the northern states was long and dangerous. One historian has discovered that one million of the four million slaves who were freed either became sick or died in the terrible conditions after the war. Mammy and Prissy were among several of the O'Hara's former slaves who continued at Tara after the other blacks had left.

It is difficult to understand slavery from a 21st century perspective. Southerners held on to this immoral system even after it was outlawed in the northern states, the UK, and the British Commonwealth, including Canada and the West Indies. In the southern states before the 1830s, people believed that owning slaves was a "necessary evil" to keep the economy going. The main crop grown on plantations at that time was cotton and the demand for cotton increased dramatically after the invention of a machine that separated the cotton from its seeds. However, after northerners began to strongly criticize southerners for continuing slavery, some powerful southern writers and politicians started to explain slavery differently. Instead of calling it a necessary evil, they said it was good for both the slaves and the owners. The slaves were taken care of, they said, and whites could use their superior brains to focus on more important things like inventions, art, and politics. Another benefit to blacks, according to some famous writers in the South, was that they were raised as Christians.

This drawing from 1841 shows a beautiful scene of plantation life, with whites and blacks living in harmony. The words at the top say that the white master kindly takes care of the slaves from youth to old age.

農園での明確な区別のひとつに、畑で働く奴隷と、屋敷内で働く奴隷の違いがありました。屋敷奴隷は自分たちが畑奴隷よりも優れていると思っていました。原作のなかでマミーとプリシーは、スカーレットから命じられても綿花畑で働くことを拒みます。自分は屋敷奴隷だから外で働かなくてもいいはずだとプリシーは答えるのです。もちろん、彼女はもう奴隷ではありません。戦争が終わって、奴隷たちは解放されたからです。

　当然のことながら、戦後も元主人の家にとどまることにした黒人もいました。南部は解放奴隷に冷たかったからです。また、北部の州へ行くのは危険な長旅でした。ある歴史家によれば、400万人の解放奴隷のうち100万人が、戦後の過酷な状況で病気になったり亡くなったりしたそうです。マミーとプリシーも、ほかの黒人が去ったあともタラに残った数少ないオハラ家の元奴隷でした。

　21世紀の視点からすれば、奴隷制度を理解するのは難しいでしょう。北部諸州、イギリス、カナダや西インドなどの英連邦が奴隷制度を廃止したあとも、南部人はこの不道徳な制度を続けました。1830年代以前の南部の州では、奴隷所有は経済を回しつづけるための「必要悪」だと考えられていました。当時の農園のおもな作物は綿花で、綿と種を分ける機械が発明されてから、綿花の需要が劇的に増加していたからです。しかし奴隷制度を続けていることを北部人から強く非難されるようになると、有力な南部の作家や政治家たちが、奴隷制度についての説を変えはじめました。必要悪というより、奴隷と所有者双方にとってよいものだと主張したのです。奴隷は世話をしてもらえるし、白人は自らの優れた頭脳を発明や芸術、政治など、もっと重要なことに使えると彼らは言いました。黒人にとってのもうひとつの利点は、キリスト教徒として育てられることだと述べる南部の有名作家たちもいました。

　この1841年の絵には農園生活の美しい場面が描かれ、そこでは白人と黒人が仲よく暮らしています。絵の上の文章には、白人の主人

プランテーションでの生活の一場面（1841年）

The old black man on the left thanks the master for his generosity.

In this book, characters often say how sad they are for the destruction of beautiful Southern culture. Ashley especially feels heartbroken over the loss of his previous life where all he cared about was poetry and art. However, this is just an idealized version of plantation life before 1861. It was not the reality for the nearly four million enslaved blacks, nor for the poor whites who owned no land.

主な登場人物

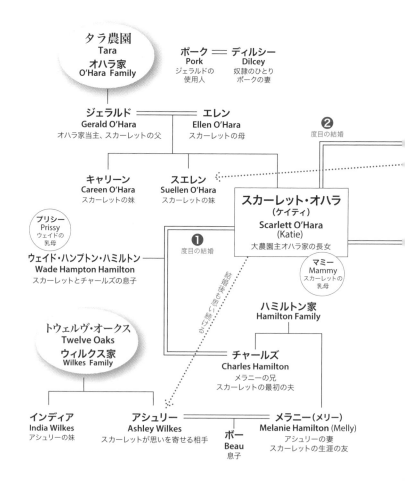

が奴隷を若い頃から老年まで親切に世話をすると書かれています。左端にいる黒人の老人は、主人の寛大さに感謝しています。

　本書のなかで登場人物たちは、すばらしい南部の文化が破壊された悲しみを何度も口にします。とくにアシュリーは、詩や絵画に没頭していた以前の生活を失ったことで心を痛めています。とはいえ、これは1861年以前の農園生活を理想化したものにすぎません。400万人近い黒人奴隷にとっても、土地のない白人にとっても、それは現実ではありませんでした。

〈タラ近くの住人たち〉
タールトン兄弟　Stuart & Brent Tarleton　スチュアートとブレント　戦死
スラッタリー家　Slatterys　下層階級の白人一家
ジョー・フォンティン　Joe Fontaine　戦死
ケイド・カルバート　Cade Calvert　戦死
マンロー家の息子たち　the Munro boys　行方不明
サリー・フォンティン　Sally Fontaine　スカーレットに危機を知らせる
ウィル・ベンティーン　Will Benteen　復員後、タラに住みスカーレットを助ける

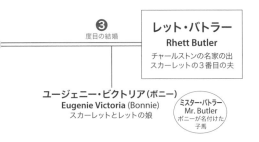

エラ・ロレーナ・ケネディ
Ella Lorena Kennedy
スカーレットとフランクの娘

フランク・ケネディ
Frank Kennedy
元スエレンの恋人
スカーレットの2番目の夫

元恋人同士

ジョナス・ウィルカーソン
Jonas Wilkerson　北部の人間

❸
度目の結婚

レット・バトラー
Rhett Butler
チャールストンの名家の出
スカーレットの3番目の夫

ユージェニー・ビクトリア（ボニー）
Eugenie Victoria (Bonnie)
スカーレットとレットの娘

ミスター・バトラー
Mr. Butler
ボニーが名付けた
子馬

〈アトランタに住む人々〉
ピティパット　Miss Pittypat　メラニーの叔母。メラニーと同居している
メリーウェザー夫人　Mrs. Merriwether　アトランタに住む女性たちのまとめ役
エルシング夫人　Mrs. Elsing　メリーウェザー夫人らと活動
ホワイティング夫人　Mrs. Whiting　メリーウェザー夫人らと活動
ミード医師　Dr. Meade　アトランタの医師

Gone With the Wind

Part 1

Chapter 1 （日本語訳 ☞ p. 266）

Scarlett ①O'Hara was not beautiful. Still, men did not realize this ②when caught by her charm. In her face, the ③delicate features of her Southern mother and the ③heavy features of her Irish father were mixed too sharply. But it was a striking face. Her eyes were green with thick black lashes. Her skin was as white as a flower.

It was an April afternoon in 1861. Scarlett was sixteen years old. She sat on the front steps of Tara, her family's plantation in Georgia. Scarlett looked like the perfect picture of a young lady. Her face was ④carefully sweet and polite. However, Scarlett's true self could not be hidden. Her ⑤green eyes were full of fire and life.

Stuart and Brent Tarleton sat with her. The brothers were two of Scarlett's many ⑥beaux. They both liked Scarlett very much. The Tarleton family lived on a plantation near Tara. Nineteen-year-old Stuart and Brent had just come home from the University of Georgia.

"Why are you home already?" Scarlett asked.

"⑦Because of the war! The war ⑧will start soon," said Brent eagerly.

"We don't care about school," added Stuart. "We want to fight the Yankees."

"There ⑨isn't going to be any war," Scarlett said.

"⑩How can you say that!" the Tarletons cried. "We must have a war!"

"Anyway, I'm tired of hearing about it! ⑪It's so boring I could scream," Scarlett said. "If you say 'war' one more time, I'll leave right now," she threatened.

"Then let's talk about the party tomorrow," said Brent. ⑫The Wilkes family lived at a plantation called Twelve Oaks. Every spring they had a big party. "Scarlett, do you want to hear a secret about it?" he asked.

Scarlett was curious. "A secret? Yes, tell me!"

"It's a secret about Miss Melanie Hamilton. Her engagement will be announced tomorrow," Brent said.

① O'やMcで始まるのは典型的なアイルランドの名字。O'もMcも共にゲール語で「～の息子」の意味。

② whenは**接続詞**なので基本的に主語・動詞を後ろに伴うが、主語とbe動詞が省略される（この場合はthey were）ことも多い。

③ delicate featuresは鼻が細く、繊細で上品な顔立ち。heavy featuresは顎の線がくっきりした、より印象が強い顔立ち。

④ carefullyは**副詞**なので通常は動詞を修飾することが多いが、ここでは形容詞句sweet and politeを修飾している。

⑤ 欧米では、緑の瞳の人は情熱的で嫉妬深いと言われる。世界で最も珍しい目の色で、アイスランド人に多い。シェイクスピアの戯曲、『ヴェニスの商人』『オセロ』で緑色が嫉妬の比喩として使われたことで、今日の英語でも一般的な表現となった。

⑥ beau（フランス語で女性にとっての恋人のこと）の複数形。

⑦ 名詞のwarに**定冠詞the**が付いている。話している人たちが、どの戦争を指しているか（この場合は米国南部と北部の間の戦争）の共通認識がある。

⑧ **推量のwill**「（きっと）～だろう」。このwillは、ブレントの強い確信を表す。

⑨ **未来の予測を表すbe going to~**（～しそうだ、～することになるだろう）。否定文なので「戦争は起こらないだろう」の意味。

⑩ このHowは、手段・方法を表すhowではなく非難や軽蔑の気持ちを込めて「どうして」の意味。

⑪ boringとIの間にthatが省略された「**so~that...構文**」。「退屈すぎて叫びそうだった」ということ。

⑫ 「**the ＋（名字）＋[family]**」で、「（名字）一家、（名字）家の人たち」。通常、一家全員を指すときには、「the ＋（名字）s」を使う方が一般的だが、他の家族と区別したり、家族全員をまとめて言及するときなどにこの表現を使う。

"Who cares about Melanie Hamilton!" Scarlett said. "She's so quiet and ^⑬<u>plain</u>."

"^⑭<u>Guess who she's marrying?</u>" Stuart continued. "Ashley Wilkes!"

The Tarletons continued to talk, but Scarlett was not listening. She was shocked by the awful news. ^⑮<u>Ashley to marry Melanie Hamilton!</u> ^⑯<u>It couldn't be true!</u> Her heart filled with pain.

After several minutes, Stuart and Brent said goodbye. Scarlett sat ^⑰<u>by herself</u>.

Ashley can't marry Melanie, she thought. He loves me—I know that he ^⑱<u>does</u>!

Scarlett loved Ashley Wilkes, but she did not understand him. He was a mystery to her. Ashley was different from ^⑲<u>all the other young men she knew</u>. Most young men rode horses, played cards, and hunted. Ashley liked to spend his time reading books, looking at art, and listening to music.

Scarlett did not like books or art or music. They were boring to her. However, she still loved Ashley. ^⑳<u>She had been sure that they would get married someday</u>. Ashley had never said that he loved her, but she was certain that he did. And now he was going to marry Melanie Hamilton!

Chapter 2 (☞ p. 267)

TRACK 02

Then Scarlett saw her father, Gerald O'Hara. He had just returned from a visit to Twelve Oaks. She quickly asked him about Ashley.

"Ashley Wilkes will marry Miss Melanie Hamilton," Gerald said. "^①<u>Miss Melanie</u> has just come from Atlanta. She is with Ashley at Twelve Oaks now. Miss Melanie's brother, Charles Hamilton, has also come. You will see them at the party tomorrow."

So the terrible ^②<u>news</u> was true! "How can Ashley marry Melanie

⑬ not beautiful、not attractive の意味で、とくに女性の容姿について使う。丁寧な表現だが、最近ではこの意味で使われることは少ない。

⑭ Guess who... は、誰かにびっくりするようなニュースを伝えるときに使う表現。Can you guess who she is marrying? が省略しない形。

⑮ Ashley is going to marry Melanie Hamilton! が正しい文。スカーレットの頭の中の言葉なので、is going が省略されている。

⑯ It couldn't be true. は驚きの表現で、「…であるはずがない」の意味。

⑰ by oneself で alone と同じ意味。「一人で」。

⑱ does は、loves me の繰り返しを避けるために使われている一般動詞の do。

⑲ men と she の間に関係代名詞that が省略されている。「彼女が知っていた他の若い男たち」の意味。

⑳ 「had + 過去分詞」を使った過去完了時制で書かれている。これは過去のある時点より以前からスカーレットが2人の結婚を確信していたことを表す。

Chapter 2

① アメリカの南部では、今でもファーストネームにMissをつけて未婚の女性を呼ぶことがある。他の地域では、Miss Hamilton が一般的。

② 複数形ではあるが単数扱いをするので、後ろのbe動詞はwasを使っている。

Hamilton?" Scarlett said. "She's so quiet. And she isn't even pretty!"

"Do not be rude," her father said. "Miss Melanie is a very proper young lady. I hope that you do not want Ashley for yourself, daughter. Ashley is a good man, but he would not make you happy as a husband. ③He is too different from you."

Scarlett ④shook her head as Gerald spoke. "Anyway, you have so many other beaux," he said. "Marry one of the Tarleton brothers. Then I will give you Tara as a wedding gift!"

"I don't care about Tara!" Scarlett cried. Nothing matters when you don't have ⑤the man you love, she thought.

"Are you saying that Tara—this land—does not matter?" Gerald asked angrily. He pointed at the rich red soil of the plantation and the endless acres of cotton.

⑥Scarlett nodded. She was too angry and disappointed about Ashley to speak.

"Land is the only thing that matters, Scarlett O'Hara," Gerald cried. "It is the only thing that lasts. Land is the only thing worth working for. ⑦Land is the only thing worth fighting for—worth dying for."

He stopped and looked at Scarlett. "You are still very young, daughter. Someday when you are older, you will feel this love of the land," Gerald told her.

But Scarlett was⑧ barely listening. She was thinking of Ashley.

Chapter 3 (☞ p. 268)

TRACK 03

The next morning, Scarlett went to the party at Twelve Oaks. Her father and her two younger sisters, Suellen and Careen, also went.

Scarlett had a plan. "I will ①get Ashley," she said to herself. "My plan will ②work! It must!" She planned to flirt with all the young men

③ 言い換えると、The two of you are too different. different from の他に、different than、different to がありどれも正しいが、アメリカでは different from が好まれ、different to はイギリス英語でよく使われる。

④ shake と nod は、同じ「首をふる、うなずく」の意味だが、shook は、「いいえ、不信、否定的な意見」を表し、8行下の⑥にある nodded は、「はい、同意、肯定的な意見」を表す。

⑤ man と you の間に**関係代名詞 that** あるいは **whom** が省略されている。

⑥ ④のとおりスカーレットは頷くことで「Yes」の意を示している。「この土地、タラは大切じゃないと言っているのか？」という父の言葉に対する「Yes」は、「私はそう言っています。（＝タラは大切ではない）」の意味になる。

⑦ 「土地は命に換えても闘う価値のある唯一のもの」の意味で、スカーレットの父親は、自分の土地を守り続けることを生きがいにしていたことがわかる。これは南部の「プランテーション文化」の考え方でもある（p.25, 118⑨参照）。

⑧ この場合の barely は、「ほとんど〜ない」の意味。「辛うじて（〜する）」の意味もあるが、前後から判断する。

Chapter 3

① 「**get ＋ 男性**」で、その男性を恋人や夫にすること。

② **work** から見た主語（＝何が or 誰が work するのか）が、「人」ではなく「もの」のときは、「上手くいく」の意味になることが多い。

at the party. She ③would act silly and sweet and helpless.

I don't know why, Scarlett thought, but men always love girls who act like that. Ashley will see me surrounded by beaux. That will ④make him jealous. Then he'll realize that he loves me, not Melanie! I'll find a way to be alone with him. When we're alone, he'll tell me that he loves me. Then we'll run away to get married.

At first, Scarlett's plan went well. She flirted and laughed. She charmed every man. Stuart and Brent Tarleton followed her everywhere. Charles Hamilton, Melanie's shy brother, ⑤gazed at her lovingly. He ⑥tried to hold her hand. Frank Kennedy, who was usually Suellen's beau, flirted with Scarlett instead.

Scarlett was the most popular girl at the party. But Ashley did not seem to notice. He did not seem jealous at all. He was talking quietly to Melanie.

When Scarlett saw them together, she felt awful. She could see Melanie's love for Ashley. Her plain face looked almost beautiful.

This is ⑦all wrong, Scarlett thought angrily. I must get Ashley's attention somehow!

Then ⑧Scarlett realized that someone was looking at her. She turned and saw a tall, dark-haired stranger. He stared at her in a cool, impolite way. ⑨Although he was dressed like a gentleman, his black eyes were bold and dangerous. He smiled, ⑩showing very white teeth below a small moustache. Then he laughed.

Scarlett looked away. ⑪How dare that strange man stare at me, she thought. ⑫It's as if he knew what I was thinking! But I don't care who he is. I must find a way to be alone with Ashley!

③ **意思を表すwillの過去形**。「彼女は〜するつもりだった」の意味。

④ 「**make 〜 形容詞**」で、「〜を…の状態にする、させる」。make は使役動詞。make him mad（彼を怒らせる）、make her happy（彼女を幸せにする）のように使うことができる。

⑤ **gaze**「じっと見る」には、優しく見るという、愛や感謝の気持ちが含まれることが多い。

例）He gazed at the beautiful star-filled sky.
（彼は美しい満天の星空を眺めた）

⑥ **try to 〜**（to 〜部分は**不定詞の名詞的用法**）は「〜しようとする」の意味なので「実際には成功しなかった」ことまで表されている。

⑦ 「すべて間違っている」のではなく「完全に間違っている」の意味。

⑧ 上から4行目にある **realize** も同じで、「突然（急に）理解した（わかった）」というニュアンスで日常的によく使われる動詞。

⑨ **接続詞のalthough**で始まる文は、主節（his black eyes 以下）の前に来ることが多い。「（…である）けれども、…にもかかわらず」の意味。

⑩ showing は「〜しながら（付帯状況）」を表す**分詞構文**。

⑪ 「How dare 〜 do」は、不作法な振る舞いに対する非常に強い反応を表す。How dare you speak to me that way.（よくもそんな口の利き方を！）のように使う。同じ表現が p.62, 86, 92, 94, 102 にも見られる。

⑫ It's like he knew. とも言える。**as if 〜**「まるで〜ようだ、あたかも〜かのように」の意味。

Chapter 4 (☞ p. 269)

TRACK 04

The party continued. A group of older men were talking about the Yankees. "①If war comes, we can beat the Yankees in one battle!" one man cried.

"That's right," shouted another. "One ②Southern gentleman can beat twenty Yankees."

The young men were excited by the talk of war. "The Yankees are scared to fight us! We'll beat them easily," they said. "We must fight for ③our way of life! We must defend the honor of the ④Confederacy!"

The tall stranger listened to the conversation. "Gentlemen," he said, "may I speak?" His words were polite, but his voice was ⑤mocking.

"We Southerners are not ready for war," the stranger said. "We have no factories for making cannons or guns. We have no coal or iron mines. But the Yankees have all these things. They are ready for war. All we Southerners have is our cotton, our slaves, and our pride. If war comes, the Yankees will ⑥beat us in a month." He smiled, bowed politely, and left the room.

For a moment, everyone was silent. Then the other men started shouting in fury. "⑦That Rhett Butler! He is awful! ⑧He betrays the Confederacy with such words," one cried.

Scarlett was shocked, too. How could that man—Rhett Butler—say such a thing, she thought. And yet, he made good sense. ⑨She'd never seen a factory in the South or even heard of one! But still, what a terrible thing to say!

Scarlett looked around. She saw Melanie sitting with some ladies in the corner. Ashley was gone.

Where is Ashley? Scarlett thought. Perhaps this is my chance! I must find him. Then I'll tell him that I love him.

⑩Moving quickly, she left the busy room.

* * *

① しばらくの間、**無冠詞のwar**が続く。漠然と「戦争というもの」「戦争状態」という概念を示す。

② Southern gentleman（南部の紳士）は、北部の男性に比べ態度も言葉も礼儀正しいとされている。Southernが大文字なのは、**固有名詞**として特定の地域である南部出身の男性を指すから。

③「our way of life（私たちの生き方）」であるプランテーション文化については p.25を参照。

④ 南部連合国については、⑧とp.9を参照。

⑤ mockingには、誰かをからかったり、あざけるというニュアンスがある。

⑥ **beat**はwinと同様「打ち負かす、勝つ」の意味で、より口語的。人やチームを打ち負かすときはbeat、ゲーム／イベントに勝つ場合はwinを使う。

⑦ thatには軽蔑などの感情が入ることがある。「あの（例の）レット・バトラーめ！」の意味になる。

⑧「南部を裏切っている」とは、レットが戦地に赴くわけでもなく、金儲けにしか興味がないことを意味する。Confederacyとは、the Confederate States of America（南部連合国）のことで、南部11州の総称。ここでは**固有名詞**として特定の政府や団体を示しているので、大文字Confederacyとなる。

⑨ **過去分詞**seenが続いていることからこの文は**過去完了時制**。よって'dはhadの略だとわかる。

⑩ movingは**分詞構文**。用法はいくつかあるが「〜しながら」と訳せばよいことが多い。「素早く動いた」ことと、「彼女が人であふれかえった部屋を去った」ことが同時に起こっていたという付帯状況を表す。

Scarlett walked through Twelve Oaks, looking for Ashley. Then she saw him. Her [11]heart beat fast with delight.

"Ashley!" she cried. "Please, may we go somewhere and talk?" She hurried into the dark, cool library. Ashley followed, closing the doors behind them.

"Scarlett, what is it?" Ashley asked. He smiled at her. "Are you hiding from your beaux? The Tarletons and Charles and Frank [12]must all be looking for you!"

Scarlett could not speak. Her hands trembled. Now was the moment!

"What is it?" he repeated. "A secret?"

"Yes," Scarlett said. All her [13]ladylike manners disappeared. She spoke boldly. "Yes—a secret. I love you."

For a moment, Scarlett was filled with happiness. It was so easy, she thought. I've told him! Now everything will be right!

But then she looked at Ashley. Something was wrong! Why wasn't he happy?

Ashley was pale. "You must not say these things, my dear," he whispered. "You'll hate yourself for saying them. You'll hate me for hearing them."

"Never!" she cried. "I love you. You love me. [14]I am right, aren't I? Ashley, do you care for me?"

"Yes," he said slowly. "I care." But his voice was sad and distant.

"Then what is wrong?" she cried.

"I am going to marry Melanie," he said. "We must forget this conversation forever."

"Why?" Scarlett cried. "You love me. How can you marry her?" She felt disappointed and confused.

"[15]How can I explain?" Ashley said. "You are so young and full of life, Scarlett. You do not know what marriage means. Melanie is like me. She understands me. She and I love the same things. Marriage [16]only works when two people are similar."

"But you said that you cared for me!" she said.

⑪ 「heart beat fast with ～(～で心臓の鼓動が速くなる)」という表現は、ポジティブな感情(喜び、興奮)、ネガティブな感情(不安、恐怖)、どちらでも使える。

⑫ この場合の **must** は「～しなければならない」ではなく、論理的な必然性を表す「～に違いない」の意味。

⑬ 自分の考えを胸にしまいこむこと。ここではスカーレットは、胸に収めておかずに、堂々と大声で話してしまったということ。

⑭ I am で始まる文の**付加疑問文**は、aren't I? とすることが多い。口語であればain't I? も可能。

⑮ どういえばスカーレットを納得させられるのかわからないアシュリーが発した言葉。How can I explain? の後には、相手に伝えにくい、またはわからせることが難しいと思っている内容が続くことが多い。

⑯ 「～ only works when...」は、「～が…の時だけ機能する」という意味でよく使われる。

例) Democracy only works when people vote.
　　(民主主義は人々が投票する時だけ機能する)

"I was wrong to say that," Ashley said. "But [17]how could I not care for you, Scarlett! You are so different from me. You have so much passion and fire and energy."

Scarlett was suddenly angry. "Why don't you tell the truth!" she exploded. "You're afraid to marry me. You're scared! You'd rather marry that boring, plain, [18]proper fool! I hate you! I'll hate you until I die!"

She slapped his face as hard as she could. The sound was like a whip.

Ashley was silent. He kissed her hand and left the room. The door closed behind him.

* * *

Scarlett was alone in the library. Her anger changed into terrible fear and shame. What have I done, she thought wildly. I've lost Ashley! He'll hate me forever!

She felt almost crazy with emotion. She grabbed [19]a china bowl from a table. Then she threw it at the wall. It smashed into tiny pieces.

"This," said a voice from the sofa, "is too much." Rhett Butler stood up and bowed to her. He was laughing softly.

Scarlett was [20]too shocked to move or speak. It was that terrible stranger, Rhett Butler! He had been lying quietly on the sofa, she realized. He had heard her conversation with Ashley! [21]What must he think of her!

"Sir, [22]you are no gentleman!" she cried.

He laughed again. "Quite true," he said. "And you, Miss, are no lady. But I have never been interested in ladies. They are not brave enough to say what they really think. [23]I find ladies boring. But you are different, Miss O'Hara. You are bold and full of life. I can't understand why you care so much for the very proper and very boring Mr. Wilkes—"

"How dare you! He is so much better than you!" she shouted angrily.

"And [24]you were going to hate him forever!" he laughed.

⑰ **否定疑問文**。「どうしてあなたのことを気にかけないでいられるでしょうか？」の意味。否定疑問文では、相手が「はい」と答えることを話し手が期待している。

⑱ properは、主にイギリス英語で、何かを強調する時に使われるスラング。proper foolで「大ばか」の意味。properの後はfoolやliarが来るのが通例。

⑲ 小文字始まりのchinaは、正確には「磁器」だが広く「焼き物」の意味で使われることも多い。

⑳ 「**too ~ to do ...構文**」。tooの後ろに形容詞や副詞がきて、その後はto不定詞をとる。それ以上の行動がとれないほど極端なことを意味し、例えば "This coffee is too hot to drink." (このコーヒーは熱すぎて飲めない、飲むには熱すぎる)。

㉑ **修辞疑問文**(Rhetorical Questions)で、「彼は彼女のことをどう思っただろう！」の意味。相手の答えを求める質問ではなく、話し手(スカーレット)の懸念や苦悩を表現している。

㉒ you aren't a gentlemanよりも**強い否定**になる。

㉓ 「**find + O（目的語）+ C（補語）**」で「OがCであると思う（わかる）」の意味。この時、意味としてO＝Cが成り立つ。

㉔ I'll hate you until I die! (6行目)というスカーレットの言葉に掛けて、「彼を一生憎むって言ったじゃないか」とレットがからかっている。

Scarlett wanted to kill him. Instead, she left the room, ²⁵slamming the door behind her.

* * *

Scarlett walked slowly through Twelve Oaks. She was still in shock. ²⁶Nothing seemed to matter anymore.

No one must ever know, she thought. ²⁷I'd die of shame if anyone ever found out about my conversation with Ashley. What will I do?

Outside the house, she heard men shouting excitedly. What was happening? Then she heard a yell. "Yee-ah-yee! The war has finally started!" All the young men started running to their horses. They shouted and laughed. They were going to join the Confederate Army.

Suddenly Scarlett ²⁸felt someone touch her hand. It was Charles Hamilton, Melanie's brother. His shy face was red. His hands were shaking.

"Dear Miss O'Hara," Charles said. "You… you are the sweetest, most beautiful girl. I'm in love with you. ²⁹Could you possibly love me? Would you marry me?"

Scarlett listened to him coldly. Nothing matters anymore, she thought. I've lost Ashley forever! He's going to marry Melanie, so I ³⁰might as well marry this boy. ³¹If I marry Charles, then Ashley will think that I was only flirting with him.

Charles spoke again. "I'm going to fight in the war, Miss O'Hara…Would you wait for me? We'll beat the Yankees very soon. We could get married after the war."

"I don't want to wait," Scarlett said. "Let's get married now."

Chapter 5 (☞ p. 272)

TRACK 05

Two weeks later, Scarlett married Charles Hamilton. The wedding was ①like a bad dream to Scarlett. This can't be happening to me, she

㉕ slamming（バタンと閉める）から、スカーレットが怒っていることわかる。shutting the door、closing the doorは、「閉める」という行為だけを表している。

㉖ かつて自分にとって重要であったものが、もはや何の意味も持たないなど、感情や心理面での大きな変化を示す強い表現が、このNothing seemed to matter anymore. で、絶望感、幻滅を表す。13行下のNothing matters anymore.も同様。

㉗ 現在の状況に反する仮定をする**仮定法過去**。

㉘ 「**feel ＋ O（目的語）＋ C（補語）**」で「OがCするのを感じる」。feelはsee, hear, smellなどと同様に**知覚動詞**なのでCに動詞が入る場合は原形を使う。

㉙ couldやwouldなど、**助動詞は過去形**で使うと丁寧さと同時に控えめさが出る。加えてpossibly「もしかすると」が入っていることからも、チャールズのシャイさや自信のなさが読み取れる。

㉚ might as well ～で、「～しても別のこととして結果は同じ」の意味。

㉛ このif節は起こる可能性が五分五分であることを事実として伝える**直説法**。

Chapter 5

① **類似性を示す前置詞**のlike。「主語（the wedding）was like 比較対象（bad dream）」で、2つの事柄を比較している。

thought. Oh, ②what have I done?

But it was too late. Suddenly she had a husband. Now she was a married woman.

One day later, Melanie Hamilton and Ashley Wilkes were married at Twelve Oaks. After the wedding, Melanie kissed Scarlett joyfully. "I'm so happy. Now we are family," Melanie said. "We're truly sisters!"

Scarlett hated Melanie. She was Ashley's wife, and Scarlett was jealous. But somehow Melanie did not notice Scarlett's dislike.

The war was starting. All the young men went to fight the Yankees. Ashley and Charles joined the army, too.

"Don't worry, my darling," Charles said to Scarlett as he left. "We'll win this war in a month! Then I will come home."

But Charles ③would never come home. Seven weeks after he joined the army, he became sick. He quickly died.

Scarlett was no longer a wife. Now she was a widow. As a widow, she had to dress in black. She could not go to parties. She could not see visitors. She had to stay at Tara.

*   *   *

Months passed. Scarlett gave birth to Charles's son. She named him Wade Hampton Hamilton.

The bad dream had become a nightmare, Scarlett thought. She could ④hardly believe that she was a widow. She couldn't believe that she was a mother, ⑤either. She didn't even like babies. It seemed impossible that she could be a mother! Everything had happened so fast. Her life had completely changed.

"Miss Scarlett, you're a widow now. You can't go ⑥'round flirting and laughing. You shouldn't even be smiling," ⑦Mammy told her seriously. "⑧It ain't right! People would be shocked. You're supposed to be in mourning for Mr. Charles!"

Mammy had been Scarlett's nurse when she was a baby. Now she was her maid and one of the oldest slaves at Tara.

Scarlett listened to Mammy. She wanted to scream and cry. I ⑨might as well be dead, she thought. Widows can't have any fun.

② これは疑問文ではなく、間違ったことや後悔すべきことをしてしまった後によく使われる表現。スカーレットの行動が予期せぬ結果（チャールズと結婚してしまった）を招いたことに対する驚きや困惑を示している。

③ **would** は否定文内では（この文にnotはないが、neverが入っているので否定文である）**強い否定**を表す。

④ **hardly は副詞**で、動詞または動詞句の前に置かれて、その動作や状態がほぼ起こらないか、非常に少ないことを示す。ここではスカーレットが「自分が未亡人であることがほとんど信じることができない」という状態を表す。

⑤ 否定文なので、too（通常肯定文で使われる）の代わりにeitherを用いる。

⑥ 'round = around

⑦ Mammyは、白人の子どもの面倒を見る黒人女性のこと。この物語の舞台となった時代にはアメリカ南部で一般的であった。現代では人種差別的表現とされる。

⑧ 正しい形はIt isn't right. ain'tは特定の地域や方言、社会集団での会話でよく耳にするため、話し手が特定の地域的背景を持っていることを示唆する。ここではスカーレットの身の回りの世話をする黒人女性Mammyが使っている。

⑨ p.46, 19行目㉚の **might as well ~ do** と同じ。I might as well be dead, she thought.「もっといい選択肢がないから死んでもいい」の意味。当時は喪中の過ごし方が現代より厳しく、最低でも1年は黒い服しか着られず、客と会ったり、パーティーに行くことも控えなければならなかった。

No more flirting, no more beaux, no more parties, no more pretty dresses.

"I don't care if people are shocked," Scarlett cried. "I don't feel like my heart is broken. It's so unfair. [10]My life is over! And I hate wearing black! I look awful."

But there was nothing Scarlett could do. She felt trapped in her new life. Worst of all, she missed Ashley. [11]As the months passed, she became more unhappy.

Scarlett's mother, Ellen O'Hara, was very worried. She called the doctor and [12]asked for his advice.

"Miss Scarlett needs a change," the doctor said. "She should travel. A new place will help her forget her sadness."

But where should Scarlett go? Ellen decided to send Scarlett to Atlanta. Melanie Wilkes and her Aunt Pittypat lived there. [13]Melanie had written a letter: "It would be lovely if Scarlett would visit Atlanta. She could stay with us. Even though poor Charles is dead, Scarlett will always be my sister! I would be so glad to see her. Now that my dear Ashley is fighting in the war, Aunt Pittypat and I are alone."

So Scarlett left Tara. She took the train to Atlanta. Her baby son Wade and his nurse Prissy came with her.

Scarlett did not really want to go to Atlanta. She hated the idea of living with Ashley's wife. She also thought that Miss Pittypat was a very silly old lady. But Scarlett was [14]so unhappy that she felt glad for any change.

⑩ この表現は、文字通りに「人生が終わった」わけではなく、むしろ自分の人生やキャリア、あるいは重要な関係が取り返しのつかないほど破綻したとスカーレットが感じている状態を示唆している。

⑪ この as~ は「〜につれて」の意味。as は多義語なので、前後の文から意味をしっかり見極める。

⑫ ask for 〜で「〜を求める」の意味。ask（人）なら「〜に尋ねる、頼む」の意味になる。

⑬ 「had + 過去分詞」を使って**過去完了時制**で書かれている。母エレンがメラニーたちの住むアトランタへスカーレットを送ることに決めた（←このことが過去）より以前の時点で、メラニーはエレンに向けて手紙を書いていたことがわかる。

⑭ 「**so ~ that...構文**」。「とても〜なので…」の意味。He was so happy he bought himself a new suit. のように that はしばしば省略される。

Gone With the Wind

Part 2

Chapter 6 (☞ p. 274)

It was a ①May morning in 1862 when Scarlett, Prissy, and baby Wade traveled to Atlanta. The city was a pleasant surprise to Scarlett. It was so different from Tara. Atlanta was young and full of energy, like Scarlett. It was an exciting place.

Atlanta was also an important place. ②The South needed Atlanta for the war. ③Four railroads connected the city to the rest of the South. The city was growing, and the war made it grow even faster. New factories ④filled the city. Workers came from all around. ⑤Day and night, the factories were busy making guns and other equipment for the war. Atlanta also had many hospitals ⑥for hurt soldiers. The city was ⑦alive with the war effort.

In Atlanta, Scarlett lived with Melanie and her aunt, old Miss Pittypat. ⑧They were very happy to see her. "Now that poor Charles is dead, you must stay with us forever," Melanie said. "You are like a sister to me, dear Scarlett!"

⑨Scarlett tried to smile politely. What a fool Melanie is, she thought. Doesn't she know that I don't like her? Doesn't she realize that I love Ashley? At least I'm here in Atlanta. ⑩Atlanta is less boring than Tara.

Melanie and Miss Pittypat also loved little Wade. "Wade is such a beautiful baby," Melanie often said. "⑪How I wish he were mine!"

Scarlett quickly became a part of Atlanta life. She met all of the important people in the city, including Mrs. Merriwether, Mrs. Elsing, and Mrs. Whiting. These ⑫three ladies knew everyone in Atlanta. They organized every event.

"⑬You must help in the hospital, Scarlett," Mrs. Elsing said.

"Many brave soldiers ⑭have been hurt fighting the Yankees. Everyone must help ⑮our great Cause!" Mrs. Whiting added.

"Of course Scarlett will help!" Melanie cried. "She is so kind and sweet. It will make her less sad about poor Charles."

Chapter 6

① 通常、月や日には冠詞はつけないが、この文では、May が形容詞的に使われ morning を修飾しているので冠詞の a がついている。

② **定冠詞 the** 付きの war は、話者の間で（あるいは話者と読者の間で）、「戦争」と言ったらあの戦争のことだと共通認識がある戦争を指す。この場合は現在、続いている南北戦争を指す。

③「4 本の鉄道が街を結んでいた」p.11 参照。

④ fill with ～で、「～でいっぱいになる」の意味。ここでは with が省略されている。The room was filled with fans of the manga.（部屋は多くの漫画ファンで埋め尽くされた）のように受け身でも使える。

⑤ day and night は、一日中途切れることなく継続的に起こることを表す。

⑥ hurt の活用は hurt-hurt-hurt。ここで使われているのは 3 つ目の**過去分詞**で「負傷した兵士（直訳すると「負傷させられた」）兵士のために」となる。

⑦「街は戦争で活気に満ちていた」の意味。the war effort は定型句で、「戦争に勝つために行われたことなら何でも」の意味。この alive は、busy の意味を持つ。

⑧ **不定詞**（to see）が直前の形容詞（happy）を修飾している**副詞的用法**。「会ってとてもうれしかった」と、to see 部分が感情（very happy）の原因となっている。

⑨「try to ～（to ～部分は**不定詞の名詞的用法**）」は、「～しようとする」の意味なので「実際には微笑むことができなかった」ことまで表されている。

⑩ less boring は boring の比較級で more boring の反対の意味。

⑪ How ～ ! は**感嘆文**。he were mine は現状（ウェイドが自分の子ではない）に反する仮定を示す**仮定法過去**。

⑫ 文字通りアトランタ中の人を知っているということではなく、この 3 人の女性の町での人的な繋がりの多さを強調するための誇張した言い方。Everyone hates me. と怒られた子供がよく言うのと同じ。

⑬ この文からは、スカーレットに選択肢を与えないエルシング夫人の高圧的な態度が感じられる。

⑭「have + been + 過去分詞」を使った、**受動態の現在完了形**。直訳は「負傷させられてきている」。

⑮ 人々が結集している特定の政治的運動やイデオロギーを示すので cause（大義）の c が大文字で始まっている。この場合は「我々の（＝南部の）偉大なる大義」の意味。

Scarlett ⑯had no choice. She and Melanie both helped in the hospital. In fact, every woman in Atlanta helped in the hospital. Everyone seemed eager to work for the Cause.

⑰But Scarlett hated the hospital. There were so many things she ⑱would rather do! She wanted to flirt with handsome soldiers. She wanted to wear pretty dresses. She wanted to go dancing. But she could not do these things. She was still ⑲Mrs. Charles Hamilton. She was still a widow. She had to act like her heart was broken—even though it wasn't. She could not wear pretty dresses, and she certainly could not flirt with men. Even though Atlanta was less boring than Tara, Scarlett was not happy.

Chapter 7 (☞ p. 275)

TRACK 07

Several months passed. Mrs. Merriwether, Mrs. Elsing, and Mrs. Whiting were organizing a ①ball. It would be the biggest ball ever held in Atlanta. There would be dancing and music. Best of all, the ball would raise money for the war. Everyone in Atlanta was excited.

Scarlett was excited, too. I haven't been to a ball or a party in so long, she thought. Normally, widows did not go to balls. It was not ②proper for women in mourning to attend. However, Mrs. Merriwether had asked Scarlett and Melanie to come and help.

"I know it is not quite proper," Mrs. Merriwether said. "I realize that you are in mourning for Charles. But I need your help serving food at the ball. ③Would you please come and help? It is for the Cause, ④after all!"

Melanie and Scarlett agreed. At the ball, they worked quietly at a table. For a while, Scarlett was ⑤too busy to look around. But then she saw all the young unmarried girls at the ball. They were wearing such beautiful dresses! They were flirting with the handsome soldiers.

⑯ スカーレットには選択の余地がなくなったことがわかる。メラニーが、スカーレットがどんなに優しくて親切か人に話してしまった（前ページ下から2行目）ため、病院を手伝うしかなかったのだ。

⑰ フィクションでは、**文頭に but** を使うのは問題ないが、アカデミック・ライティングではあまり推奨されない。フィクションの場合、文頭の but は、前の文との対比をより強くするためや、物語の意外な展開を導入する役割も果たす。

⑱ she would prefer to do と同意で「彼女がそれよりもしたいこと」の意味となる。

⑲ 「**Mrs.（人名）**」は「（人）の夫人」の意味なので、スカーレットは Mrs. Scarlett Hamilton ではなく Mrs. Charles Hamilton である。

Chapter 7

① ball（舞踏会）の語源はラテン語の「ballare（踊る）」。フランス語とイタリア語では、特定のタイプの宮廷ダンスを伴うパーティーを意味する。

② proper「適切な」。当時の南部婦人たちにとってその言動が proper であることが重要であり、improper であれば非難の的となった。

③ 高圧的なはずのメリーウェザー夫人の言葉だが、非常に**丁寧な表現を使って依頼**している。喪中の未亡人が舞踏会に出席することがいかに proper な行動でないかがよくわかる。

④ after all は、たとえそれが期待とは正反対のことであっても、何かをするという意味になる。喪中のスカーレットとメラニーだが、"the Cause" のための資金集めのイベントなので、予期せず出席を許された。

⑤ 「**too（A形容詞）to（B動詞の原形）**」の構文で、直訳すると「Bするには Aすぎる」。ここから「Aすぎて Bできない」。too~ は「～も」ではなく「～すぎる」の意である。

It's so unfair, Scarlett thought. I'm prettier than all those girls. [6]If only I didn't have to wear this plain black dress! If only I could flirt with the soldiers! I'd have more beaux than any of those girls. Oh, why did I [7]ever get married? I hate this war! I hate [8]being a widow! Her angry green eyes were like fire.

A tall man was standing on the other side of the room. Suddenly he saw Scarlett's bright green eyes. He looked at her carefully, as if surprised. Then he laughed out loud and walked toward her.

Scarlett looked up and saw him. For one second, she did not recognize him. But then she was filled with terror. It was [9]that awful man, Rhett Butler! What is he doing here, she thought. I must get away!

But it was too late. He was standing in front of her. With a bow, he said, "Miss O'Hara, what a pleasure to see you again." His smile was mocking.

Scarlett could not speak. Her face was red with shame. Suddenly she was glad that Melanie was standing nearby.

"[10]Captain Butler, how nice to see you," Melanie said. "You visited Twelve Oaks last year. [11]It was the day when my engagement to Ashley was announced. It was the day the war began."

"Yes, Mrs. Wilkes," he said politely. "Is your husband in the war?"

"Yes, he is fighting in Virginia," Melanie answered proudly. Then her face became sad. "But Scarlett's husband—my dear brother Charles—is dead. He died during the early months of the war. We are in mourning. Poor Scarlett is very sad."

"You have my deepest sympathy," he said. He looked into Melanie's sweet, sad eyes. Then a look of respect covered his face. "I think you are a very brave lady, Mrs. Wilkes," he said gently.

A group of soldiers approached. They were asking for [12]ladies' gold jewelry. "Give your gold to the Confederacy," they said. "Your gold will help our brave soldiers. It will help our great Cause!" All around them, ladies were giving their jewelry to the soldiers.

Scarlett looked at her gold wedding ring. She hated that ring. It [13]reminded her of Charles.

⑥ if only は、**事実とは逆の願望や状況**を表現し、「～ならいいのに、～でありさえすれば」の意味。

⑦ **副詞の ever** は、過去の決定や行動に対する憤りや不満の感情をより際立たせるために使われている。

⑧ ここの being は**動名詞**。being ～「～であること」。

⑨ コンマの前後、that awful man と Rhett Butler は**同格**の関係。「例の不愉快な男のレット・バトラー」。

⑩ captain と言えば軍隊内の階級を想像するが、この時点でレットは軍隊には加わっていない。この captain は「船長」の意。

⑪ 時を表す**関係代名詞 when** を使った文。先行詞は the day である。

⑫ 1人の女性の金の装身具であれば、a lady's gold jewelry。複数の女性の金の装身具であれば、ladies' gold jewelry. となることに注意。

⑬ 「remind ～ of ...」で、「～に…を思い出させる」。金の結婚指輪を見てチャールズのことを思い出し、不快感や憤りを覚えていることが想起できる。

I never loved him, she thought angrily. I [14]never should have married him! Then she pulled the ring off her finger. "Here, take this ring," she said to the soldiers.

Melanie watched her. "Oh, Scarlett!" she cried. Her eyes shone with pride and love. "You brave, brave girl! I will give my ring, too." Melanie slowly removed her own wedding ring. She gave it to the soldiers. She looked as if she might cry.

Rhett Butler watched both women. He saw [15]Scarlett's angry face and Melanie's sad one. He turned to Scarlett. "What a wonderful thing to do, Mrs. Hamilton. I know exactly how much that ring meant to you." His black eyes laughed at her.

What a terrible man, Scarlett thought! He knows that I didn't love Charles. He is making fun of me. Why doesn't Melanie notice?

Scarlett hurried away, but he followed her. "Please leave me alone!" she whispered at last.

He laughed softly. "Don't worry. Your secret is safe with me," he said.

"[16]How can you say such things!" she cried.

"I was trying to make you feel better," he said. "[17]What shall I say? '[18]Be mine, beautiful girl, or I will tell everything'?"

Scarlett looked up at his smiling face. She had to laugh. It was such a silly situation, after all. She felt calmer. "Why are you in Atlanta, Captain Butler? Are you joining the army, after all?" she asked.

"No, I never will join the army," he said. "I am a [19]blockade runner. The Yankees have blocked Southern ports with their ships. The Yankee blockade [20]prevents most goods from reaching the South. But I own fast ships. They can [21]sneak by the Yankees. My ships sail to England and buy goods that the Confederacy needs. Then I sail at night, slipping past the Yankee ships. My ships bring important goods to the South. That's what a blockade runner does," he explained.

"So you are helping the Cause," Scarlett said.

"No. I'm helping myself," he answered. "I don't care about the

⑭ 「**should have + 過去分詞**」で、「〜すべきだった（のにしなかった）」の意味。過去にやらなかったことへの後悔や誰かがやらなかったことへの批判を示す。ここでは否定の never があるので、「結婚すべきではなかったのに」。never は助動詞（should）の前に置かれ、not の場合は助動詞の後に置く。

⑮ 英語では同じ単語を**繰り返して使うことをできるだけ避ける**ため、face の繰り返しを避けるため、one を使っている。one は「1つ、1人」の意味でないときには「もの、ひと」と訳せばよいことが多い。

⑯ 純粋に尋ねているわけではなく、スカーレットはレットに対して腹を立てている。

⑰ "What shall（do）I say?" や "What do you want me to say?" と同じ意味。shall は多少フォーマルで古い言い回し。ある時代や格式を想起させる文章では、当時の登場人物の社会的背景を反映するために使われることがある。

⑱ 「わたしのものになってくれ、かわいいお嬢ちゃん」は、スカーレットをからかっている言葉だが、彼女は内面に自分と同様のものを持っていることをレットはすでに感じ取っており、本気でないとも言い切れない。レットとスカーレットは少なくとも15歳の年齢差があるので、彼から見ればまさに「お嬢ちゃん」だったのかもしれない。

⑲ blockade runner（海上封鎖を潜り抜けて迂回して走る船）については p.11 を参照。

⑳ 「**prevent A from B**」で「A が B することを阻止する」の意味で、ここは「大部分の物資が南部に到達することを阻止する」となる。

㉑ by は「〜の近くに」の意味。「北軍の近くにこっそり近づく」の意味。

Cause—or the South—at all. I am no hero. The Confederacy buys my goods ²²for a lot of money. That's what I care about. ²³By the end of this war, I'll be rich."

Scarlett was shocked. "²⁴How can you say you don't care about the Cause!" she whispered. "Everyone cares about the Cause."

"I don't care. The Cause is for fools who believe in honor and patriotism. They don't realize ²⁵what wars are really about. All wars are about money. That is the truth."

Scarlett was too surprised to speak. She had never heard anyone talk so freely. He was saying such shocking things!

"I think you don't care about the Cause, either," he said. "Why don't you say ²⁶what you really think? You think it's boring, don't you?"

Scarlett looked at him, full of guilt and surprise. "How did you—" she stopped herself quickly.

He laughed out loud. "It doesn't matter anyway," he said. "We will lose the war, you know."

"The South will lose?" she said. A chill fell over her. "How dare you say such things! Go away! Leave me at once!"

"²⁷As you wish," he said and grinned. He bowed and walked away.

* * *

The dancing ²⁸was about to start. Dr. Meade came forward to speak. He was the most popular doctor in Atlanta and a very important person. "Ladies and gentlemen, this ball is ²⁹raising money for our great Cause," he said. "It will help our heroes—our brave soldiers! Even the dancing will raise money. Gentlemen, if you want to ³⁰lead a dance with your favorite lady, you must pay money for her!"

Suddenly everyone was talking. Dr. Meade's idea was shocking but exciting. Who would lead the first dance?

"Twenty dollars for Miss Maybelle Merriwether!" a soldier shouted.

"Twenty-five dollars for Miss Fanny Elsing!" another soldier cried.

Scarlett listened to the soldiers. She felt very sad and lonely. ³¹If only I were not a widow, she thought. If only I hadn't gotten married! All the soldiers would be paying money to dance with me. I'm prettier

㉒ この for は、**対価の for** で、「〜という値段で」。この場合は「莫大な金額で」の意味。

㉓ by は**期限**を表す。「〜までには」。

㉔ How can you say 〜 で、「よく〜と言うね」と呆れた気持ち、強い驚きを示す。話し手が他人の発言に不信感や衝撃を表明する場面で使われる。

㉕ 「**what A is really** (あるいは all)**about**」で、「Aの何が重要であるか」となる。
例) The young man doesn't know what life is all about.
（その若者は人生で何が大切なのかわかっていない）

㉖ この what は**関係代名詞**。what 〜 で「〜こと(もの)」と訳す。

㉗ As you wish.（お望みのままにしますよ）というのは、男性の女性に対する非常に王道的な答え方。相手の要求に同意する、相手の好みに従う意思があることを示している。

㉘ 「**be about to do 〜**」は「まさに〜（今）しようとしている」の意味。be going to do 〜 より、**差し迫った未来**を表す。未来を表す副詞(句)は伴わないが、now は使える。ここでは、まさに踊りが始まろうとしていること。

㉙ 補語の働きをする**現在分詞**(〜ing)で、主語の this ball = raising money（お金を集めること）。なお、チャリティーイベントでは、お金を集める（raising money）のが目的で、働いてお金を稼ぐ（earn money）、何かにお金を注ぎ込む（pour/pump money）とは違う。

㉚ 男女がペアになってのダンスでは、男性はパートナーが踊りやすいように移動や回転などの動きの手助け（＝リード）をする。

㉛ 「**if only + 仮定法過去**（…でありさえすれば、…ならいいのに）」と、現在の事実とは逆の願望や状況を表す。主節を略して感嘆的に用いることができる。

than all the other girls here! I would lead every dance! How I wish I could dance again!

Then she heard Rhett Butler's voice.

"Mrs. Charles Hamilton—one hundred and fifty dollars—[32]in gold."

Suddenly the room was silent. Everyone turned to look at her. Scarlett was frozen with surprise.

Dr. Meade looked at Rhett Butler. He was shocked. "Mrs. Hamilton is a widow," he said coldly. "Why don't you dance with someone else?"

Rhett looked almost bored. "No," he said. "Mrs. Charles Hamilton."

"That's impossible," Dr. Meade said. "Mrs. Hamilton is in mourning! She will not dance."

[33]Without even thinking, Scarlett jumped up. "[34]Yes, I will!" she cried.

She walked quickly to the center of the room. Her heart was beating wildly, but she felt delighted. She was going to dance again! She was going to [35]lead the very first dance of the ball! "Oh, I don't care! I don't care what they say!" she whispered.

Rhett Butler walked toward her. He bowed, a [36]mocking smile on his face. But Scarlett did not care. She smiled and [37]curtseyed deeply. Then the band began to play.

* * *

"Everyone is looking at us, Captain Butler," Scarlett said. "They are shocked that I am dancing. [38]It's very improper."

"My dear Mrs. Hamilton, who cares?" he said. "I don't care. And I don't think you do, either."

"Well—no, not really! I'm so happy to be dancing again."

"[39]Brave girl! You are beginning to learn. Listen to me: if you are brave enough—or if you have enough money—you don't have to care [40]what other people think," he said.

"What a terrible thing to say, Captain Butler… Isn't the music wonderful? I could dance forever. I've missed dancing so much."

"We will dance for hours tonight," he said.

㉜ 会場の他の入札者は紙幣を提示したが、戦時下で紙幣はほぼ役に立たなかった。そこでレットは金貨（in gold の **in は手段や素材を表す前置詞**で、「〜で」の意味）で自分がいかに裕福であるかを示した。

㉝ even を取り除くと without thinking となり、**前置詞の後ろの動詞は動名詞（~ing 形）**という原則どおりの表現が見えてくる。

㉞ ミード医師の She will not dance. に対する反応である。will の後ろに dance が**省略**されている。

㉟ 舞踏会の開始時には最も地位が高い男性とそのパートナーが最初の曲を踊る。この場合は破格の最高金額を寄付したレットと、彼が選んだスカーレットが多くの参加者の中で最初に踊り始めることになる。very は「まさに」の意味。

㊱ 踊りたいのに踊れず退屈しているスカーレットに対して見せたのが、この mocking smile（あざけるような笑み）。親切でダンスに誘うわけではなく、もっと別の意図があることが読み取れる。

㊲ CURT-seed と発音する。片足を少し後ろに引き、腰を下ろすように膝を曲げ、同時にスカートの裾を軽く持ち上げる女性の動作。当時はお辞儀をするのは男性のみで、女性はこのようにして敬意や礼儀を示した。

㊳ proper であることが建前上必要だとわかっているスカーレットの言葉だが、本心ではそんなことは全く思っていない。

㊴ レットとスカーレットの間には少なくとも15歳の年の差があった。ただ、もしレットが礼儀正しくするなら、girl ではなく、lady と呼んだだろう。lady は現代では woman と言う方が一般的。

㊵ what は**関係代名詞**。「〜もの（こと）」。

"Oh, I shouldn't!" Scarlett cried. "If I keep dancing, people will be so shocked."

"It doesn't matter! They are already shocked, so ④who cares?" he said.

"All right. I know I'm crazy but I don't care. I'm so tired of being proper," Scarlett answered. "Captain Butler, you must not hold me so tightly! ㉒I'll be mad at you."

"But you look beautiful when you're mad. I remember that day at Twelve Oaks. You were so charming when you were mad. Remember how you threw that bowl?"

"Oh, please—won't you forget that?"

"Never. It is one of my favorite memories," he said with a smile.

Chapter 8 (☞ p. 279)

TRACK 08

The next morning, Miss Pittypat was very worried. "Oh, Scarlett!" she cried. "Why did you dance with that awful Captain Butler? He is not a gentleman! Now everyone is talking about us! You are a widow. ①You shouldn't be dancing at all!"

"I don't care," Scarlett said. "If people are already talking about me, then it doesn't matter what else I do. I'm tired of sitting at home."

"Captain Butler can't be so bad, Aunt Pitty," Melanie said gently. "He is so brave! He is a blockade runner. He is helping the Cause. He must be a gentleman. ②Dear Scarlett didn't do anything wrong. She was just trying to raise money for our brave soldiers."

Then a letter arrived. It was addressed to Melanie, from Rhett Butler. Inside the letter was Melanie's wedding ring. ③He had gotten Melanie's ring and sent it back to her.

"Captain Butler is so kind and thoughtful!" Melanie cried. "You see, he is a gentleman. ④Only a gentleman would have acted so kindly.

㊶ who cares は現在でもよく使われる表現。It doesn't matter. とも言える。もう少し丁寧に言うと、Who is concerned about this? など。

㊷ 「怒りますよ」という発言だが、これはスカーレットお得意の flirting である。1枚も2枚も上手なバトラーには全く通じず、この後からかわれる。

Chapter 8

① ピティパットおばさんが、スカーレットが昨夜踊ったことをとがめているのならば You shouldn't have danced at all. になるはず。この場合は「(喪中の未亡人である)あなたが踊っている場合などではありませんよ」と、昨夜のできごとだけでなく未亡人としての improper な行動をとがめている。

② この物語で、メラニーは仲裁役を担っており、スカーレットがトラブルに巻き込まれないようにいつも助けている。Dear Scarlett の Dear は、メラニーがスカーレットに対して愛情や親近感を持っていることを示している。

③ 「had + 過去分詞」の過去完了時制で書かれている。手紙が届いた(=過去)時点よりも以前の行動であるとわかる。ただ「手に入れた(返してもらった)」のではなく、バトラー船長は指輪を多額で買い戻したのであろう。

④ 「Only ~ would have + 過去分詞」で「~だけが…するだろう」の意味。マルコム X の名言にも、"Only a fool would let his enemy teach his children.(敵に自分の子供を教えさせるのは愚か者だけだ)" がある。ここでは、「紳士だけが、こんな親切な行動ができる」の意味。

I was very sad after I gave away my ring. ⑤He must have realized that. I must thank him. We must invite him to dinner."

From that time, Melanie always defended Rhett Butler. She thought he was a true gentleman.

Scarlett was less sure. Rhett was different from ⑥other men she knew. He said and did exactly what he liked. He wasn't afraid to shock people. Other young men seemed like boys, but Rhett was a man. Scarlett couldn't control him. When she tried to flirt with him, he just laughed. Often he teased and mocked her.

Still, she looked forward to seeing him. There was something exciting and alive ⑦about Rhett. "It's almost like I was in love with him!" Scarlett thought. "But I'm not. I don't understand it."

Chapter 9 (☞ p. 280)

TRACK 09

The war continued, ①one bloody battle after another. But Scarlett was happy again. Since the ball, her life in Atlanta had changed. She still wore black clothing and helped at the hospital. But in every other way, she acted like a young unmarried girl. She went to parties and danced. She flirted with soldiers. Even though people were shocked by her actions, she was happy.

Rhett Butler encouraged her. He even wanted her to ②stop wearing black. One day he brought her a beautiful green hat.

"Rhett! It's the loveliest hat," Scarlett said as she put it on. "How do I look? I'll buy it from you. I'll give you ③every dollar I have!"

"It's for you, of course," he said. "It's a gift."

Scarlett stopped for a moment. A gift! ④But it was improper for ladies to accept such a gift from a man. She thought of her mother. "A real lady does not accept gifts from men," Ellen had often said.

But it's such a pretty hat, Scarlett thought. I must have it! "Thank

⑤ 「(助動詞) + have + 過去分詞」は過去の意味を表す。「彼はそれに気づいた (←この部分が過去) に違いありません」。

⑥ men と she の間に**関係代名詞 that** あるいは **whom** が省略されている。

⑦ 「レットの身の回りには」が直訳だが、「about (人・もの)」で、その人 (もの) の周囲に漂う雰囲気まで表すことができる。

Chapter 9

① one after another (次々と) はおなじみであるが、直訳すると「他のものの後に1つ」なので、この場合のように one (1つ＝a) の後ろに名詞 (句) を置くことも可能である。

② stop ~ing「〜することをやめる」。stop to ~ (原形動詞) は、「〜するために立ち止まる」の意味。

③ dollar と I の間に**関係代名詞 that** が省略されている。

④ 形式主語 it を使った「**it-for-to 構文**」。「It is (形容詞) for (人・もの) to (原形動詞) ~」で、「(人・もの) にとって (動詞) することは (形容詞) だ」と訳す。

you, Rhett," she said. "But you must not bring me more gifts. ⑤It's too kind of you!"

"I'm not kind," he said. "I'm never kind. I never give anything without getting something in return. I always ⑥get paid."

At last! Scarlett thought. He is in love with me after all. She started to flirt. "So you always get paid?" she said. "And what do you want from me? I won't marry you, you know!"

Rhett laughed. "Don't get too excited. I don't want to marry you. I don't want to marry anyone. In fact, I don't ⑦believe in marriage. But I do want something from you, and someday ⑧I will get paid."

Scarlett smiled, looking at her beautiful new hat. She wasn't paying attention. "⑨Fiddle-dee-dee!" she said. "I don't believe a word you say, ⑩Rhett Butler."

Chapter 10 (☞ p. 281)

TRACK 10

In the summer of 1863, the South was hopeful. ①The Confederacy had won several important battles. General Robert E. Lee and his army were marching north to Pennsylvania. "General Lee will beat those Yankees. Soon this war will be over," people said.

The news came quickly. The army was fighting the Yankees in a small town called ②Gettysburg in Pennsylvania. It was a big battle. Many soldiers from Georgia were there. Everyone in Atlanta waited nervously. "What is happening? Have our soldiers won? What is the news?"

Scarlett was worried. Ashley was at Gettysburg. What if Ashley has been killed, she thought. ③I'd die if he were killed! But she could not talk about her fears. Ashley belonged to Melanie.

Melanie was worried, too. "I pray that Ashley is safe," she cried. "Oh, Scarlett. When Charles died, at least you still had his baby. But if

⑤ **形容詞の前のtoo**は通常否定的なことが多いが（too hot、too difficult、too late など）、話し言葉や慣用表現では、いい意味でも使われる。It's too kind of you. は、親切過ぎると否定的な含みはなく、その親切がありがたいことを表現している。

⑥ 「**get + 過去分詞**」で「～される」という受動の意味になる（⑧も参照のこと）。

⑦ believe in ~ で「～の存在、価値、重要性を信じる」の意味。

⑧ 話し手がいつか、何らかの形で報酬を受けることを期待していることを示している。金銭的な報酬である必要はなく、恩恵や対価かもしれない。作者がレットとスカーレットの将来の関係を予感させる言い方である。「**get + 過去分詞**」の用例としては、get lost（迷う）、get dressed（着替える）などがある。

⑨ 何かを軽くあしらう時に使われる言葉。スカーレットは原作、映画中に何度かこの言葉を使っている。新しい帽子を見て楽しんでいるスカーレットは、レットの言葉を真剣に受け止めていないことがわかる。

⑩ 子どもを叱る際に親が子をフルネームで呼ぶことが多い。この場合は、Rhett Butlerと呼ぶことで、レットの愛の告白とも取れる発言をたしなめる雰囲気がある。ちなみに妻が夫をフルネームで呼ぶと「何を言われるんだろう？」と夫は驚き、他の家族は雰囲気を察してその場から逃げ出すと言われている。

Chapter 10

① 「**had + 過去分詞**」を使った**過去完了時制**の文なので、「1863年の夏より以前にいくつかの重要な戦闘で勝利していた」となる。

② ゲティスバーグは、ペンシルベニア近郊にあり、南北戦争で最も多くの死者・負傷者を出した戦場（Battle of Gettysburg）で、リンカーン大統領が有名な演説を行った場所でもある。

③ were は**仮定法過去**で、「もし彼が死んだら」という現在の事実と反対のことを仮定している。その仮定に基づいた結果として、「私は死んでしまうだろう」と主節で述べている。

my dear Ashley dies, I'll have nothing."

For a day, all of Atlanta waited to hear about the battle. Then terrible news arrived. ⁴The Southern army had lost. Thousands of men were dead. Many of them were from Atlanta.

Scarlett was very sad. Many of her beaux had been killed, including Stuart and Brent Tarleton. Her sister's beau, Frank Kennedy, had been badly hurt. Still, Scarlett felt some relief: Ashley was safe and alive!

* * *

The fighting continued through the fall. But in early December 1863, good news arrived. ⁵Ashley would be home for Christmas! He would be allowed to leave the army for one week. He would travel home to Atlanta.

⁶Scarlett had planned to spend Christmas at Tara. But she changed her plans when she heard about Ashley.

I must see him, she thought. I'll stay in Atlanta for Christmas. I haven't seen Ashley for two years! I must find out: does he still love me? I love him ⁷more than ever.

Soon Ashley arrived in Atlanta. Although he was still handsome, he looked very different. ⁸His face was hard and sad. ⁹In his eyes was a strange fear.

ⁱ⁰But Scarlett did not notice these changes. Ashley is home, she thought excitedly. He is here! Scarlett was so happy that she did not want to flirt with other men. She only wanted to be with Ashley. If only Melanie were gone, she thought, then Ashley would be all mine. He must still love me. How can I find out how he feels?

However, it was impossible for Scarlett to be alone with Ashley. Melanie was always with him. She held his hand and looked at him lovingly. Often her eyes filled with tears of joy. "Oh, Ashley!" Melanie whispered. "ⁱ¹I have missed you."

Scarlett watched Melanie jealously. But there was nothing she could do. Ashley was Melanie's husband. It was her right—not ⁱ²Scarlett's—to be with him.

④ 知らせが届いた時点より以前に南軍はゲティスバーグの戦いに敗れていたので、「**had + 過去分詞**」を使った**過去完了時制**で書かれている。

⑤ ここのwouldは、強い意志を示すwillの過去形。

⑥ アシュリーがクリスマスに戻ると知る以前は、スカーレットはタラに戻るつもりだったので、「**had + 過去分詞**」を使った**過去完了時制**で書かれている。

⑦ more than ever の後にbeforeを補うとわかりやすい。「以前よりもさらに愛している」という感情を表し、時間が経つにつれその人への愛情が深まった時に使える表現。

⑧ hard face で笑みも生気もなく、恐怖に満ちた目をしていることが想像できる。

⑨ このwasは「〜だった」ではなく、「〜があった」の意味。「彼の目の中に」を強調するために**倒置文**になっている。元々はA strange fear was in his eyes.

⑩ この文は、彼女のアシュリーへの愛情の自分勝手さが垣間見える表現である。

⑪ **現在完了**は過去と現在をつなぐことができる時制なので、「出征から今までずっと、あなたがいなくて寂しかった」の意味となる。

⑫ 「スカーレットのもの」を表す**独立所有格**。「もの」が何を指すかは前後から判断できる。この文の場合は「right（権利）」である。「彼（アシュリー）と一緒にいることは彼女（メラニー）の権利だった―スカーレットのもの（＝権利）ではなく」。

Other people came to see Ashley, too. His father traveled from Twelve Oaks to Atlanta. Ashley's sister, ^⑬India Wilkes, also came. Scarlett was not happy to see them. Both old Mr. Wilkes and India were eager to be with Ashley. He was never alone.

The week passed quickly. The hours flew by like a dream. Every day Scarlett became more worried. Soon Ashley must return to the war, she thought. What if we never get to be alone together? I must find out how he feels about me.

At last, it was time for Ashley to ^⑭leave Atlanta. Both Melanie and Aunt Pittypat were ^⑮so sad that they could not leave their rooms. The house was quiet. Scarlett realized that this was her opportunity. She hurried to Ashley.

"Ashley," she whispered. "I must talk to you!"

He tried to smile, but ^⑯his face was white with pain. "Of course," he said. "In fact, I wanted to ask you something."

Scarlett was excited. I knew it, she thought. Now he will say that he loves me!

"Oh, Ashley," she cried. "I would do anything for you!"

"Thank you, Scarlett. Here is my request: will you take care of Melanie for me? I always worry about her. She is so gentle and delicate. You are so strong. Melanie loves you like a sister, you know. Will you take care of her?"

Scarlett was disappointed. Doesn't he know that I hate Melanie, she thought.

Ashley continued to speak. "I don't know what will happen to me. But ^⑰I do know one thing. The end is coming, Scarlett. And when it comes, I will be far away. I won't be able to help Melanie."

Scarlett was suddenly frightened. "The end?" she asked.

"The end of the war," Ashley said. "And the end of ^⑱our world."

"The end of our world? The Yankees won't beat us, will they?" Scarlett cried.

"I will tell you the truth, Scarlett. The Yankees will beat us. They have more soldiers than we do. They have more guns. Thousands of

⑬ India は、女の子の名前としては珍しいが、19世紀半ばには使われていた。国名や地名をファーストネームに使う例としては、Paris パリ、Brooklyn ブルックリン、Dakota ダコタなどがある。

⑭ 「leave A（**地名・国名**）」の場合は A が出発地。「**leave for B**（**地名・国名**）」の場合は B が目的地。A と B が両方入っている「**leave A for B**」の場合も同様に考える。for のない A は出発地。for の後にある B は目的地。

⑮ 「**so ~ that...構文**」で、ここでは that 節内が否定形になっている。「とても寂しくて、部屋を出ていけなかった」の意味。

⑯ 日本語では調子の悪い人の顔色は「青」くなるが、英語では血の気が失せて「白」くなったり「青白」く（pale）なったりする。

⑰ do は強調の do。「1 つのことは確実にわかっているんだ」。

⑱ この world は、ある状況や時代、関係性など示すために比喩的に使われた例。南部特有の奴隷制のプランテーション文化を world とし、それが終わってしまうことを意味している。

our men have been killed. [19]More die every day. Yankee warships block our ports, and our ships cannot deliver goods to us. The end is coming. We will lose the war."

Wild thoughts filled Scarlett's head: [20]Let the whole Confederacy disappear. Let the world end, but you must not die! [21]I couldn't live if you were dead!

"I'm sorry to tell you such terrible things," Ashley said. "But I need your help. Will you promise, my dear Scarlett? Will you take care of Melanie?"

Scarlett looked into Ashley's eyes. She could not say no. She could not [22]deny him anything. "Yes, I promise! I will take care of her," she cried. "But Ashley, Ashley! [23]I can't let you go. I can't be brave."

"You must be brave, my dear," he whispered. "Otherwise, how I can go on?" He kissed her hand. "Scarlett, you are so strong and brave and good. All of you—your face and body, your mind and soul."

At last! This is the moment, Scarlett thought. Now he will say that he loves me. She waited for him to speak. But Ashley was silent.

"Oh," Scarlett whispered. She was like a disappointed child.

"Goodbye," he said softly. He began walking [24]toward the door.

Scarlett [25]could not bear to see him leave. She ran after him. "Kiss me," she whispered. "Kiss me goodbye."

Ashley held her gently. But Scarlett could not wait any longer. She kissed him with passion. For one moment, Ashley pulled her close. Then he pushed her away.

"No, Scarlett, no," he said in a low voice.

"I love you," she cried. "[26]I've always loved you. I never loved anyone else. I just married Charles to try to hurt you. Oh, Ashley, I would do anything for you. Please say that you love me! Just say it. That's all I want!" She gazed at him.

His pale face was a mixture of love, terrible shame, and despair. "Goodbye," he whispered. Then he was gone.

⑲ 直前にmenがあることから、**繰り返しを避ける**ために、menが省略されている。More men die every day.となる。省略することで文の流れをスムーズにしている。

⑳ **使役動詞let**（〜をさせる）を使った**命令文**。「**Let**＋（**目的語**）＋（**原形動詞**）」で「（目的語）を（動詞）させよ」。

㉑ 現在の状況（＝アシュリーは生きている）に反する仮定を表す**仮定法過去**。「主語＋助動詞の過去形＋原形動詞」の後に、「if＋主語＋動詞の過去形（be動詞であればwereを使うことが圧倒的に多い）」が続いている。

㉒ このdenyは、say noと同意。anythingはdenyの直接目的語で、「彼に関してはnoと言えない」の意味。

㉓ **使役動詞let**（〜をさせる）を使った文。「**let**＋（**目的語**）＋（**原形動詞**）」で「（目的語）を（動詞）させる」。この場合は「あなたを行かせることはできない」。

㉔ toward と towards は同じ意味だが、アメリカやカナダではtoward、他の英語圏ではtowardsが使われるが多い。

㉕ could not bear＝could not standで、どちらも「耐えられなかった」の意味。ネガティブな状況で使われる。

㉖ 「**have＋過去分詞**」を備えた**現在完了**の文。現在完了形は過去と現在をつなぐ時制なので「私は（過去のある時点から今まで）常にあなたを愛してきている」ことを表している。

Chapter 11 (☞ p. 284)

January and February of [1]1864 were difficult months for the South. There were bloody battles. Many Confederate soldiers died. And the Yankees were trying to attack [2]Georgia!

But Scarlett was happy. Ashley loved her. She remembered how they had kissed. She remembered his look of love and despair. She was certain of his love now. The knowledge made it easier for her to be with Melanie. Scarlett didn't hate her now; [3]she just felt sorry for her.

Silly Melanie! She is such a fool, Scarlett thought. Ashley loves me, not her. When the war is over, everything will work out. Somehow, Ashley and I will be together.

But then in March, Scarlett got terrible news. Melanie was pregnant. She and Ashley were going to have a baby. "I'm so happy," Melanie said. "Isn't it wonderful, Scarlett? I'm going to have a baby, at last!"

Scarlett was wild with pain. How could this happen? Ashley loves me, she thought. How can Melanie have his baby?

But there was nothing she could say. She had to keep her feelings secret. Scarlett decided to leave Atlanta immediately and return home to Tara.

* * *

[4]Then a letter from the army was delivered. It was even worse news: [5]Ashley had been captured. He was a prisoner of the Yankees. He had been sent to a terrible prison camp in the North. The prisoners at the camp were badly treated. Many of them had died. Melanie, Scarlett, and Aunt Pittypat did not know if Ashley was still alive.

Scarlett was [6]frozen with grief. It's my fault [7]if Ashley is dead, she thought. God is punishing me. I loved a married man. I tried to take him from his wife. That was wrong. God has killed Ashley to punish me!

Chapter 11

① 南北戦争 (1861–65年) の中盤にあたり、南北戦争の結果とその後のアメリカの歴史に大きな影響を与えたとされる年 (p.13参照)。

② スカーレットたちが暮らしているアトランタはジョージア州にある。南軍が劣勢のため、北軍がかなり南まで迫ってきていたのだ。

③ 「feel sorry for (人)」で「(人)のことを気の毒に思う」。

④ 「**be動詞 + 過去分詞**」で**受動態**を表す。

⑤ 「**had + been + 過去分詞**」で**受動態の過去完了形**。手紙が届いた時点 (＝過去) より以前にアシュリーは捕えられたことが示されている。

⑥ frozen with grief (悲しみで凍りつく) という表現は、他に frozen with fear、frozen with terror、frozen with horror などがある。

⑦ アシュリーが死んでいるかどうか確信が持てないことを if Ashley is dead. で表す**仮定法**。当時の南部では、神は罰を与える存在とされており、もしアシュリーが死んだら、それは自分が悪いこと (既婚者を好きになった) をしたからだ、とスカーレットは思っている。

Now [8]it was impossible for Scarlett to leave Atlanta. She changed her plans. I must stay here and find out what happened to Ashley, she thought. I can't go to Tara now! Even though Melanie is pregnant, I must stay.

[9]Melanie did not want Scarlett to go, either. "Dear Scarlett, please stay!" she begged. "I need you. Ashley said that you would stay with me. He said that you had promise."

"Yes, I did," Scarlett said slowly. Ashley [10]might be dead, but she would keep her promise. [11]She would stay in Atlanta.

⑧ 形式主語 it を使った「**it-for-to 構文**」。「It is（形容詞）for（人・もの）to（原形動詞）〜」で「（人・もの）にとって（動詞）することは（形容詞）だ」と訳す。

⑨「**want** +（**人**）+ **to**（**原形動詞**）」で「（人）に（動詞）してもらいたい」。文末の「not 〜 either」で「（主語）もまた〜ではない」の意味。

⑩「**主語** + **might 〜, but 主語** + **would do ...**」のパターン表現。「アシュリーは死んでいるかもしれないが、彼女は約束を守るだろう」の意味。

　　例) They might hate me, but I'm going to treat them with respect.
　　　　（彼らは私を嫌っているかもしれないが、私は敬意を持って対応するだろう）

⑪ この would は、前文内と同様に、**強い意思を表す will** の過去形。「彼女は断固としてアトランタにとどまるつもりだ」。

Gone With the Wind

Part 3

Chapter 12 (☞ p. 285)

TRACK 12

The month of May 1864 arrived. The Yankees were still in Georgia. They were trying to attack two of the railroads that went to Atlanta. There was ①fierce fighting and many battles. But people in Atlanta were not afraid. The Yankees were far away, one hundred miles north of the city. "Our brave soldiers are fighting hard," people said. "The Yankees will never ②reach Atlanta! Our great Cause ③can never be defeated!"

But over the next few weeks, the Yankee army marched closer. The Confederate army could not defeat them. Now the Yankees were just thirty-five miles from Atlanta! Many Confederate soldiers were killed in the fighting. Even more were hurt. The hospitals in Atlanta were full of hurt soldiers.

One day, Scarlett asked Rhett about the fighting. "Will the Yankees reach Atlanta? ④It can't be possible. Our soldiers will stop them, won't they?"

Rhett laughed grimly. "Nothing will stop them. The Yankees will reach Atlanta. ⑤They have more soldiers than we do. They have more guns."

Scarlett was suddenly afraid. "Then why are you staying here, if the Yankees will get Atlanta? Aren't you scared?" she asked.

Rhett smiled. "Why am I staying? I am curious. ⑥The battle of Atlanta will be very important. I'd like to see it. And perhaps I am staying for another reason. Perhaps I am staying here so that I can help you."

Scarlett tossed her head. "I don't need your help. Anyway, I don't believe you. The Yankees won't ever reach Atlanta."

"Yes, they will reach Atlanta. In fact, I'll make a bet with you. I bet that the Yankees will reach Atlanta…in exchange for a kiss."

Scarlett was secretly pleased. So Rhett does like me, she thought. Now I will ⑦make him sorry for all the mean things he says!

Chapter 12

① 単に「激しい」というだけではなく、動物的な激しさで行動するニュアンスがある。

② arrive at Atlanta、come to Atlanta の意味。reach には他に「連絡する」という時にも使える。

③ **否定語never**をカッコに入れると、助動詞canの後には文法どおりに原形動詞（この場合はbe動詞の原形be）が置かれていることがわかる。また「be defeated」部分は「**be動詞 + 過去分詞**」で**受動態**だとわかる。直訳すると「決して打ち負かされない」となる。

④ can't ~ は「～のはずがない」の**助動詞**。possible は形容詞なので、助動詞の後ろには動詞が必要なため、be動詞の原形beが入っている状態。

⑤ more は many の比較級で「より多くの」の意味。

⑥ アトランタの戦いがどれだけ重要だったかについては、p.11参照。

⑦「**make** ＋（**目的語**）＋（**形容詞**）」の形で、make は**使役動詞**。「～を…の状態にさせる」。使役動詞の中でも make が最も**強制的なニュアンス**が強く、have は、誰かに何かをしてもらう**丁寧なニュアンス**、let は、**許可を与える**意味で、最も穏やかな使い方である。
I make him apologize. 謝らせる
I have him apologize. 謝ってもらう
I let him apologize. 謝るのを許す

"⑧I won't ever kiss you, Rhett Butler," she said. She ⑨tried to act shocked. "How dare you ask such a thing? You are no gentleman."

Rhett laughed. "Of course I'm no gentleman. But you are no lady, Scarlett. That's what I like about you. But you do need to be kissed. You ⑩should be kissed and by someone who knows how."

Scarlett was disappointed. Rhett is making fun of me, she thought. And ⑪how dare he say that I'm not a lady!

Rhett continued. "Someday I will kiss you, and you will like it. But I won't kiss you now, Scarlett. I am waiting for you to grow up. And I'm waiting for you to forget ⑫that perfect gentleman, Mr. Ashley Wilkes. He's probably dead now, you know. Someday you will forget him. Then I will kiss you."

Scarlett suddenly thought of Ashley. Her heart filled with pain. Oh, Ashley, she thought. I'll never forget you! Even if you are dead, I'll always love you.

She looked at Rhett angrily. "⑬Don't you dare talk about Ashley. He is a real gentleman. You don't know anything about him—or us!" she cried.

"I know almost everything about you and Ashley," Rhett said. "Do you remember that day at Twelve Oaks? I was there. And I know how you feel about Melanie Wilkes. I know how you dislike her. I just have one question: Did Ashley ever kiss you?"

Scarlett ⑭turned red. She tried to look away. She had kissed Ashley when he was home for Christmas.

Rhett saw her face. "So he did kiss you. Even though he is such a perfect gentleman! ⑮No wonder you're still in love with him. But someday you will forget him, and then I'll—"

Scarlett was very angry. Why did Rhett say such terrible things? "Go away!" she cried. "I never want to see you again. I hate you, Rhett Butler!"

Rhett laughed out loud. "⑯Very well, my dear Mrs. Hamilton." He bowed and walked away, still laughing.

⑧ I will never kiss you. と言い換えられる。I won't ever kiss you. と基本的に同じ意味だが、話し手の声の調子などによっては、will never の方が「決して〜しない」と**強い意志**を表し、won't ever は少し口語的で柔らかい印象がある。

⑨ **tried to do 〜**は「試みたが失敗に終わった」ことを意味する。ここでは、スカーレットは驚いているように見せたかったが、レットは彼女が驚いていないのがわかっていた、ということを示唆する。
try to do と **try 〜ing** はどちらも「〜しようとする」の意味だが、try to do は意図的に努力しようとしていて、try 〜ing は、試しに何かをやってみるのニュアンスが強い。

⑩ この should の用法は had better のように「〜すべきである」というより、「キスされるに値する（deserve）」という意味。

⑪ 「**how dare 〜**」は「よくも〜できるね」という怒りの表現だが、**dare は助動詞**なので原形動詞 say を使っている（肯定文に戻すと、He dare say that I'm not a lady. となる）。

⑫ コンマの前後、that perfect gentleman と Mr. Ashley Wilkes は**同格**。「あの完璧な紳士であるアシュリー・ウィルクス氏」。

⑬ **Don't you dare 〜**は、How dare you 〜に似た非常に**強い警告、命令**の感情を表す。スカーレットがレットにアシュリーのことを話すことを厳しく反対していることがわかる。

⑭ ここで「スカーレットの顔が赤くなった」ことで、彼女の恥ずかしさ、怒りが見て取れる。

⑮ It's no wonder that you're still in love with him. が正しい文。「（that 節）なのは当然だ」の意味。

⑯ **命令・依頼**などを承諾するときの表現。

Chapter 13 (☞ p. 287)

TRACK 13

The fighting continued through June. The Yankees were getting closer to Atlanta. Now they were only five miles away! People in Atlanta could hear the sound of battle. "We must beat the Yankees now," people cried. "If we don't, they will get the city."

The Confederate army did not have enough soldiers. Now they needed anyone who could fight. Old men and young boys joined the army. ①They marched away to fight the Yankees.

Scarlett, Melanie, and Aunt Pittypat listened to the sound of the fighting. They prayed for victory. But soon, bad news arrived. The Confederates were losing the battle. ②Many men had been killed. The Yankees had surrounded Atlanta on three sides. Only one railroad was left, and the Yankees were planning to attack it, too.

Scarlett was worried. That railroad was near Tara! What if the Yankees were fighting near Tara now? She thought of her family. I want to go home, she thought. I want to be at Tara. I want to be with Mother. She always ③makes me feel better.

But Scarlett could not leave. She remembered her promise to Ashley. How I hate Melanie, she thought. ④If she were not having a baby, then I could leave Atlanta. Wade and Prissy and I would go home to Tara right now!

The sound of the battle became louder. Bombs were falling in Atlanta now. ⑤It was dangerous to stay in the city. Many people decided to leave, including old Miss Pittypat. She tried to make Melanie, Scarlett, Wade, and Prissy leave, too. "We must leave Atlanta," Aunt Pittypat cried. "The Yankees are coming!"

But ⑥Dr. Meade would not let Melanie leave. He said, "⑦Miss Melly, you are pregnant. Your baby will be born soon. You must stay in bed until the baby is born. If you don't, the baby may die."

Then the doctor spoke quietly to Scarlett. "You must stay with

Chapter 13

① 老人や少年が隊列を組んで町から離れていく様子が目に浮かぶような、胸の痛む表現である。

② 「**had + been + 過去分詞**」は**受動態で過去完了時制**。アトランタ郊外の戦いに敗れつつあるという知らせが来た時点（←過去）より前に多くの兵士が殺されたのである。

③ 「**make + O（目的語）+ C（補語・形容詞句）**」で、「OをC（の状態）にする」の意味。feel better は対象となる「人」の感情や状態を説明している。ここでは、「スカーレットの母親は、スカーレットを気分のいい状態にする」という意味。

④ **仮定法過去時制**の用法。「もしメラニーが赤ちゃんを産まなかったら」と過去の事実とは異なる仮定的な状況を if 節で示し、could はその仮定に基づいた可能性や能力を示している。「メラニーは赤ちゃんを産んだのだから、スカーレットはアトランタを離れることができなかった」という意味。

⑤ 形式主語 it を使った「**it-for-to 構文**」の「**for（人）**」部分が省略された文。「**It is（形容詞）to（原形動詞）~**」で「**（動詞）することは（形容詞）だ**」と訳す。

⑥ will（would）は、**強い意思**を表す。「ミード医師はどうしてもメラニーを出発させようとしなかった」の意味。「**使役動詞 let（人）+（原形動詞）**」で「**（人）に（動詞）させる**」。

⑦ Melly は、Melanie の愛称。

Melanie until the baby is born. She will need your help. She is very
⁸delicate. The birth will be difficult." Scarlett agreed, but she hated
Melanie more than ever.

*　*　*

In July, the battle for Atlanta continued. Bombs fell every day. To
Scarlett, life felt like a bad dream. ⁹How could this be happening to
her? She also worried about Tara. ⁰There was fighting near Tara, she
knew. What if the battle reached her home?

At the beginning of August, Scarlett received a letter from her
father. "Dear Daughter," Gerald wrote. "The fighting has not reached
Tara. We have not seen any Yankees. But you and Wade must not
come home. Your sister Careen is ill with ⓪typhoid. It would be
dangerous for you and Wade to be here. You might get sick, too.
Please stay in Atlanta."

That evening, Scarlett was very sad. She sat alone in front of the
house. Miss Pittypat had left, and Melanie was upstairs in bed.
Scarlett thought about the news from Tara. "Poor Careen is sick. Now
I can't go home to Tara, even after the baby is born! What will I do?"
she sighed.

Then she heard footsteps. It was Rhett Butler, walking toward the
house. Scarlett was ⓬so lonely that she felt glad to see him. He greeted
her and sat down.

"So you are still in Atlanta," he said. "I was wondering if you had
left with Miss Pittypat."

"No," Scarlett answered. "I have to stay here until Melanie has her
baby."

Rhett laughed. "How strange and funny that you have stayed with
Mrs. Wilkes! I know how much you dislike her," he said.

"Don't be mean!" Scarlett cried. "I stayed because ⓭I made a
promise…How can you be so rude? I'm feeling very sad now. I just
got bad news from Tara. My little sister is sick with typhoid, and I
can't go home."

"I'm sorry to hear that," Rhett said more kindly. "But you are safer

⑧ delicate は、「体が弱い、健康状態が良くない」の意味。やや古い言い方。

⑨ 現代でもよく使われる苛立ちを表す表現。**could** は、**強い疑問を表す助動詞**として使われており、「どうしてこんなことが彼女に起こり得るのか」の意味。

⑩ **倒置**されている。元々は She knew (that) there was fighting near Tara.

⑪ 腸チフスのことで、衛生環境の悪い地域で発生する。抗生物質が発見されるまでは命に関わる感染症だった。

⑫ 「**so ~ that ... 構文**」で、とても寂しかったので彼と会えて嬉しかったの意味。

⑬ 約束にこだわるのは、愛するアシュリーとの約束であるから。この後、物語の最後までスカーレットがメラニーを守るという約束は守られていく。

here in Atlanta. The typhoid is more dangerous than the Yankees."

Then he took one of Scarlett's hands and slowly kissed it. A strange, exciting feeling ran through her. Her heart beat fast. What is wrong with me? she thought. I don't love Rhett. I love Ashley! Why do I feel this way?

"Rhett, stop! What are you doing?" she cried.

He stopped and smiled at her. "Scarlett, you like me, don't you?" he asked.

The question surprised her. "Well, yes, I like you—when you aren't acting like a ⑭scoundrel," she said.

He laughed. "I think you like me because I am a scoundrel. ⑮I'm not like the other men you know. ⑯Could you ever love me, Scarlett?"

Ah! she thought. She felt pleased. Now I've got him! He will be so disappointed. "No, I couldn't love you. You never act like a gentleman," she said coolly.

"And I never will act like a gentleman," Rhett said. "So then we are agreed. I'm glad you don't love me, Scarlett. I don't love you, either."

Scarlett was surprised. "You don't love me?"

"No," Rhett answered. "I don't love you, but ⑰I do admire you very much. I admire your selfishness, your lack of morality, and your ⑱practical nature. I like you because you and I are very similar. I'm no gentleman, and you are no lady. You and I are both scoundrels."

"How dare you say such things?" Scarlett demanded angrily. "You are very rude."

"Scarlett, please don't interrupt!" Rhett said. "Listen to me: ⑲I have wanted you since the first time I saw you at Twelve Oaks. I want you more than I have ever wanted any woman. And I've waited for you longer than I've ever waited for any woman."

Scarlett was pleased. He must love me, she thought. He just doesn't want to admit it!

"Are you asking me to marry you?" she cried.

He laughed loudly. "Of course not! I'm not a marrying man. You know that."

⑭ scoundrels は今ではあまり使われない。違法または不道徳な振る舞いをする人物のこと。現代語では rogue（悪党）、villain（悪党）、scumbag（俗語）が同意で使われる。

⑮ men と you の間に**関係代名詞 that** あるいは **whom** が省略されている。like は動詞ではなく前置詞で「〜のような」の意味。

⑯ **現在や未来の仮定的な状況**を問うときにも使われる **could**。Can you ever love me? と直接的に聞くより、could を使う方がより柔らかく、遠慮がちな疑問というニュアンスが出る。Could you ski when you were younger? といえば、過去にできたかどうかの能力について尋ねている。

⑰ **強調の do** が使われている。動詞 admire を「本当に」と強めている。

⑱ 当時の一般的な女性の見方とは異なり、スカーレットは、practical「現実的で、論理的」な女性だとレットは感じていた。スカーレットの現実的な性格の例は p.94 参照。

⑲ 「**have ＋ 過去分詞**」を使った**現在完了**の文。起点を表す since で導かれる部分が続くので「**継続**」用法。

"Then—then what are you saying?" Scarlett demanded.

He smiled. "I am asking you to be my [20]mistress."

Mistress! [21]Scarlett knew that she should be shocked. Any lady would be shocked by Rhett's request. But instead, she was simply angry. [22]In her fury, she cried, "How dare you? I'm not a fool. Why would I ever be your mistress? I'd just [23]end up with a bunch of babies I didn't want!"

Suddenly Scarlett realized what she had said. Her face was red with shame. How could she have said such a thing? [24]No lady would have spoken like that!

Rhett laughed. "That's why I like you, Scarlett! You're different from every other woman I know. You are practical. You say what you think. You don't pretend to be shocked. You don't pretend to care about morality. [25]Any other woman would have fainted and then told me to leave."

"I will tell you to leave!" Scarlett cried. "Get out! How dare you talk to me like that? Get out and never come back! [26]I mean it this time!"

Rhett stood up and bowed politely. Scarlett could tell that he didn't mind her anger. In fact, he seemed almost pleased. He was smiling [27]as he drove away.

Chapter 14 (☞ p. 290)

TRACK 14

Throughout August, the Confederates and the Yankees fought near Atlanta. [1]Bombs continued to fall in the city. There was fighting near Tara, too. Scarlett was very worried about her family. She had received another letter from her father. The news was bad. Her mother and both her sisters were very sick with typhoid. "You must not come home," Gerald wrote. "Stay in Atlanta. Pray for your mother and Suellen and Careen."

⑳ mistress「愛人」は、現代では既婚男性と不倫をする女性のことだが、南北戦争時代は結婚せずに性的な関係を持つ女性を指した。

㉑ レディーはこんな時、ショックを受けるあるいは気絶する（ふりをする）ことがproperだと彼女は母親から教えられてきた。

㉒ inは**状況や状態を示す前置詞**。彼女は暴力的なほど極端に怒っている状態を表す。

㉓ 「～で終わる」の意味で、ここでは欲しくないもの、予想もしていなかったもの（赤ん坊）を産むことになるだけだと言っている。

㉔ 「**（助動詞の過去形）＋ have ＋ 過去分詞**」で意味は過去になる。「レディーは決してそのように話さなかった（←この部分が過去）だろうに！」だが自分がimproperなことを口走ってしまい、それがレットの言葉 You are no lady. を証明することになってしまったのだ。

㉕ 上記同様、「**would have ＋ 過去分詞**」で意味は過去になる。「他のどの女性も気絶した（←この部分が過去）だろうに」。レディーらしく気絶せず、激怒したスカーレットをレットは面白がっている。

㉖ p.86, 下から4行目でスカーレットはレットに、Go away! と言っているがこの時は本心ではなかった。しかし、今回は彼女の決意や態度が変化したことを示している。mean it で、「本気だ」「冗談ではない」という意味。

㉗ 1860年代という時代を考えると、もちろん自動車で去って行ったのではなく馬あるいは馬車に乗って去って行ったことになる。

Chapter 14

① to fall部分は**不定詞の名詞的用法**。「爆弾は落ちることを続けた」→「爆弾が落ち続けた」となる。

How can Mother be sick, Scarlett thought. She felt like a frightened child. She wanted her mother and she wanted Tara. "Please, God, ②don't let Mother die," she prayed. "I'll be so good if you don't let her die! Please, God! I want to go home. ③If Melanie had her baby, then I could go home."

But Melanie's baby did not come. She and Scarlett and Wade stayed in Atlanta. The sound of battle grew ④louder and louder.

* * *

On the first day of September, Scarlett sat with Melanie in her bedroom. "Scarlett, you've been so good to me," Melanie said. "You are like a sister. You are so brave and sweet to stay here with me."

Scarlett tried to smile. Doesn't Melanie know that I don't want to be here? she thought angrily. I want to be at home with Mother! ⑤Doesn't she even know that I love Ashley?

"I want to ask you an important question," Melanie said. "⑥If I die, will you take my baby?"

Scarlett was scared. ⑦What if Melanie did die? She felt suddenly guilty. "Don't be a fool, Melly," she said. "You won't die. ⑧Giving birth to the baby will be easy," she lied.

"I'm not afraid to die," Melanie said. "But if I die and if Ashley is dead, you must take my baby. I want you to have my baby. Will you promise? Please?"

"Yes, yes," Scarlett said. "I promise. But you mustn't worry so much."

"I think the baby will come today," Melanie said. "I have been having pains since this morning."

"Why didn't you tell me sooner?" Scarlett demanded. "I will send Prissy to ⑨go get Dr. Meade right away."

* * *

Prissy returned without Dr. Meade. She was almost screaming with fear. "Dr. Meade can't come, Miss Scarlett," she cried. "He is too busy at the hospital. There are dying men everywhere! Bombs are falling! Houses are on fire! Dr. Meade says that you will have to help Miss

② 「let ~ do ...」で、「~が…するのを許す、~に…させておく」の意味。ここでは否定が入っているので、「神様、母を死なせないでください」の意味。

③ 現状（メラニーにはまだ赤ん坊は生まれていない）に反する仮定を示す**仮定法過去**なので、動詞が**過去形（had）**になっている。

④ 「**比較級 and 比較級**」で、「ますます~」の意味。「戦いの音はますます大きくなった」。

⑤ 否定形を用いた疑問文で、相手がある事実を知らないことへの驚きや疑問を表現している。even は、その**疑問をさらに強調する役目を果たす副詞**。スカーレットがこの地を離れたいことも知らないし、その上、彼女がアシュリーを愛しているということもメラニーは知らない、という意味。

⑥ **仮定法過去**（現状に反する仮定、あるいは実現の可能性が極めて低い仮定）。If I died ではなく、If I die と**直説法**（可能性が五分五分）を使ってメラニーは尋ねている。彼女は出産時に自分が命を落とす可能性がそれなりに高いと考えているのである。

⑦ **条件節**（もしメラニーが死んだら）を含む疑問文。「もし~ならばどうなるか」という仮定の状況を導入するときにWhat if~ はよく使われる。did は**助動詞の過去形**で、実際には起こっていない事象の仮定について強調している。

⑧ 動詞の ~ing 形（動名詞）は、「~すること」の意味になるので、「赤ん坊を生むこと」となる。

⑨ **アメリカ口語英語**でよく使われるgo to get（呼びに行く）、あるいはgo and get（行って連れてくる）の略。go（原形動詞）、come（原形動詞）のパターンがよくみられる。

Melanie by yourself. And I talked to some soldiers. They said that the Yankees are coming. The Yankees are coming today! What will we do, Miss Scarlett?"

Scarlett was very frightened. The Yankees are coming, she thought. What will we do? We can't leave Atlanta until Melly has her baby! And Dr. Meade can't help us! But she tried to act calm. "We will have to deliver Miss Melanie's baby ourselves," she told Prissy.

It was a terrible afternoon. Bombs fell in the street. ⑩Everyone was leaving Atlanta before the Yankees arrived. Inside the house, Melanie was in awful pain. She screamed and cried like ⑪a dying animal. Scarlett sat with her. ⑫She could hardly bear to watch. ⑬There was nothing she could do.

* * *

At last, in the evening, Melanie ⑭had a baby boy. Scarlett was tired but glad. She had been scared that Melanie would die. But somehow, Melanie was still alive. The baby is finally here, Scarlett thought. Now we can leave Atlanta! We can go to Tara. But how?

They didn't have a horse or carriage, Scarlett realized. Melanie was too weak to walk. Wade couldn't walk far, either. And she had to take care of Melanie's new baby. What would they do?

Then Scarlett remembered Rhett Butler. He will know what to do, she thought. He will keep us safe. And he has ⑮a horse and carriage! Suddenly she felt better. She turned to Prissy. "Run and find Captain Butler. Run! Maybe he will help us get out of Atlanta!"

Prissy returned with a message from Rhett. "Captain Butler is coming," she said. "The army took his horse and carriage, he said. But he said not to worry. He will steal ⑯another horse and a carriage for us. He will come soon."

⑩ every や every の複合語（everything, everywhere, every day など）は**単数扱い**をする。

⑪ **現在分詞（動詞の ~ing 形）**は「〜している」と訳して名詞を修飾するので、「死にかけている動物」の意味。なお語末が -ie で終わる動詞の ~ing 形は「y を i に変えて ing」となる。

例）die-dying, lie-lying, tie-tying

⑫ hardly は「ほとんど〜ない」という**否定の意味を持った副詞**。can と共に用いられることが多い。bear は助動詞 could の後ろにあること、また冠詞が付いていないことから動詞だと判断できる。「〜に耐える」の意味。

⑬ nothing と she の間に**関係代名詞 that** が省略されている。先行詞は nothing なので「彼女ができる何もないものがあった」が直訳。

⑭ had a baby boy「メラニーが男の子を出産した」というとき、gave birth to a baby boy と言い換えられる。日本語では「男の／女の赤ちゃん」だが、英語では baby boy/girl と順番が逆になる。

⑮ 馬車（車両を付けた馬）。「車両 + 馬」でひと組なので carriage には a が付かない。同様のものに a knife and fork（ひと組のナイフとフォーク）、a needle and thread（糸を通した針）などがある。

⑯ 持っていた馬を軍に取りあげられたレットは、もう 1 頭（another horse）見つける必要があるという場合、another は one more の意味を持つ。似た表現で other horse/other horses があるが、この表現は前に言及された馬以外を指し、「別の、他の馬」の意味になる。

Chapter 15 (☞ p. 292)

Rhett arrived about an hour later. He brought an old horse and an even older ①wagon with him. "②Good evening," he said to Scarlett. "It is a beautiful night. I hear that you are planning a journey." His smile was mocking.

"How can you talk like that?" Scarlett cried. She was very frightened. "The Yankees are coming. Everyone is running away. Why are you acting so calm? ③If you had any sense, you would be scared, too. We have no time. We must leave Atlanta right now!"

"Where will you go?" Rhett asked. "The Yankees are all around. The main roads are blocked. ④There is nowhere to run."

Scarlett was even more frightened. But there was only one place she wanted to go. "I'm going home!" she cried. "I am going to Tara. I'm taking Wade, Prissy, Melanie, and the baby."

"Scarlett, are you crazy?" Rhett said. "You can't get to Tara. The Yankees have been fighting around Tara ⑤all week. Their soldiers are everywhere. You'll never get there! It's impossible."

"⑥I will go home!" Scarlett screamed. Tears covered her face. "I will go home! I want my mother! You can't stop me. I'll kill you if you try to stop me! I will go home. ⑦Even if I have to walk every step of the way," she cried.

Suddenly his arms were around her. His voice was gentle. "Don't cry, darling," he said softly. "You will go home, my brave little girl. Don't cry."

Rhett sounded different, Scarlett thought. He sounded like a kind and gentle stranger. She slowly stopped crying. She felt so safe in his strong arms. ⑧She could have stayed there forever. ⑨As long as Rhett was there, nothing could hurt her.

"Now we must go," Rhett said. "Prissy, Wade, Mrs. Wilkes, and the baby can lie in the back of the wagon. You and I will sit in the front.

Chapter 15

① 荷馬車（の車両部分）。レットがどこかから盗んできたもの。彼の所有物として以前に登場した carriage は荷物用ではなく人が乗るための馬車。

② Good evening は今日の英語ではあまり聞かれない。この場面では、「こんばんは、素敵な晩ですね」と何事もなかったように話すレットに、スカーレットが怒ってしまう。

③ この sense は、intelligence（知性）とか common sense（常識）の意味。文としては**仮定法過去**で過去の事実と反することを述べている。

④ run は「走る」ではなく「逃げる」の意味。There is nowhere to hide. や There is nowhere to go. と言い換えられる。

⑤ 「1週間中」の意味。week が単数であることから1週間であることがわかる。

⑥ この will は**強い意思を表す will**。「私はどうしても家に帰るのよ！」。

⑦ even if に導かれる条件節の主節は、直前の I will go home（家に帰る）であることがわかる。**条件節を単独で使う**ことで、その条件や状況を特に強調する効果がある。every step of the way で、スタートからゴールまでの全行程を意味する。

⑧ 「**助動詞の過去形 + have + 過去分詞**」で過去の意味を表す。「彼女は永遠にそこにいることができた（←この部分が過去）かもしれない」。

⑨ 文頭の as long as は while とも言い換えられ、条件や制限を示している。「～である限り」「～する限り」。似た表現に as far as があるが、こちらは範囲や程度を表すときに用いる。「～まで」「～に関しては」。

We must hurry."

Scarlett quickly put Prissy, Wade, and the baby in the wagon. "Melanie needs help," she told Rhett. "She is in her bed. She is ⑩too weak to walk." Rhett carried Melanie to the wagon.

At last it was time to go. Scarlett climbed into the wagon with Rhett. She looked back at the house. Suddenly she was sad to leave it. Would the Yankees burn it? Would they destroy it? But there was no time to worry. They drove slowly away. The old wagon bumped along ⑪painfully.

The streets were dark and noisy. Everywhere, people were running away. Buildings were on fire. Bombs were falling.

"How will we get out of Atlanta safely?" Scarlett asked nervously.

"We have one chance," Rhett said. "The Confederate soldiers are leaving Atlanta, too. If we follow them, we may be able to get out safely. But we must be very quiet. We must stay in the darkness behind them. If the soldiers see us, they will take our horse and wagon."

⑫Scarlett and Rhett watched as the Confederate soldiers marched slowly down the road. The soldiers were dirty and tired. Their uniforms were torn. Many had no shoes. They marched silently. In the darkness, they looked like ghosts.

"Take a good look at them," Rhett said. His voice was hard. "Look at our brave soldiers! ⑬You are watching history, Scarlett. Soon, the 'great Cause' ⑭will be defeated."

Suddenly Scarlett hated Rhett. ⑮How dare he mock the soldiers? ⑯She thought of the men she knew who had died—Charles, Stuart and Brent Tarleton, and so many more. She thought of Ashley in prison or perhaps dead. ⑰She stared at Rhett angrily.

The soldiers marched away. Rhett drove the wagon slowly behind them. He was silent and serious. For an hour, they traveled through the dark and burning streets. At last they were out of Atlanta.

Rhett stopped the wagon. He turned to Scarlett. "Do you really want to go to Tara?" he asked. "It is a crazy idea. The Yankees are probably there now."

⑩ 「**too ~ to do ... 構文**」で、「弱りきっていて歩けない」の意味。

⑪ painfully（痛みを伴って）という副詞が、bumped along（ガタガタと進む）という動作を修飾し、ワゴンの乗り心地が悪い状態、様子を描写している。一種の**擬人化**で、**無生物**であるワゴンは痛みを感じないが、乗っている人は痛みを感じていることを想像させる表現。

⑫ 「**watch** ＋ **as** ＋（主語）＋（動詞）」で「（主語）が（動詞）するのを見る」の意味。スカーレットとレットは南部兵が道路をゆっくり行進していくのを見た」。asは「2人が見た」と「兵士が道路を進んだ」という2つの動作が同時に起こっていることを**付帯状況的**に示している。

⑬ この表現は、何か画期的な出来事や、社会的、政治的、科学的、文化的な転換点となるような瞬間に立ち会っている時に用いられる。人類が初めて月面を歩いたとき、家でテレビを観ていた人々は、I feel like I'm watching history. と言ったかもしれない。

⑭ **受け身表現**の will be defeated は、「打ち負かされる」＝「負ける（to lose）」と同じ。

⑮ 「**how dare ~**」は「よくも～できるね」という怒りの表現だが、**dare は助動詞**なので原形動詞mockを使っている（肯定文に戻すと、He dare mock the soldiers. となる）。

⑯ **関係代名詞who の先行詞は**、she knew より前にある **the men** である。the men she knew で「彼女が知っている男の人たち」となる。全体では「すでに死んだ、彼女が知っている男たちのことを彼女は考えた」の意味。

⑰ 南部の大義のために戦っている兵士、そして命を落とした知人兵士と、軍隊にも入らず南部は敗戦すると恥ずかしげもなく言うレットを比べたスカーレットは怒りを持ってレットをにらみつけたのだった。

"Oh, yes," she said eagerly. "I know we can reach Tara safely, Rhett. I know a small path that goes through the woods. The path leads to Tara. The Yankees won't find us there."

Rhett looked thoughtful. "Maybe you can reach Tara, then. Maybe you can avoid the Yankees if you go through the woods."

Scarlett was scared and shocked. "[18]I—I can reach Tara?" she said. "Aren't you coming with me?"

"No. I'm leaving you here," he said with a strange smile. "I am [19]going to join the army now."

"The army!" Scarlett cried. "Rhett, you must be joking." Her shock increased. It was impossible! Rhett had always [20]made fun of the soldiers and the Cause. He didn't want to be a hero. Why would he join the army now?

Rhett laughed. "I'm not joking. I am joining the army. You should admire my bravery, Scarlett! Don't be so selfish. Where is your love of our great Cause?"

"How can you do this to me?" she cried. "Why are you leaving me here?"

"Why?" he said with a smile. "Perhaps because I still love the South. Perhaps because I hate to see the Yankees destroying our world. Perhaps... perhaps because I feel shame. [21]Who knows?"

"Shame!" Scarlett cried angrily. "You should feel shame. You are leaving me here, helpless and alone!"

"Dear Scarlett! You are not helpless," Rhett said. "[22]It's not in your personality to be helpless. You are so selfish and determined. You will always find a way. Now, get out of the wagon. I want to say something before I leave."

Rhett lifted her out of the wagon. The hot darkness surrounded them. To Scarlett, everything felt like a strange dream.

Rhett held her tightly. "I am not asking you to understand. I'm not asking you to forgive," he said. "[23]I don't give a damn whether you do. I won't forgive myself for my stupidity. I don't know why I am joining the army, either. But the South needs every man now. So I am off to

⑱ 1行目がwe can reach Tara safelyだったことに注意。スカーレットはレットの言葉を聞いて、彼がタラまで連れて行ってくれないことに気づく。

⑲ **be going to do**で「〜する予定だ」の意味。現在進行形と同様、すでに〜することは前から決まっているというニュアンスを含む。

⑳ make fun of 〜で「〜をからかう」の意味。「tease + 人」とほぼ同義。「bully + 人」はからかうよりさらに強いイジメをする意味合いが強く、たいていは肉体的、精神的な危害を伴う。

㉑ 「誰が知っているんだい？（＝誰にもわからないよ）」と言ってはいるものの、スカーレットをなんとか無事にアトランタから避難させた直後に従軍を決意するレットは南部連合国への愛国心があるのだろう。

㉒ 日本語の「頑張って」「ファイト！」などに当たる表現。

㉓ 「どうなろうと知ったことではない」と完全に無関心であることを示す。**damnは俗語**。

the war!" He laughed suddenly.

He continued. "I love you, Scarlett. That is the truth. I love you because we are so similar. Both of us are selfish. Both of us are scoundrels. [24]Neither of us cares what happens in the world, as long as we are safe and comfortable."

Scarlett heard Rhett's voice, but his words did not make sense to her. She was too shocked. [25]He is leaving me, she thought. What will I do? How will I ever reach Tara?

Suddenly he held her tightly. An electric feeling rushed through Scarlett's body. She forgot where she was. Rhett's arms were so strong, so safe. If only she could stay there forever!

Then he was kissing her. His lips were slow and hot. No man had ever kissed her like this, Scarlett thought. His kisses made her feel hot and cold and shaky. For a moment, she forgot everything.

In the wagon, Wade cried out, "Mother! [26]Wade frightened!"

Scarlett heard Wade's voice. Then she remembered where she was. The Yankees were all around them, and she was frightened, just like Wade. And Rhett—that scoundrel—was leaving her. And now he dared to kiss her, too! Suddenly she was angry again. She pushed him away.

"You scoundrel!" she cried. "You awful man! Get away from me. Go away! I never want to see you again! I hope that a bomb lands on you. I hope you die!"

Rhett laughed. [27]He did not look surprised. "Yes, yes, I understand. When I have [28]died a hero's death, I hope you will be sorry." He laughed again. "Goodbye, Scarlett."

[29]Rhett walked away in the darkness. Scarlett stood silently next to the wagon. What would happen to her? How would she ever reach Tara? Rhett [30]had left, and now she was alone.

㉔ 「私たちのどちらも気にしない」の意味で、**動詞は三人称単数**となる（cares）。us があるために複数扱いをすると思いがちだが、動詞は either に呼応して単数扱いとなる。

㉕ レットの真摯な愛の言葉を聞いても、彼女は「今、レットが去ってしまったらどうしよう？」と自分の状況しか心配できない。彼の言葉、"Both of us are selfish." を図らずも証明してしまっている。

㉖ 典型的な幼児言葉。自分を I と呼ばずに Wade と呼び、be 動詞 is を省いている。日本語では「ウェイド、こわい！」という感じ。

㉗ 自分と同様にスカーレットも「利己的で悪党で自分の安全と快適しか気にしない」人間であると見抜いているレットにとっては、スカーレットの反応は納得できるものなのである。

㉘ die a hero's death で「英雄らしい死を遂げる」のイディオム。When で始まる条件節にある have died は、将来のある時点までに完了しているであろう行動や状態を示すので、**未来完了**と言える。本来、「**will have ＋ 過去分詞**」で形成されるが、条件節や時間節では **will の省略**が見られる。

㉙ 愛する人を残し、敵に囲まれた地を馬にも乗らずに歩いていくレットの勇敢さを、この文から読み取りたい。

㉚ **過去完了**の had left により、レットが立ち去ったという過去の事実が、スカーレットの今の状況（たった一人になった）を導いたことがわかる。この時制を使うことで、出来事間の時間や因果関係が明確になる。

Chapter 16 (☞ p. 295)

After Rhett left, Scarlett was too tired to continue. She fell asleep in the wagon with Wade, Prissy, Melanie, and the baby.

The next morning, she awoke. For a second she did not know where she was. Then she remembered everything—①how they had left Atlanta, how that scoundrel Rhett had gone to join the army. Suddenly she thought of Melanie and her new baby. Was Melanie still alive? Had the terrible journey in the wagon killed her? She looked at Melanie's pale face. She was still breathing, Scarlett saw with relief. Wade, Prissy, and the baby were fine, too.

②Scarlett hitched the old horse to the wagon. Then she drove into the woods. After an hour of searching, she found the path to Tara. Now we can go home, she thought. Soon I will see Mother! ③Please God, don't let us meet any Yankees. If we do, they will probably take the horse and kill us!

They traveled all day. Thankfully the woods were quiet. As they got closer to Tara, Scarlett saw many signs of battle. Dead soldiers lay on the ground. The smell of smoke was in the air. There were burned buildings and empty plantations.

Scarlett became more afraid. ④What if Tara has been burned, she thought. ⑤What if the Yankees have killed everyone? She thought of her mother and father and sisters. But she pushed her fears away. She ⑥had no choice but to keep going. All day, in the burning sun, she drove the wagon toward Tara.

It was night when Scarlett finally reached Tara. At last I'm home, she thought. She looked up at the big house. Her heart filled with fear. Tara was dark and silent. No one is here, she thought. What will I do now?

Then Scarlett saw a shadow on ⑦the front porch. Someone was home! She almost cried with joy. But then she stopped. The person

Chapter 16

① **how ~**「いかに~するか」。「**had + 過去分詞**」を備えた**過去完了形**で書かれ、スカーレットが目覚めた時点（←過去）より以前のことを述べている。「どうやって（その前夜に）アトランタを脱出したか」。

②「スカーレットは老馬を馬車につないだ」。馬車本体と連結するための装具を馬の首にも胴体にも装着するので、長時間停車する際には馬を馬車本体から離して周辺の木などにつないであった。馬も馬車も移動の手段として欠かせないものだったので、スカーレットは馬の扱いに慣れていることがわかる。

③ 使役動詞のletを使った「**let ~ do ...**」の**否定形**。Pleaseに続き、「どうか~に…させないで」の意味。

④「**What if ~**」は仮定の状況や可能性を示唆する表現。What will（would）happen if Tara has been burned. を短くした形。if 節の**現在完了**が過去に始まった現在進行中の状況を懸念していることを示す。

⑤「**What if ~**」は上の使い方と同様。What will（would）happen if the Yankees have killed everyone?

⑥ have no choice but ~ で、「~するしかない」の意味。I had no choice but to cancel my date (because I had too much work to do). であれば、「デートをキャンセルするしかなかった（やることがいっぱいあったから）」となる。

⑦ プランテーション・ハウスと呼ばれた家は、前面全体にポーチ（the front porch）が設けられているものが多い。

did not move or call to her. [8]Something must be wrong, she thought.

"It's me," she whispered. "It's me, [9]Katie Scarlett. I've come home."

The shadow moved slowly toward her. Then she heard a voice. "Daughter," the voice said.

"Pa? Is that you?" Scarlett asked.

Gerald looked at her. His eyes were confused. All the [10]life was gone from his face.

It's like he thinks I am a ghost, Scarlett thought. What is wrong with him? He looks like an old man.

"Katie Scarlett, you are home," he said.

"Yes, Pa. I am home," Scarlett said. "I brought Melanie and her new baby. Wade and Prissy are here, too. We—we had to leave Atlanta."

Gerald walked slowly toward the wagon. "Cousin Melanie," he said. "The Yankees burned Twelve Oaks. The Wilkes family has left. You must stay with us."

Scarlett thought of Melanie. She had been lying in the wagon for more than a day. We must get her into bed, Scarlett thought. And her baby needs food.

Then she heard voices. Gerald's servant, [11]Pork, came running out of the house. "Oh, Miss Scarlett! Miss Scarlett, you're home. How glad I am you're here!" he cried.

Scarlett almost cried, too. "I'm glad to be home, too," she said. "Now Pork, I need your help. Please take Miss Melanie and her baby into the house. They need to be in bed. Prissy, take Wade inside. Get him some food."

Scarlett looked at Pork. "Is Mammy here, Pork? Tell her that I need her."

"Yes, Mammy is here," Pork told her. "My wife Dilcey is here, too. All the others ran away. [12]The Yankees told them to go."

[13]The Yankees freed our slaves, Scarlett thought. Except for Pork, Mammy, and Dilcey, all our slaves are gone! What will we do? She remembered Tara in the good old days, when [14]there were one hundred slaves on the plantation.

⑧ 90%の確信度で「何かが変だ」がSomething must be wrong.で、確信度が100%ならSomething is wrong.となる。

⑨ Scarletはミドルネームで、正式な姓名はKatie Scarlett O'Haraだ。父親だけが「ケイティ・スカーレット」と呼ぶ。ケイティは父方の祖母の名前。

⑩ タラでの出来事がトラウマとなり、スカーレットの父親は、life（正気、活気、気迫）を失ってしまったの意味。

⑪ ポークは、オハラ家の黒人奴隷の1人。ディルシーが彼の妻で、プリシーの母親でもある。ジェラルドに恩を感じてオハラ家のために尽くしている。

⑫ 「北軍兵たちが彼ら（オハラ家の黒人奴隷）に行くように言った」の意味で、goは話の中心の場所（この場合はタラ）から**離れる方向**に動くことを示す。

⑬ 「ヤンキーは我々の奴隷を解放した」詳しくはp.27参照。

⑭ 大規模プランテーションには綿花畑で肉体労働をする多数の奴隷と、マミーやポークのように屋敷内で主人一家に仕える少数の奴隷がいた。

"Never mind," Scarlett told Pork. "Just take care of Miss Melanie and the baby and Wade. And tell Mammy that I'm here."

Then she turned to her father. "Pa, ⑮how are they?" she asked anxiously. "Is Mother better? What about Suellen and Careen? Are they well now?"

"The girls are getting better," Gerald said slowly. Then he was silent.

A terrible thought formed in Scarlett's mind. She tried to speak but could not. At last, she ⑯made herself ask the question. "Mother?"

"Your mother died yesterday."

Chapter 17 (☞ p. 297)

TRACK 17

Mother is dead! The terrible thought filled Scarlett's brain. I must not think about it now, she told herself. I can't bear it. ①I'll think about it later.

Scarlett looked at Pork. "Is there any food?" she asked. "I haven't eaten all day."

"No, Miss Scarlett. The Yankees took everything. They took ②the cows and the chickens and the pigs. They took everything in the garden. We don't have any food."

"No food at all?" Scarlett said. ③She thought hard. "What about the sweet potatoes?" she asked. "Did they dig them up, too?"

Pork smiled. "Miss Scarlett, ④you are so smart. We didn't think of them. No, the Yankees didn't dig up the sweet potatoes. I'll go get some now."

When Pork had left, Scarlett spoke to her father. "Pa, the Yankees were here. Why didn't they burn Tara?"

Gerald answered slowly. "⑤They used Tara as their headquarters. The Yankee general stayed here. ⑥That is why they didn't burn Tara."

⑮ 荷馬車に乗せてきた4人を屋敷内に入れる手はずを整えてから、スカーレットは初めて父に "how are they?" と家族の安否を尋ねている。

⑯ 「**make** ＋（**目的語**）＋（**原形不定詞**）」で、make は使役動詞。スカーレットは、母親が病気から生還できなかったことを聞くのが怖かったため、自らを奮い立たせて質問をした状況を表している。

Chapter 17

① これは、スカーレットの最も印象深い性格の一つで、嫌なことは考えず、自分のすべきことに集中する力があるということ。

② 話をしている2人の間で、どの雌牛か、どのニワトリか、どの豚かがわかっているので（＝すべてタラで飼っていた家畜）動物名に the が付いている。

③ 彼女が長時間、全神経を集中させて考えたということを表している。

④ smart は口語で「賢い」という意味で広く使われるが、「気の利いた」「手際のよい」というニュアンスもある。

⑤ ほとんどの家は燃やされたが、北軍の司令部が置かれたため、タラは燃やされなかったということ。

⑥ **that is why ~** はよく使われる表現で、「それが～の理由だ」と訳す。「だからやつらはタラを焼かなかったのだよ」。

⁷Yankees living in Tara! ⁸The thought made Scarlett feel sick.

Gerald continued. "When the Yankee army arrived, they told us to leave Tara. They were planning to burn the house. But I said that we could not leave. Your mother and the girls were very sick with typhoid. ⁹I told the Yankees that they would have to burn us with the house. I told them we would never leave."

Scarlett was filled with pride. What courage, she thought. Gerald standing against the ¹⁰entire Yankee army!

"When the Yankees learned that your mother and the girls were sick, they decided not to burn Tara. They let us stay, but they used the house as their headquarters," Gerald said slowly. "¹¹They ate all the food. They burned the cotton. They took all the candles and the firewood. They freed the slaves. Only Pork and Mammy and Dilcey refused to go. The Yankees even took some of our furniture. Then they left."

Gerald was silent. He looked tired and old and sad. "I'm glad you are home now, Katie Scarlett," ¹²he said simply.

Why, Pa is like a child now, Scarlett thought. He is helpless. I must take care of him, just like I take care of Wade and Melanie and her baby.

Scarlett called to Pork and Mammy. "Pork, please put my father to bed. He is very tired. Mammy, I must speak with you."

Scarlett waited until Gerald was gone. "Mammy," she said, "tell me about Mother. How did she get sick? I couldn't ask Pa about her."

Tears filled Mammy's eyes. "Miss Scarlett, it was ¹³the Slatterys," she said. "They killed your Ma."

"The Slatterys!" Scarlett cried. The Slatterys were a lazy, lower-class family who lived near Tara. They never worked. Instead, they begged for help from their richer neighbors, like the O'Haras.

"Yes, Miss Scarlett," Mammy said. "The Slatterys were sick with the typhoid. Old Mrs. Slattery's daughter, Emmie, was very sick. Old Mrs. Slattery begged your Ma to help. Your Ma was so kind and good! She helped everyone, even those ¹⁴poor-white Slatterys! Your Ma

⑦ スカーレットの心の中の声なのでlivingの前にwereが省略されている。「タラに北軍が住んでいたなんて！」の意味。

⑧ makeは「〜の状態にする」。**無生物（the thought）が主語**となっている文。「その考えはスカーレットの気分を悪くさせた」の意味。

⑨ 一代で大プランテーションを築き上げたジェラルドの誇りに満ちた言葉である。「家と一緒にわしらを焼き払わなければならないことになるだろうと、北軍のやつらに言ったよ」の意味。

⑩ 北部の全軍（entire Yankee army）に立ち向かったというのは少し大げさだが、それでもスカーレットが父を誇りに思っていることがわかる。

⑪ 彼らはそこにあった食べ物（定冠詞theの付いたfood）をすべて食べつくした。北軍はタラの家畜も食べ物として消費したことが述べられていた。軍隊は略奪するもの、というのはある意味常識ではあるが、軍の食料補給路が上手く機能していなかった可能性もある。北軍の戦況は優勢ではあるが、彼らもギリギリのところで戦っていたのだろう。

⑫ ジェラルドはただ「帰ってくれてうれしいよ」と言っただけだった。かつてエネルギーに満ち溢れていた父は、戦争によるタラの荒廃と最愛の妻の死に打ちひしがれていることがわかる。

⑬ 「the +（名字）s」で、「（名字）一家、（名字）家の人たち」。名字が複数形になることに注意。

⑭ 白人だからといって誰もが豊かだったわけではく、南部には土地も持たない貧しい白人家庭も多かった。マミーもそうした貧しい白人に対して偏見を持っていることがわかる。

took care of Emmie. But then she and your sisters got sick, too. We couldn't get a doctor because of all the fighting. Your Ma died very quickly."

Scarlett was angry. She had always ^⑮disliked the Slatterys. Now she ^⑮hated them. Her mother was dead because of them. I won't think about it now, she told herself. ^⑯I can't bear it now. I'll think about it later.

Chapter 18 (☞ p. 299)

TRACK 18

That night, Scarlett ^①lay awake. Although she was very tired, she could not sleep. Finally, she was home. She was at Tara. But Tara had changed so much. Her mother was dead. Her father was like a child now. All their cotton and most of the slaves were gone. ^②There was little food and no money.

Scarlett knew that she ^③had changed, too. Once, she had been a silly, thoughtless girl. She had cared only about pretty dresses and beaux. Now those days were gone forever. She was only nineteen years old, but she was not a girl anymore.

She was a woman now, ^④a woman carrying a heavy load. She had so many responsibilities. Everyone at Tara—her father, her sisters, Melanie, Wade, and everyone else—needed her. They depended on her. She was strong, but they were as helpless as children.

"I must take care of them," Scarlett told herself. "^⑤The O'Haras are a proud family. ^⑥We have dignity. We do not beg. We do not depend on other people! ^⑦I won't let that happen. And I will take care of Tara, too."

She thought of the ^⑧red soil of Tara, of its fields of cotton. Her heart filled with love. This is my home, she thought. I will make Tara rich again. Even if I have to plant the cotton myself! Somehow I will do it.

⑮ dislike、hate 共に「嫌う」だが、もちろん hate の方が嫌う度合いが高い。

⑯ I can't bear it now. の表現は p.76⑮ も参照。

Chapter 18

① 自動詞 lie（横たわる）の活用は **lie-lay-lain** で、ここでは過去形が使われている。lie awake で「横たわって目を覚ましている（＝横たわっているけれど眠れない）」の意味。awake（目覚めて）の使い方の他の例として stay awake（目が覚めたままでいる）がある。

② 「**little** ＋ **名詞**」は「（名詞）がほとんどない」の意味なので、There was little food で、「食料はほとんどなかった」となる。「**a little** ＋ **名詞**」は「（名詞）が少しはある」の意味。

③ 昔の自分に比べて、今の自分がどんな人間なのか、その変化に自分自身が気づいているということ。had changed は**過去完了**。

④ woman と carrying の間に who is と入れると理解しやすい。a woman carrying a heavy load で、「重い負担を背負っている女性」の意味。

⑤ オハラの名字を持った人が複数いる（＝ O'Haras）ので、複数扱いをして be 動詞に are を用いている。そしてオハラの名字を持った人が複数名で1つの家族を形作っているので、family の前には単数を表す a が必要になる。

⑥ 「私たちは威厳を持ち、物乞いはしない、他人に頼らない」というスカーレットの決意が表れている。

⑦ won't（＝will not）は「**拒否**」の気持ちを表す。**let は使役動詞**で「～をさせる」の意味。「**let** ＋（**目的語**）＋（**原形動詞**）」で「（目的語）を（動詞）させる」と訳す。「私は決してそれを起こさせない」。

⑧ ジョージア州にある独特の赤土のこと。この色は酸化鉄という化学物質に由来する。

Suddenly she remembered Gerald's words from long ago. He had said, "⁹Land is the only thing that matters, Scarlett O'Hara. It is the only thing that lasts. Land is the only thing worth working for, worth fighting for—worth dying for. Someday you will feel this love of the land." Now she finally understood.

¹⁰Tara is my fate, Scarlett thought. This is my fight, and I will win.

* * *

The next morning, Scarlett started to work. There was so much to do! They had to find food and get firewood and repair the house. Scarlett made everyone else work, too. "If you want to stay at Tara, you must work," she told Pork and Dilcey and Prissy. Her green eyes were cold and hard. "We need more food. ¹¹We will starve if we don't find more." Frightened by Scarlett's manner, the slaves hurried to follow her orders.

That afternoon Scarlett walked toward Twelve Oaks. ¹²The Yankees had burned the house, she knew. But perhaps there was some food left in the Twelve Oaks garden.

The sun was hot, and she walked slowly. But at last she reached Twelve Oaks. She almost cried when she saw ¹³how the Yankees had destroyed it. The beautiful house was completely gone.

"Oh, Ashley," she whispered. "¹⁴I hope you are dead! I couldn't bear for you to see this."

Scarlett searched for the Twelve Oaks garden. Maybe the Yankees had destroyed it, too. Finally she found it. Luckily, the vegetables were still ¹⁵good to eat. Scarlett was pleased. There would be more food at Tara tonight! She gathered the vegetables in a basket.

¹⁶As Scarlett began to walk home, she felt her own ¹⁷sharp hunger. ¹⁸It's been so long since I had real food, she thought. She took a small radish from the basket and quickly ate it. But the radish was too bitter for her empty stomach. Suddenly Scarlett felt sick and weak. She lay on the ground. Her face pressed against the dirt.

For a long time, she lay there. Painful thoughts and memories filled her mind. She felt too weak to push them away. ¹⁹For once, she was too tired to say, "I'll think about this later." Scarlett thought of

⑨ p36⑦に登場した、父ジェラルドの言葉。かつての父に代わり、自分がタラのすべてを背負う立場になった現在、スカーレットは土地の重みを身を以て実感することとなった。

⑩ このセリフから、スカーレットがタラをただの土地や家としてではなく、彼女のアイデンティティ、過去と未来の象徴として捉えていることがわかる。彼女の複雑な心情やこれから直面する困難に立ち向かうための内なる力が伝わるセリフでもある。

⑪ **if節**で将来起こりうる**特定の条件や仮定を示し**、主節ではそれが起きた場合の結果を未来形で表している。南北戦争での最悪の問題は食糧不足だった。

⑫ コンマの前後を入れ替えると普通の文に戻る。She knew（that）the Yankees had burned the house.

⑬ 「**how ＋（主語）＋（動詞）**」は、「いかに（主語）が（動詞）するか」と訳す。「**had ＋ 過去分詞**」を使ってある**過去完了時制**の文なので、スカーレットがトウェルヴ・オークスに行った（←過去）の時点までに「どれほどそれ（＝屋敷）を破壊したか」という意味。

⑭ このセリフは文字通りにアシュリーの死を願っているわけではなく、トウェルヴ・オークスのあまりの荒廃ぶりを目にし、アシュリーにこの様子を見せたくないというスカーレットの気持ちが表れている。

⑮ 「食べるのに良い→食べられる」ということ。to eat部分は**不定詞の副詞的用法**で、直前の形容詞goodを修飾するので副詞的用法の中でも「**形容詞修飾用法**」と呼ばれる。

⑯ as は when と書き換えることができる。

⑰ 「強い空腹感」の意味。

⑱ 's の後ろに過去分詞 been があるので、's は **has の省略**で It has been（**現在完了時制**）だと判断する。直訳すると「私が本物の食べ物を食べて以来、とても長い時間が過ぎてしまっています」。

⑲ 「今回だけは」。この文と前文に「**too（A形容詞）to（B動詞の原形）**」「Aすぎて B できない」が使われている。

her mother and father. She thought of Ashley. She thought of the Tarleton brothers and all the other young men who had died. She remembered the old days, before the war. ^⑳Everything was so beautiful then, she thought. But now that time is gone forever.

At last, Scarlett stood up. She ^㉑looked proud and determined. But her face had lost the tender look of youth. ^㉒A shell of hardness had begun to form around her heart. ^㉓Never again would she cry about the past. The past was dead. She would think only about the future.

As Scarlett walked home, she felt the pain of hunger. Suddenly she cried out: "^㉔As God is my witness, the Yankees aren't going to beat me. I'm going to live through this. When this time is over, I'll never be hungry again. My family won't ever be hungry, either. If I have to steal or kill, as God is my witness, I'll never be hungry again!"

Chapter 19 (☞ p. 300)

TRACK 19

Several weeks passed. One morning, Scarlett was at Tara with her sisters and Melanie. Suellen and Careen were in bed, recovering from the typhoid. Melanie was also in bed. She was still weak from giving birth to her baby, ^①Beau.

Everyone else was away from Tara ^②for the day. They were in the woods. They were searching for some pigs that had escaped when the Yankee army had come. Finding the pigs would mean more food at Tara.

Scarlett was worried. Winter was coming, and they needed more food. They needed money, too. If we had some money, then I could buy food from somewhere, Scarlett thought. ^③Without it, we will starve to death.

Then Scarlett heard a strange sound. ^④It sounded like someone riding a horse. All our neighbors are gone, she thought. ^⑤Who can it be?

⑳「あの頃はすべてが美しかった」と言うスカーレットの文化に対する認識の欠如が見て取れる。農園主たちの優雅な暮らしの陰で、当時の奴隷たちは過酷な生活を強いられていた。

㉑ look は、「〜に見える」の意味で、スカーレットが背筋を伸ばし、自信と決意を持って、重要な瞬間に臨む準備が整った状態が想像できる。

㉒ 深い感情的な痛みや失望の経験を経た結果として生じる心理的な変化を描写している。

㉓ never again が**強調のために文頭に出された、would が倒置**されている。普通の語順に直すと She would never again cry about the past. となる。

㉔「神に誓って」という決まり文句。God be my witness とも言う。これに続く言葉は、映画にも登場するスカーレットの有名なセリフ。苦境のさ中にある彼女はそれを誰のせいにするのでもなく、強い信念を持って神にこう誓った。

Chapter 19

① Beau は男性の名前としても一般的だった。beau の別の意味については p.33 ⑥参照。

②「その日は1日中」の意味。数時間だけでなく、朝から夕方までであることを強調している。

③ 直訳すると「それ（お金）がなくては、私たちは死ぬところまで飢えることになる」。

④「それは〜のように聞こえた」の意味。

⑤「そこにいるのは誰？」と問う疑問文ではなく、「誰だろう？」という好奇心や驚き、時に不安の気持ちが含まれることもある表現。can を使うことで、話し手が確信を持っていないこと、いくつかの可能性の中から考えている様子が強調されている。

She looked quickly through the window. It was a Yankee soldier! He was riding toward Tara. In his belt, he had a gun.

Scarlett sank to the floor. She was very afraid. For a moment, she wanted to run and hide. I'm in the house with three sick girls and a baby, she thought. What will I do? I can't leave them here.

She heard the Yankee enter the front door of Tara. He walked quietly into the hall. He is a thief, she realized. He is going to steal from us.

Suddenly Scarlett was angry. She thought of everything the Yankees had taken already. ⁶By God, she would not let this Yankee steal from them, too!

She grabbed the gun that had once belonged to Charles Hamilton. ⁷She hid it in her wide skirts. She ran silently to the top of the stairs.

"Who's there?" cried the Yankee soldier. "⁸Stop or I'll shoot!"

Scarlett stopped, halfway down the stairs.

The Yankee looked up at her. He laughed in a threatening way. Scarlett saw that he was holding a silver picture frame. It had belonged to her mother. She wanted to say, "Put it down! Put it down, you thief!" But she could not speak.

"So, someone is at home," the Yankee said. He put away his gun. He walked toward her. "Are you alone, ⁹little lady?"

As fast as lightning, Scarlett pulled out her gun. She shot it into the Yankee's surprised face. The sound exploded in the quiet house. The picture frame dropped from the soldier's hand. Blood flowed across the floor. The Yankee was dead.

Scarlett hurried down the stairs. She looked at the soldier's bloody face. She was in shock. ⁰I've killed a man, she thought. I've done murder! Oh, this can't be happening to me!

Then suddenly she felt alive again. Her heart filled with a strange, cruel joy. The murder felt like a victory. The Yankee was a thief. He had deserved to die. ⁾She, Scarlett O'Hara Hamilton, had acted rightly. She had defended Tara!

Then Scarlett heard steps above her. She looked up. It was Melanie!

⑥「神にかけて、彼女はこの北部人にも（＝北軍の司令部となったタラはかつて北部人たちに荒らされている）自分たちから盗ませることを許すまいと思った」となる。**使役動詞のlet**と、文末の「, too（〜も）」のかかる箇所に注意。ちなみに侵入者が北軍の兵士であることは、その軍服の色から容易に判断が付く（北部兵はブルー、南部兵はグレー）。

⑦「彼女はそれ（銃）を自分の幅の広いスカートのひだの中に隠した」。her skirts（複数形）は彼女のスカートそのものではなく、スカートの裾の部分のこと。

⑧「止まれ。そうしなければ撃つぞ」いわゆる「**命令文 + or**」は、「〜しなさい。そうしなければ（or以下を訳す）」の意味。「**命令文 + and**」は「〜しなさい。そうすれば（and以下を訳す）」と共に覚えておこう。

⑨ little lady は、この文脈では女性に対して権力のある男性が使っていることから、無礼な呼び方と取れる。

⑩ p.120，12行目で「たとえ盗みをしても人を殺しても、二度と家族を飢えさせることをしません」と失望のどん底で彼女が神に誓った言葉が図らずも現実になってしまった。

⑪ スカーレットは兵士を殺したことにショックを受けたが、家を守ったのだと考え、自分は正しい行動をしたと誇りに思ったの意味。主語のSheの後に名前を挿入することで、その人物の行動や状態、性格を強調している。この場面では、スカーレットが「正しく行動した」という事実に重点を置いており、彼女の決断や行動が注目に値することが明確になる。Scarlett O'Hara Hamilton の O'Hara は旧姓、そして Hamilton は現在の姓。対外的にこのように「名前・旧姓・現姓」を名乗る人も多い。

She [12]must have dragged herself out of bed, Scarlett realized. But how? Melanie is still so weak!

Melanie held Charles's sword in her hands. It was almost too heavy for her to carry. She looked down at Scarlett, at the dead Yankee. Melanie's face was pale, but her eyes were fierce. She gazed at Scarlett with pride.

[13]Why, Melanie is like me! She understands how I feel, Scarlett thought. [14]Melanie would have killed the Yankee, too!

Scarlett had to admire Melanie's courage. It was a new feeling. Before now, Scarlett had always disliked Melanie. After all, she was Ashley's wife, and Scarlett had always been jealous of her. But now she realized that Melanie was brave, too. [15]She and Scarlett were not so different, it seemed.

"[16]We must bury him quickly," Melanie whispered. "No one must know! What if the Yankees find out that you killed him?"

Scarlett realized that Melanie was right. "I will bury him near the garden," she said. "The ground is soft there. I can do it very fast."

"Should we look through his pockets?" Melanie asked. "Would that be wrong? Maybe he has some food."

"Good idea," Scarlett said. She reached into the dead man's pockets and pulled out a small bag. "Oh, Melly," she cried. "It is full of money!" There was [17]United States money, three gold coins, and a pair of diamond earrings.

"[18]He must have stolen all this," Melanie cried.

"Who cares? You must realize what this means," Scarlett said. "We have money now. We can buy food. We won't starve. [19]And we can keep the Yankee's horse!"

"Yes, my dear," Melanie said. "But hurry and bury him. It [20]must be a secret. No one must know!"

Scarlett quickly buried the Yankee. She did not tell anyone about what had happened. No one at Tara asked questions. They were not curious about the money or the new horse. They were just glad that there was suddenly more food.

⑫ 「**must + have + 過去分詞**」で、過去の行動についての強い確信を表現している。dragged oneself out of bed は、とても疲れていたり、具合が悪い人が、無理してベッドから出る時に使う慣用句。

⑬ Why は**驚きを表す間投詞**で、Wow（わぁ、まぁ）と同じような意味。ここでは Why は文のはじめに置かれ、話者の驚きや意外な発見を示すために用いられている。

⑭ 「（**助動詞過去形**）＋ **have ＋ 過去分詞**」で過去の意味になる。「メラニーもまたその北部兵を殺した（←この部分が過去）ことだろう」。

⑮ コンマの前後を入れ替えて that でつなぎ、It seemed that she and Scarlett were not so different. にすると普通の語順になる。

⑯ メラニーは勇敢なだけでなく実務にも強そうだということがわかる。

⑰ 当時、価値のあるお金は、アメリカ合衆国のドルだけで、南軍紙幣（Confederate dollar）には価値がなかった。

⑱ 「（**助動詞過去形**）＋ **have ＋ 過去分詞**」で過去の意味になる。この must は「〜しなければならない」ではなく、「〜にちがいない」という**強い推量**を表す。

⑲ 盗みに入ってきた北部兵は、馬に乗ってタラに近づいたことがわかる。

⑳ 助動詞の must は、ここでは「〜でなければならない」という**必然**を表す。

Afterwards, Scarlett did not feel guilty about the murder. "The Yankee deserved to die. I had to kill him," she told herself. "I must have changed a little bit since I came home to Tara. A few months ago, I couldn't have killed a man."

Scarlett was right. But she had changed more than she realized. The shell around her heart was growing harder.

Chapter 20 (☞ p. 303)

TRACK 20

Scarlett went riding on the new horse. She wanted to find out if any of their neighbors had returned to their homes. She soon learned that the Fontaines, the Calverts, the Munros, and the Tarletons were back.

Scarlett was glad that her neighbors had returned. Still, ①it was painful to see how life had changed. Before the war, all these families had been rich. They had ②owned hundreds of slaves. They had farmed wide fields of cotton.

③But those days were gone forever. The Fontaines, the Calverts, the Munros, and the Tarletons were all poor now. The Yankees had taken everything. No one had enough food. However, like the O'Haras, the families were proud. They never complained. Nevertheless, Scarlett could feel their despair.

④The worst part was hearing about all the young men who had died. Every family had lost sons in the war. Stuart and Brent Tarleton had been killed at Gettysburg. Joe Fontaine was dead. The Munro boys were gone. Cade Calvert had died, too.

Scarlett hated hearing about their deaths. She had known all these young men. They had been her friends. She had laughed and danced and flirted with them. Now they were all gone.

Scarlett thought sadly of Ashley. ⑤Was he dead, as well? Perhaps he had died in the terrible Yankee prison! Scarlett ⑥had no way

Chapter 20

① 形式主語 it を使った「it-for-to 構文」の「for（人）」部分が省略された文。「It is +（形容詞）+ to（原形動詞）~」で「（動詞）することは（形容詞）だ」と訳す。

② 当時、家族の富は、奴隷を何人所有しているかで示された。

③「しかし、その時代は永遠に過ぎ去った」の意味。この物語が奴隷時代にどのような郷愁を抱いているかについては、p.25 参照。

④「最悪の部分は~について聞くことだった」。**第2文型 SVC** の V（この場合は was）の後ろの C（補語）は名詞か形容詞である必要がある。この場合は動詞 hear に ~ing を付けて**動名詞**とすることで名詞扱いとなっている。

⑤ as well は too と同じ。

⑥ had no way of knowing = had no way to know「知るすべもなかった」。

of knowing. For many months, Melanie had heard nothing about Ashley. She had received no letters.

Still, life was slightly better at Tara now. They had some money and more food. Scarlett even hoped to ⑦harvest some cotton. A small amount was left in Tara's fields. The Yankees had not destroyed it. If we can harvest some cotton, Scarlett thought, then we can sell it.

⑧Scarlett made everyone work in the cotton fields. Mammy, Pork, Prissy, and Dilcey all picked cotton silently. They did not like the work, but they did not complain. All of them were scared of Scarlett's anger.

At first, Suellen refused to pick cotton. She hated the idea. "How can you be so mean, Scarlett? ⑨I shouldn't have to pick cotton," she cried. "I'm a lady. No lady works in the fields! It is improper!"

"How dare you!" Scarlett cried. She hit her sister's face. "Everyone must pick cotton. The old days are gone. We all must work. If you want to stay at Tara, you will pick cotton." After that, Suellen picked cotton with everyone else.

Melanie and Careen worked without complaining. They were eager to help. But ⑩Scarlett quickly saw that they were still too weak. Both Melanie and Careen fainted in the hot sun. So Scarlett sent them back to the house.

The work was hard. But slowly they harvested the cotton. The sight of the cotton made Scarlett hopeful. ⑪The worst is over, she thought. This year we won't harvest much. But this is only the beginning. Next spring, we'll plant a lot. The harvest will be bigger. ⑫Soon Tara will be rich again.

Chapter 21 (☞ p. 304)

TRACK 21

One day in November, Sally Fontaine ①came riding toward Tara as fast as she could. "Scarlett!" she screamed. "The Yankees are coming!

⑦ 綿花の収穫は炎天下で行われることが多く、手作業で、成熟した綿の実を一つ一つ丁寧に摘み取る。この作業は長時間にわたり続けられ、非常に体力を要する重労働だった。

⑧ 「**make** +(**人**)+(**原形動詞**)～」で「(人)を(動詞)させる」。**make**は「(強制的に)～させる」という**使役動詞**。マミー、ポーク、プリシー、ディルシーは奴隷ではあるが内働き(主人の屋敷内で家事その他の手伝いをする)なので、今まで綿花摘みはしたことがない。

⑨ ここからの2行は非常に傲慢に聞こえるが、当時の大農園主の令嬢としてはごく当たり前の認識だった。

⑩ saw は「見た」ではなく「わかった」の意味。

⑪ 「最悪の事態は終わった」は、危機の後に人々が希望を持ち始めるときによく使われる表現。

⑫ 「すぐにタラはまた豊かになる」とスカーレットは信じているが、それは容易ではない。彼女はまだ理解していないかもしれないが、奴隷制が廃止された今、家族が再び富を築くためには、新たな労働力と戦略が必要になるだろう。

Chapter 21

① 「馬に乗ってやってきた」。

They're ②down the road!" Sally's warning ③was just in time. A small troop of Yankee soldiers was marching toward Tara.

For a moment, everyone froze with fear. ④Then Scarlett jumped into action. "Quick!" she cried. "Pork and Dilcey, take the pigs back to the woods. We must not let the Yankees take them! Prissy, help them! Mammy, take ⑤the silver and hide it. Melanie, take the horse! Suellen and Careen, grab all the food in the kitchen. Then run to the woods! Hurry!"

Scarlett ran and grabbed the bag of money and jewelry. I won't let the Yankees get them, she thought. Then she hurried to get Wade and baby Beau. Wade was very scared. He held onto her and ⑥would not move.

"Wade, ⑦let go of me!" Scarlett cried. "We must go to the woods. The Yankees are coming!" But Wade was too scared to move. Scarlett realized that she would have to stay in the house with Wade and Beau. She held the baby tightly.

I won't leave Tara, she thought. ⑧No matter what the Yankees do, I won't leave! But where can I hide the money? Suddenly she had an idea. She stuffed the bag inside Beau's diaper.

Moments later, the Yankees arrived. They rushed through the house. They looked for things to steal or destroy. They crashed through every room. Scarlett could hear them yelling.

Then she saw a Yankee soldier holding Charles's sword. She heard Wade cry "Mine!" Wade loved that sword. It had belonged to his father and his grandfather. Someday it would be his. Scarlett hated to see Wade's tears.

"No!" she cried. "Don't take that sword! It belongs to my little boy." She turned to the Yankee captain. "Please don't let him take the sword. It's not a Confederate sword. It's from the ⑨Mexican War."

The captain took the sword and looked at it. "It is from the Mexican War," he said. "All right. The boy can have it." He handed the sword to Scarlett.

The soldier was angry. "I'll show these damned ⑩Rebels!" he cried. He rushed toward the back of the house.

② 「この道の先の方に」の意味。北部兵の小隊がすでにすぐ近くまで来ていたのである。

③ be in time は「間に合って」の意味。be on time なら「時間ぴったりに」となる。

④ まさに飛び上がって行動に移る感じがする表現。

⑤ 銀食器のこと。当然ながら高価である。

⑥ **拒絶を表す will** で「動こうとしなかった」の意味。

⑦ 使役動詞 let と原形動詞 go で「行かせる」は理解できるし、me があるので「私を離して」の意味であろうと推測できるが、「なぜ of ?」と引っかかる。of が使われるに至った経緯には諸説あるので「let go of ~」で「~を離す」と覚えておくのが得策だ。

⑧ **no matter what** ~ で「たとえ何を~しても」の意味。「たとえ北軍が何をしようと」。no matter how ~「たとえどんなに~であろうとも」と共によく使われる。

⑨ Mexican War とは、米墨戦争（1846–48年）のこと。アメリカはメキシコ人から現在のテキサスの大部分を奪っていたが、この戦争によってさらに領土を拡大し、現在のニューメキシコ州とアリゾナ州、さらに他の3つの州の一部を手に入れた。

⑩ 南部人が Rebels（反逆者）と呼ばれたのは、連邦（合衆国）に反抗していたため。彼らは自分たちの国を持ちたかった。

A few minutes later, the Yankees left. They had stolen everything that they could find. Still, Scarlett breathed a sigh of relief. Tara was safe!

Then suddenly ⑪<u>she smelled smoke</u>. She rushed into the kitchen. Fire! The angry soldier ⑫<u>must have set fire to the room</u>!

She grabbed a bucket of water and tried to put out the flames. But the fire grew larger. I can't put out the fire by myself, Scarlett realized in despair. I can't stop it! Tara will burn! The house will be destroyed! ⑬<u>If only someone else was here to help me</u>!

Then the kitchen door opened. It was Melanie. She rushed into the hot, smoky room. She grabbed another bucket of water. She stood with Scarlett and fought the fire, too. Together they were able to put it out.

Afterwards, Scarlett lay on the porch. Her head was in Melanie's lap. She was too tired to stand.

"How do you feel, my dear?" Melanie asked. "The Yankees didn't hurt you?"

"No, but they took almost everything we have," Scarlett said.

"Well, we are still alive," Melanie said happily. "Tara didn't burn. Wade and Beau are safe." She held Beau in her arms. Suddenly she frowned. "What—what is in Beau's diaper, Scarlett?"

Melanie reached in and pulled out the bag of money. A look of surprise covered her face. Then she ⑭<u>laughed and laughed</u>.

"Oh, Scarlett, you are so smart!" she said and gave her a kiss. "Nobody ⑮<u>but you would have thought</u> of it!"

Scarlett still didn't like Melanie, but she had to respect her. ⑯<u>If it hadn't been for Melanie, Tara would have burned today</u>, Scarlett thought. I couldn't have put out the fire alone. Melanie may be silly, but she's always there when ⑰<u>you</u> need her.

⑪ smell（〜の匂いを嗅ぐ）は**他動詞**なので、後ろに前置詞などは不要で目的語をそのまま置く。

⑫ 「**（助動詞過去形）+ have + 過去分詞**」で過去の意味になる。「部屋に火をつけた（←この部分が過去）に違いない」。set fire to 〜（〜に火をつける）の to は、知らなければ自力で考えても補充できない語なので、覚えておきたいところだ。

⑬ 「**If only 〜**」は、I wish someone besides me was here to help. とも言える。今の状況が違っていたらいいのにと**強く願っている**。I wish〜 より強い希望を表している。

⑭ 「笑い転げた」の意味。「動詞 and 動詞」は「何度も（動詞）する」や「激しく（動詞）する」と訳す。

⑮ but は except（〜以外）と同義の前置詞で、「あなた以外にそのこと（おむつに金を隠すこと）を思いついた人はいない」。「**would + have + 過去分詞**」で、過去に起こらなかった仮定を表す**仮定法過去完了**。

⑯ 「メラニーがいなければ、タラは今日、焼けてしまっただろう」の意味。if it had not been for 〜「もし〜がなかったら」は**仮定法過去完了**では頻出の条件節。この部分は、**仮定法過去**なら if it were not for 〜 となる。

⑰ この you は任意の人、**不特定多数の人々を指す代名詞**。

Chapter 22 (☞ p. 306)

TRACK 22

On Christmas Day, a group of Confederate soldiers visited Tara. Scarlett and the rest of the family were glad to see them. ①These men had been their friends before the war. The soldiers were tired and ②ragged, but they were happy to be at Tara for a few days.

One of the soldiers was Frank Kennedy. Suellen was delighted to see him. Before the war, Frank had been her beau. Now he asked Suellen to marry him, and she said yes. They made plans to get married when the war ended.

Scarlett was pleased. I wish Frank would marry Suellen now, she thought. Suellen is so lazy. If she married Frank, she would leave Tara. ③Then I wouldn't have to feed her anymore!

Frank and the other soldiers had news of the war. They described recent battles. There was fighting in South Carolina now. "The war can't last much longer," one soldier said.

They also talked about Atlanta. "The Yankees burned Atlanta," Frank said. "They set fire to the city right after you left. But now people are coming back. They are already rebuilding the city. People from Atlanta aren't scared of anything! They have so much energy." Frank looked at Melanie. "Even your aunt, Miss Pittypat, ④is back in Atlanta! She was lucky. Her house didn't burn."

Melanie was happy to hear about Aunt Pittypat. "I'm so glad," she said. "If you see Aunt Pitty, please tell her that we will return to Atlanta soon. Scarlett and I must stay here at Tara for now. But we will come back to Atlanta."

Hearing about Atlanta, Scarlett felt proud. "⑤I'm like Atlanta," she said to herself. "Even the Yankees can't destroy me. I will rebuild. I will keep going."

Chapter 22

① 「**had + 過去分詞**」を使った**過去完了時制**の文。「この人たちは戦争前に自分たちの友だちだった」。戦争前の時点（←過去）ですでに友人だったので、過去完了時制を使って表現してある。

② 通常、大変な思いやひどい状況を経験した後の人々の服装や、その外見を表すのに使われる。She looked ragged after caring for her dying mother.（死に瀕した母親を介護して彼女はボロボロの様子だった）のように使える。

③ 「そうすればもう私はこれ以上、彼女を養わなくていいのに！」。have to ~ は「〜しなくてはならない」だが、**not have to ~** は「〜しなくてもよい」の意味になる。feed（〜を養う、食べさせる）はfoodの動詞形。他にbleed（出血する）-blood（血）も同種の変化をする。

④ is back in Atlantaでinが使われているので、もうすでにアトランタに戻ってきていることがわかる。be back to Atlantaなら「アトランタに向けて戻る」ので、まだこれから戻ることになる。

⑤ likeは**前置詞**「**〜に似た**」の意味。原作では、スカーレットが生まれた年にマーサズビルからアトランタへと市の名称が変わったことも述べられている。

Chapter 23 (☞ p. 306)

TRACK 23

The soldiers were right. ①The war did not last much longer. In April of 1865, the South surrendered. The war was over.

Melanie, Suellen, and Careen cried when they heard the news. To them, the Yankees' victory ②felt like the end of the world. Their great and beautiful Cause had been defeated.

But Scarlett was glad. The war had always seemed foolish to her. She had never really believed in the Cause. Thank God, she thought. Now I don't have to worry about Yankee soldiers anymore. They won't steal things now. They won't try to burn Tara!

Then she thought of Ashley. Suddenly she felt wildly happy. If Ashley is still alive, he will come home, she thought joyfully. For a moment, Scarlett almost forgot that ③Ashley was married to Melanie.

In the months after the war, the roads were filled with tired, ragged, hungry men. They were Confederate soldiers traveling south. They were going home. Many soldiers walked. ④A few rode horses. Most had hundreds of miles to travel.

Many soldiers stopped at Tara. They asked for food and a place to rest for a night. At first, Scarlett was glad to see them. ⑤What if one of the soldiers was Ashley! She waited impatiently for him to reach Tara. But ⑥the summer months passed. Ashley did not arrive. Scarlett felt less hopeful.

But Melanie eagerly waited for Ashley. "He must be alive!" she said. "I know that he will come home to me." Melanie talked to every soldier who stopped at Tara. She asked, "Do you know my husband, Ashley Wilkes? Have you heard anything about him?"

⑦Will Benteen was one Confederate soldier who stopped at Tara during that summer. When Will arrived, he was very sick. Melanie and Careen took care of him. For a while, ⑧they feared that he would die.

① not much ~ で「あまり~でない」の意味。

② feel like something「~のような気がする」の意味。南郡の勝利はこの世の終わりのように感じられたということ。著者のマーガレット・ミッチェルが10歳のときに初めて、南部が戦争に負けたことを悟ったという話は p.15 参照。

③ be married to ~ は「~と結婚している」の意味。

④ a few なら「少数の」で、少ないが「いる」ニュアンス。few は「ほとんどない」と否定的なニュアンス。

⑤「もしも兵士のうちの1人がアシュリーだったらどうだろう！」というこの部分の主語は one（ひとり）なので単数扱いとなり、be動詞は was を使っている。

⑥ the summer という**人以外を主語**にすることで、簡潔で客観的な表現になる。客観的な事実として夏の経過を述べている。

⑦ 思慮深い人格者。タラにとって欠かせない人物となる。

⑧ fear と似た意味で、to be afraid、to be scared などがある。可能性、推量を表す would。

But Will was tough. He slowly recovered from his illness. He was very grateful. "⁹You folks have saved my life," he told Scarlett. "Thank you for taking care of me. I want to repay you. Let me stay at Tara for a while. ¹⁰I'll help with the work."

Scarlett agreed. She wanted Will to stay at Tara. He was quiet and smart. He always worked hard. Before the war, he had owned a small farm in south Georgia. He knew about farming. He gave Scarlett good advice. Soon ¹¹Will was like part of the family.

One afternoon, Will and Scarlett stood on the front porch of Tara. They were talking about the cotton. Melanie sat nearby, watching little Beau.

Will looked down the road. "¹²Another soldier," he said.

Scarlett looked. It was a familiar sight. A tired, dirty man was walking slowly along the road. Soon he would arrive at Tara. Scarlett sighed.

"I thought we were almost finished with soldiers," she said. "I hope this one isn't too hungry. ¹³We hardly have enough food for ourselves."

Melanie stood up. "I'll tell Dilcey," she said. "And then—"

She suddenly stopped. Scarlett looked at her. Melanie's face was white. Tears filled her eyes. ¹⁴Her thin hands trembled over her heart.

She's going to faint, Scarlett thought. She hurried toward her.

But Melanie did not faint. ¹⁵As quick as a bird, she flew down the front steps. She ran along the road. Her ¹⁶wide skirts floated behind her. At last she reached the soldier. She threw herself into his open arms. "Ashley! Ashley!" she cried.

Scarlett finally realized the truth. "Ashley!" she cried. "He's home!" She tried to run toward him, but Will stopped her.

"Don't spoil it," he said calmly.

"Let me go!" she cried. "It's Ashley!"

But Will did not let go. He looked at Scarlett with understanding. "After all, he is her husband," he said. ¹⁷His eyes were full of pity.

⑨ You folks のように**folks**（人々、みなさん）を加えることによって、you が複数（「あなた」ではなく「あなたがた」）であることが明確になるので、よく使われる言い回し。you guys もほぼ同様の意味。

⑩ help with ~ で「〜の手伝いをする」。

⑪ like は**前置詞**で「〜のような」の意味。

⑫ 我が家に戻っていく兵士が食事と寝床を求めてタラに立ち寄ることが多かったのは既出のとおり。Southern hospitality（南部の温かいもてなし）を誇りとする土地柄なので応じるのは当然のことであったが、タラにとっては負担だったはずだ。終戦から時が過ぎ、立ち寄る兵士の数も少なくなった頃にanother soldier「もう1人の兵士」がタラに現れたのだった。

⑬ **hardly** は「ほとんど〜ない、とても〜ない」と否定的な意味を持つ副詞。「とてもじゃないけれど自分たち用に十分な食べ物もないのに」という、迷惑そうなニュアンスがある。

⑭ 極度の恐怖、悲しみ、または幸福、興奮で震える。手（hands）の他に唇（lips）、全身（whole body）が震える（tremble）という英表現もある。

⑮ 動物を使った英表現には、as wise as an owl（フクロウのように賢く）、as sly as a fox（キツネのように狡賢く）、as quiet as a mouse（ネズミのように静か）、as gentle as a lamb（子羊のように優しい）などがある。as ~ as ...で、「…と同じくらい〜」。

⑯ skirt は「裾」のこと。普段着の質素なドレスの裾（動きやすいようにひだがたっぷり取ってある）に加えて長いエプロンの裾もあるので、複数形になっている。

⑰ 「彼の目は憐れみに満ちていた」の意味で、pity の代わりに full of sympathy（同情）、full of understanding（理解）なども同じように使える。ウィルはスカーレットがアシュリーを愛していることを知っていたのだ。

Gone With the Wind

Part 4

Chapter 24 (☞ p. 308)

In January 1866, Scarlett got terrible news. The Yankees had increased the taxes on Tara. They wanted Scarlett to pay three hundred dollars. ①If she did not pay, the Yankees would take away the plantation.

Scarlett was very worried. What would she do if the Yankees took Tara? She talked to Will Benteen about the problem.

"Why have the Yankees raised the taxes on Tara?" Scarlett asked. "It's not right. Three hundred dollars is too much. We have grown only a small amount of cotton this year. Our taxes should be much less."

"The Yankees won the war, Miss Scarlett," Will said. He looked bitter and angry. "They rule Georgia now. They rule ②the entire South. They can do whatever they want. ③We Southerners have no rights now. We can't even vote! The ④Carpetbaggers and the Scallywags are ⑤in control."

Carpetbaggers were Yankees who traveled to the South after the war. They came to the South to get rich. The Carpetbaggers lied and stole. They took whatever they could from the helpless Southerners.

"Scallywag" was the name for any Southerner who was not faithful to the Confederacy. Scallywags were Southerners who decided to become like the Yankees. They helped the Yankees. They betrayed other Southerners.

"But the Yankees can't take Tara from me!" Scarlett cried. "I ⑥would rather die than lose Tara!"

Will looked thoughtful. "Miss Scarlett, someone ⑦must want Tara for himself. This man must know that you don't have three hundred dollars. He must know that you can't pay those taxes. If you can't pay, you will lose Tara. Then he can buy the plantation cheaply!"

"⑧I won't let that happen!" Scarlett cried. "Somehow I will get three hundred dollars. I'll pay the taxes and keep Tara. But how?"

Chapter 24

① 現在の事実（＝税金はもちろん払う）に反する仮定をしているので、**仮定法過去**（動詞がdoes not payではなく過去を表すdid not pay）を使った文になっている。「万一にでも彼女が払わないのであれば、北部人はプランテーションを取り上げるだろう」の意味。南北戦争が終わってアメリカは北部主導で再統一されたはずだが、南部人にとって北部は長く「敵」であり続けた。

② entire「全体の」は、「全体の南部」ではなく「南部全体」と訳す。

③ 「私たち南部人は」の we と Southerners は**同格**で並んでいる。

④ Carpetbaggers と Scallywags についてはp.13参照。

⑤ in controlは、in chargeと同じで、トップやリーダーとして支配、管理すること。out of controlになると、「制御できない、手に負えない」となる。ただし、It's out of my control.では、「どうしようもない」という意味になる。

⑥ 「**rather** ＋ **動詞の原形** ＋ **than** ＋ **動詞の原形**」のパターン表現で、「タラを失うぐらいなら死にたい」の意味。I would rather drive than fly.（飛行機より車がいい）や、I would rather eat out than cook.（料理するより外食したい）のように使う。

⑦ ここで繰り返して出てくる**must**は、「～にちがいない」という論理的にありそうなことに基づいた意見である。

⑧ **使役動詞let**(～をさせる)を使った文。「**let** ＋(**目的語**)＋(**原形動詞**)」で「(目的語)を(動詞)させる」。won't (＝will not)は拒否を表す。「そんなことを決して起こさせはしない」。

"I don't know," Will said.

Scarlett sighed. She was frightened and worried. She [9]felt sick at the idea of the Yankees taking Tara away from her. Then she thought of Ashley. He will make me feel better, she thought. I'll talk to Ashley.

Scarlett hurried out of the house. She found Ashley alone. He was cutting wood. His face was tired and sad.

Scarlett told him about the taxes. "That is very bad news," he finally said. "We have no money. Where will you get three hundred dollars?"

Scarlett was almost angry. [10]Why was Ashley being so useless? "Can't you help me?" she cried. "You must help me. I don't know what to do."

Ashley sighed. "[11]I wish I could help you. But I have no money," he said. "All my money is gone now. I lost everything in the war. I am poor." His eyes were sad but calm. [12]Then he smiled bitterly. "I only know one rich person," he said. "I've heard that Rhett Butler has money. He has returned to Atlanta. Aunt Pittypat has seen him. She says that he has lots of gold. He got it from the Confederacy before the war ended."

Scarlett didn't want to hear Rhett Butler's name. "Don't talk about him," she cried. "I hate Rhett Butler. Can't you help me, Ashley?"

"I'm sorry, Scarlett," Ashley said. "I can't help you. [13]Now that the war is over, we live in a terrible new world. I don't belong in this new world. I am helpless in it."

Scarlett was confused. "What do you mean? What new world?" she asked.

"I belong to the old world—the world that existed before the war," Ashley said. "[14]It was a gentle world of music and poetry and dreams. Our lives were beautiful then. But now the old world is dead. [15]It is gone. The new world is hard and cold and ugly. It is too real for me. I am helpless in this world. It frightens me."

Scarlett still did not understand. What does he mean? she thought. Why does he talk so strangely?

144

⑨ そのことを考えて（その光景を見て）気分が悪くなる、またはその記憶を思い出して気分が悪くなるという意味で使われる。病気ではなく身体的症状を伴う心理的な病気を指す。

⑩ **進行形**を使うことによって、アシュリーが一時的に useless（役に立たない）であることを嘆いている（＝常に useless なわけではない）。スカーレットはアシュリーの頼りなさに気づき始めている。

⑪ 「あなたを助けたいのに……」という意味の**仮定法**の文。遠い過去や現在の事実とは異なる状況を想像して、残念な気持ちを表現している。

⑫ 何もできない自分のことを述べた後、彼は苦々しい笑みを浮かべて、要領よく金を儲けたバトラー船長について話す。彼の bitter な笑みは自虐と憎しみ、憤慨のせいだろう。

⑬ now that ～ は「～となった今では、今や～なので」と訳す。「戦争が終わった今では」の意味。

⑭ 「音楽と詩と夢の穏やかな世界だった」というアシュリーの言葉と思考は、かつての南部の生き方を理想化する著者の姿勢も象徴している。

⑮ 「それ（戦前の、音楽と詩と夢に満ちた美しく穏やかな世界）は去ってしまったんだ」。この本のタイトル *Gone With the Wind* が示す「風と共に去ってしまったもの」は、この南部の戦前の世界と文化を指している。

"Ashley, don't be frightened!" she cried. "I'll find a way. I'll save Tara! Don't be afraid… Everything will be fine!"

Ashley shook his head. Suddenly Scarlett realized that he [16]had not been talking about saving Tara. He had been talking about something else, something she did not understand.

"[17]I can never make you understand me," Ashley said with a smile. "You and I are so different, dear Scarlett. I prefer living in a world of dreams. I want to hide from reality. But you are not afraid to face real life, even when it is hard. You are brave. You do not want to escape from reality. That is why you will never be helpless in this new world."

"[18]Escape!" Scarlett cried. "Ashley, you are wrong! I want to escape, just like you. I want to run away from all these problems!"

Ashley looked at her in surprise. Scarlett grabbed his hand.

"Ashley, let's escape together," she said. "I'm tired of all this! I'm tired of trying to find food. I hate worrying about money. I'm tired of taking care of Pa and Suellen and Careen and everyone! Ashley, let's run away. We could go to Mexico. [19]I'd be your wife! You don't love Melanie! You still love me. And you know, Melanie can't have any more babies. I can give you more—"

Ashley interrupted her. "Scarlett, please! You must not say these things!" he said.

"But why?" Scarlett replied. "You [20]do love me! I know that you do! Why can't we run away together?"

"How could I ever leave Melanie and the baby? I could never leave them. Never, [21]even if I hated them! They belong to me. They are my responsibility," Ashley told her. "Scarlett, you could never leave Wade. You could never leave your father and sisters. They are your family. They are your responsibility."

"I could leave them," she cried. "I'm sick and tired of them! Let's run away. [22]There's nothing to keep us here."

Ashley gazed at her quietly. "There is nothing to keep us here—except honor," he said.

Scarlett looked into his cool gray eyes. He will never run away with

⑯「**had ＋ 過去分詞（been）＋ ~ing（過去完了進行形）**」で、話すという動作が過去のある時点からより直近の過去まで続いていたことを表している。

⑰「**make ＋（人）＋（原形動詞）~**」で「（人）を（動詞）させる」。make は「（強制的に）~させる」という**使役動詞**。「きみにわたしのことを理解させるなんて絶対に無理だ」の意味。

⑱ 現実を嘆くばかりで何も手を打とうとしないのがアシュリーの「逃げ」だが、現実主義者で行動主義者のスカーレットは逃避行（駆け落ち）という「逃げ」の方に思考が向かう。この escape は次行以降、数回 run away（逃げる）と言い換えられている。

⑲ I would be your wife. のこと。スカーレットは将来の夢について話しているので、未来に対する**仮定を表す助動詞**の would が使われている。

⑳ 動詞を**強調する do** を入れることで、「本当に、確かに」の意味を持たせている。

㉑ if の後ろは過去形なので、**仮定法過去**（現在の事実と反する仮定を表す）である。「たとえ私が彼らのことを嫌っているとしても（実際には今、嫌っていない）」。

㉒「私たちをここに引き留める何もないものがある」なので、結局は「私たちをここに引き留めるものは何もない」の意味になる。

me, she realized. He will never leave Melanie. He doesn't love me enough. [23]He has too much honor. She began to cry.

Ashley quickly came close to her. His arms surrounded her. "My dear, you must not cry!" he whispered.

Scarlett looked up at him. Her green eyes glowed with love. Suddenly Ashley [24]forgot who he was. He forgot where they were. He kissed her passionately. For a long moment, their bodies seemed to melt together. Then, just as suddenly, he stopped. He pushed her roughly away.

"You do love me!" Scarlett cried. "Say it! Tell me that you love me!"

Ashley's eyes were full of despair and shame. "All right, I'll say it," he said. His voice was almost angry. "[25]Yes, I love you. I love your courage and fire and energy...But this is all wrong. Wrong! I can't stay here with you. I must leave. I will take Melanie and our baby, and we will leave Tara immediately."

"But why?" Scarlett demanded. "Why do you stay with Melanie if you love me?"

Ashley shook his head sadly. "I can never make you understand."

Scarlett felt her heart breaking. She now knew that Ashley would never leave Melanie. "I have nothing left," she said. "You are going. [26]Soon Tara will be gone, too."

"You are wrong," Ashley told her. "You do have something left. You have the thing that you love most. You still have Tara." He bent down and picked up a handful of red dirt. Then he gave it to Scarlett.

The dirt felt cool in her hand. "Yes," she said slowly. "I still have Tara."

She thought of the wide red fields, the acres of cotton. Ashley is right, she realized. [27]How much I love Tara! How hard I will have to fight to keep it! I will fight, she thought. I will not lose Tara!

Scarlett looked at Ashley. Suddenly she was calm again. Her voice was [28]steady. "You and Melanie don't have to leave," she said. "I won't act like this anymore. This will never happen again."

Then she walked away, slowly but proudly.

㉓ 通常、too much は否定的な意味を持つことが多いが、ここでは肯定的な意味で、褒め言葉である。much honor で、「立派な人」ということは、スカーレットが望むような形でアシュリーがスカーレットを愛することはないということである。

㉔ 「我を忘れてしまった」ということ。forgot oneself と言える。

㉕ 追い詰められたアシュリーはとうとう愛を告白するが、彼は "He has too much honor."（㉓）なので、メラニーを裏切ることはできない。

㉖ 高額の税金が支払えない結果、北部人の手に渡ってしまうのだろうとスカーレットは思っている。

㉗ 普通の言い方なら、I love Tara so much. だが、タラに対する深い愛情を表すための**感嘆文**になっている。「タラをどれだけ愛しているか、言葉では言い表せない」という気持ちが表れている。

㉘ steady（安定している）は、彼女の精神状態が落ち着いていることを示す。

Chapter 25 (☞ p. 312)

Scarlett returned to the house. Then she heard the sound of horses. A carriage had arrived at Tara!

Scarlett was surprised. The carriage was new and very fine. "Who is it?" she asked herself. "All of our neighbors are poor. They have no money for new carriages."

Then a man and a woman stepped out of the carriage. Scarlett recognized them immediately. The man was a Yankee named Jonas Wilkerson. He worked for the Yankee government in Georgia. He had gotten rich by cheating Southerners. The woman was Emmie Slattery.

Scarlett was extremely angry. That awful Yankee, Jonas Wilkerson! ①How dare he come to Tara? And Emmie Slattery, that terrible, white-trash girl! Emmie is the reason why Mother is dead, Scarlett thought. Emmie had been sick with typhoid. Then she gave the typhoid to Mother, and it killed her!

"Get out of here, ②you white trash!" Scarlett cried at Emmie. "Get out right now!"

Emmie looked scared. She hurried back to the carriage. But Jonas Wilkerson was angry. "Don't talk like that to my wife," he said. "We came here to ③pay a friendly visit."

"Friendly?" Scarlett cried. Her voice was like a whip. "We were never friends with white trash and Yankees like you. Never! Get out! Leave Tara immediately!"

Wilkerson looked even angrier. "You are still too proud, aren't you?" he said. "Well, you won't be proud for long. I know you don't have any money. I know you can't pay the taxes for Tara. You'll lose the plantation. Then I'll buy it! Emmie and I will live here!"

Scarlett was filled with hate. "You'll never get Tara," she shouted. "④I'd rather burn down this house than let you live in it. I'd rather destroy it. You'll never live here. Now get out!"

Chapter 25

① 「**how dare ~**」は「よくも~できるものだ」という怒りの表現だが、dareは**助動詞**なので**原形動詞come**を使っている（肯定文に戻すと、He dare come to Tara. となる）。

② 貧しくて教育のない白人に対する蔑称。

③ 「友好的に訪問する」の意味。visitはfriendlyの前にaがあることから名詞「訪問」として使われている。訪問「する」にあたる動詞がpayである。

④ I'd rather ~ than ... で、「~するよりむしろ...する」の意味。スカーレットの怒りが高まっての言葉。仮定の話でなく、実際に彼らを家に入れるぐらいなら燃やしてしまった可能性も示唆している。

Wilkerson stared at her [5]with equal hate. Then he returned to the carriage. He and Emmie quickly drove away.

[6]Scarlett watched them go. "What will I do?" she asked herself. Suddenly she was very afraid. "Wilkerson is right. I don't have any money. I can't pay the taxes. [7]If I don't think of something, we will lose Tara! What will I do?"

Then she remembered Ashley's words. "Rhett Butler has money," Ashley had said.

[8]That's it, Scarlett thought. I'll get the tax money from Rhett. I'll borrow three hundred dollars from him! Tara will be safe.

For a moment, she felt happy. But then another thought came into her mind. "[9]Borrowing the money from Rhett won't solve our problems," she realized. "Next year, the Yankees will raise our taxes even higher. Every year, they will raise our taxes until finally I can't pay them. If I want to keep Tara, I need to be rich! If I don't have a lot of money, then I'll always be afraid of the Yankees. I'll always worry about them. So what will I do?"

Scarlett thought of Rhett. She remembered [10]what he had said: "I want you. I want you more than I've ever wanted any woman." She remembered his kiss on the night they left Atlanta.

"[11]I'll marry Rhett Butler," she said to herself. "Then I'll never have to worry about money again!"

Of course, it won't be easy to [12]get Rhett to marry me, she thought. I did say terrible things to him on the night we left Atlanta. But I know that I can charm him! I'll convince him that I always loved him. He [13]mustn't know that I am marrying him for money. He must think that I am in love with him!

Then Scarlett remembered something else Rhett had said: "My dear, I'm not a marrying man. I don't believe in marriage." What if he wouldn't marry her? What if he wanted her to be his mistress?

The idea was shocking. For a second, she struggled with the thought of becoming Rhett Butler's mistress. [14]Thank God that Mother is dead, Scarlett thought. She would be filled with shame. No real lady

⑤ 「同等の憎しみを持って」。

⑥ watch は**知覚動詞**なので、後ろの go が原形になっている。

⑦ **直説法**で if 節が現在形(don't think)、will lose という未来形で受けているので、現実的には起こり得る状況、起こる可能性が五分五分である。「私が何か考えなければ(思いつかなかったら)、タラを失ってしまうだろう」。

⑧ 「そうだ、それそれ！」と思ったときに思わず口から出る言葉。

⑨ 「レットからお金を借りること」の意味で、動詞 borrow (～を借りる) を主語にするために、～ing を付けて**動名詞** borrowing (借りること) に形を変えている。money に定冠詞 the が付いているのは税金分の 300 ドルと彼女の中で限定されているから。

⑩ **what は関係代名詞**。「～こと(もの)」と訳す。この場合は「彼が言ったこと」の意味。

⑪ 「**marry** + (**人**)」で「(人)と結婚する」。

⑫ 「**get ～ to do ...**」で「～に…をさせる(あるいは…が起こるように～に促す)」。get は**使役動詞**で、相手が気づかないように～させるの意味。trick them(人をだます)と似ている。

⑬ mustn't = must not で、「～してはいけない」の意味。現代では mustn't はあまり使わない。

⑭ Thank God that ～ は「(that 以下)を神に感謝する」ことから「(that 以下)であって良かった」の意味となる。

would ever agree to become a man's mistress! But it's the only way to save Tara, Scarlett realized. There's no other way to get the money. I won't let anyone take Tara from me! I'd rather die than lose Tara. ⑮<u>My mind is made up</u>. Next week, I'll go to Atlanta to see Rhett.

Scarlett looked at herself in a mirror. She was shocked at what she saw. She looked so different! She was pale and thin. Her green eyes were hard and hungry. "I'm not pretty anymore," she cried. "⑯<u>Rhett won't like me at all</u>. He only likes beautiful women."

Then she looked at her dress. It was old and ragged and dirty. "Rhett likes women who wear pretty clothes," she said to herself. "If he sees me in my old dress, he'll know that something is wrong at Tara. He'll know that I want his money. What will I do?"

Scarlett walked to the windows. Sadly, she stared outside. Then an ⑰<u>idea jumped into</u> her head. The windows were lined with long curtains made of green velvet. The velvet was soft and beautiful. "I'll make a dress!" she cried. "I'll make a new dress ⑱<u>out of these curtains</u>."

She hurried to the door. "Mammy!" she cried. "Hurry and come here. I'm going to Atlanta next week, and I'll need a new dress!"

Chapter 26 (☞ p. 314)

TRACK 26

The next week, Scarlett took the train to Atlanta. She told her family that she was going to borrow some money to pay the taxes. She did not tell them her plan about Rhett Butler.

Scarlett did not travel alone. ①<u>To her disappointment</u>, ②<u>Mammy insisted on coming with her</u>. "I am coming with you to Atlanta," Mammy said. "That place is full of Yankees and Scallywags. You can't go to Atlanta ③<u>by yourself</u>."

Scarlett and Mammy arrived in Atlanta. The city looked so different, Scarlett thought sadly. The Yankees had burned most of

⑮ I've made up my mind. / I've decided what to do. とも言い換えられる。「〜のふりをする、嘘をつく」という意味のmake upとは異なることに注意。

⑯ not 〜 at all は「全く〜でない」の意味。「レットは私を全く好いてくれないに違いない」。

⑰ ある考えが突如として頭に浮かんだ状況をjumped intoで表している。an ideaを主語にすることで、文がより動的になり、何かを成し遂げる力を持っているというニュアンスも感じ取れる。

⑱ out of 〜 は「〜を材料として」の意味。

Chapter 26

① to her amazement（驚いたことには）、to her surprise（驚いたことには）、to her horror（恐ろしいことだが）などと同様、この表現はいつも文頭で使われる。

② insist on 〜ing「〜を強く要求する」。話の中心となっている場所（この場合はアトランタ）に近づく方向に動くことはcomeと表現する。

③ by oneself「単独で」。

the buildings. But she saw ④signs of new life everywhere. People were rebuilding. She saw new houses on every street.

"Even the Yankees couldn't destroy Atlanta," Scarlett said proudly. "The people here never give up. Soon Atlanta will be bigger and better than ever!"

Scarlett and Mammy went to Aunt Pittypat's house. The old lady was delighted to see them. "Scarlett," she cried. "I'm glad you are back! You must stay here with me. I have so much to tell you. So much is happening in Atlanta!"

Scarlett ate dinner with Aunt Pittypat. She was ⑤full of news. "Everyone has come back to Atlanta," Aunt Pittypat said. "⑥The Meades, the Merriwethers, the Whitings, and the Elsings have all returned! Of course, everyone is poor now. ⑦Still, people are rebuilding their houses and ⑧businesses. We all hate those terrible, terrible Yankees! It is awful to see them here in Atlanta. ⑨There are so many of them!"

Aunt Pittypat paused for a second. "I forgot to tell you!" she cried. "⑩Captain Butler is in jail! The Yankees put him in jail last week. Isn't that shocking?"

"Rhett Butler is in jail?" Scarlett said in surprise. "Why, Aunt Pitty?"

"I'm not sure," Aunt Pittypat said. "Most people think it's because Captain Butler is very rich."

"Captain Butler got rich when he was a blockade runner," Scarlett said. "Why would the Yankees care about that?"

"They don't. The Yankees think Captain Butler has some of the Confederate government's gold," Aunt Pittypat explained.

"Confederate gold? What's that?" Scarlett asked curiously.

"After the war, Captain Butler ended up with a lot of gold that used to belong to the Confederacy. ⑪At least that's what the Yankees think," Aunt Pittypat explained. "That Confederate gold would be worth millions of dollars! Captain Butler has hidden the gold some-where. The Yankees want him to give the gold to the U.S. government. ⑫That's why they put him in jail. ⑬If Captain Butler doesn't give them

④ sign は、看板ではなく、「兆し、兆候」といった意味。

⑤ full of news は、many interesting details と置き換えるとよくわかる。

⑥ 「the +（名字）s」で「（名字）一家、（名字）家の人たち」。名字が複数形になることに注意。

⑦ この still は、**副詞**で「それでも、〜にもかかわらず」の意味。

⑧ 会社や店などの事業所。単数は a business。

⑨ 「彼ら（＝the Yankees）がそんなにも多くいる」の意味。

⑩ 収監されている場合は、jail（刑務所）は無冠詞で用いられる。刑務所に見学に行くのであれば go to the jail のように冠詞が必要。

　例）My son goes to school.（無冠詞・学校へ勉強しに行く）
　　　His father went to the school（冠詞あり・学校へ懇談会などの用事で行く）

⑪ この at least は、We need at least three more cups of rice. のように数量を示すわけではなく、「どちらにしても」「何はともあれ」の意味。

⑫ That's why 〜は、That's the reason 〜と置き換えられる。それが理由（レットが南軍の金を持っているとヤンキーは考えている）で、刑務所に入っているという意味。

⑬ もし本当にバトラー船長が大量の金を持っているのならば、ヤンキーたちが彼を絞首刑にするはずがない（＝金の隠し場所がわからなくなる）が、うわさ話をピティパットおばさんは信じ込んでいる。

the gold, the Yankees may hang him! Just imagine that—the Yankees might kill Captain Butler!"

Scarlett was very interested. Rhett was even richer than she had thought! She was not sad that he was in jail.

"⑭Maybe I can get him to marry me," she said to herself. "If Rhett marries me, I ⑮won't care if the Yankees kill him. Then I would be his widow—and I would get all his money!" It was a wonderful thought. Scarlett felt happy ⑯as she went to bed. Tomorrow, she thought, I'll go visit Rhett Butler.

Chapter 27 (☞ p. 315)

TRACK 27

The next morning, Scarlett woke up early. She put on her new green velvet dress. "I look pretty," she thought happily. "I don't look poor. Rhett won't know that I need money."

Scarlett hurried out of Aunt Pittypat's house. ①She didn't want Mammy to see her. Soon she arrived at the Yankee jail. "I want to see Captain Butler," she said to a Yankee soldier. "My name is Mrs. Hamilton."

She waited nervously for a few minutes. Then the soldier returned. "You may see the prisoner," he said. "He is in the next room. I will close the door so that you can speak to him alone. You have ten minutes."

Scarlett entered the room. Rhett came toward her. His clothes were dirty, but he was smiling. "Scarlett!" he cried. "I'm delighted to see you. ②How kind of you to visit me in jail." He sounded truly happy. "When did you arrive in Atlanta?" he asked.

"I came yesterday," Scarlett answered. "Aunt Pitty told me that you were in jail." She tried to look worried. "When she told me, I was so sad! Oh, Rhett! ③I'm very frightened for you! The Yankees won't hurt you, will they?" She acted ④as if she were going to cry.

⑭ maybe は確率5割の「おそらく」。「get ＋（人）＋ to（原形動詞）」は使役で、「（人）にお願いして（動詞）してもらう」という丁寧なニュアンスがある。

⑮ won't（＝ will not の略）があるので、**未来に関する否定**。「ヤンキーが彼を殺しても気にしない」という強い感情を表す。1行下の It was a wonderful thought. と合わせ、タラを救うためにスカーレットがいかに必死になってお金を手に入れようとしていたかがわかる。

⑯ この場合の as は、「**時**」を表す。「寝るときに」の意味。

Chapter 27

① 「want ＋（人）＋ to（原形動詞）」で「（人）に（動詞）してもらいたい」と訳す。ここでは、「彼女（スカーレット）はマミーに彼女（スカーレット）を見てほしくなかった」となる。

② 人の性格を評したいときには「（**性格**）＋ of ＋（**人**）」となる（for ではないので注意）。「わたしを刑務所に訪ねてくれるとはきみはなんて親切なんだ」となる。

③ 「私はあなたのために非常に怯えています」が直訳なので、「あなたのこれから先のことを考えると、私は怖い」という意味になる。

④ 「as if ～で」、「まるで～のように」の意味で、**仮定法過去**が使われている。「実際には泣いてないが、まるで泣きそうに振る舞った」の意味。

"⁵Why, Scarlett!" Rhett said. He sounded pleased by her concern, Scarlett realized. He was not mocking her.

My plan is going well, she thought. Rhett still likes me. He thinks that I care about him. I will get him to marry me!

"So have you forgiven me, Scarlett?" Rhett asked with a smile. "You were so angry when I left you that night outside Atlanta. You hated me for joining the army! Have you forgiven me now?"

Scarlett was still angry. But she hid her feelings. "Of course I forgive you," she said sweetly. "I was angry that night. But I understand why you had to join the army. You were very ⁶patriotic."

Rhett laughed and shook his head. "I was a Confederate soldier for eight months," he said. "It was a hard life. We marched through the snow. My boots fell apart. I almost starved. I still don't know why I decided to join! It was completely stupid. But we Southerners love ⁷fighting for a lost cause." He laughed again. "⁸But that's in the past. Tell me how you are, Scarlett."

"I'm very well, thank you," Scarlett said. She tried to act careless and happy. "Everything is just fine at Tara. Of course, ⁹the Yankees are around, but they don't give us any trouble. I'm just so bored these days, Rhett! The country is so quiet. That's why I decided to visit Atlanta. I want to have fun and visit my friends here."

Rhett smiled. "You probably want to visit your Atlanta beaux, too! Well, I am glad to see you, Scarlett. I have often thought about you. I wondered how you were doing after the war. I've known many women who were more beautiful than you. I've known many women who were nicer than you. But ⑩still, I always remember you."

Scarlett was pleased. ⑪Her plan was going better and better! She put a frightened, worried look on her face again.

"Oh, Rhett!" she cried. "I always think of you, too! That's why I'm so worried. I hate seeing you in jail! The Yankees won't kill you, will they? ⑫I'd die if they hanged you. You see, I feel..." She blushed and looked down.

"⑬My God!" Rhett cried. "Scarlett, do you really—" He came close

⑤ why は理由を尋ねる疑問詞ではなく、「おや、あら」のように**驚きを表す間投詞**。

⑥ スカーレットはレットが軍に志願したことを愛国的patrioticだったと褒めているが、多少の皮肉や批判の気持ちも見て取れる。

⑦ 「失われた大義のために戦う」とは、失敗する運命にある運動や状況を指す定型句である。Don't fight for a lost cause.「負け戦に挑むのはやめなさい」などと使える。

⑧ 話題を変えたい時に使うフレーズ。ここでも、レットはすぐに "Tell me how you are, Scarlett." と次の話の展開に持ってきている。

⑨ be around で「あちこちに（近くに）いる」。

⑩ これは p.156⑦で触れた still の例。スカーレットは、レットが知っている中で最も美しい女性でも、最も素敵な女性でもないが、それでも彼は彼女のことを考えているの意味。

⑪ 「（比較級）and（比較級）」で「ますます〜」の意味。「彼女の計画はますます上手く進んでいた！」。

⑫ 実現の可能性が低い仮定なので、if節内の動詞を過去形にする**仮定法過去**が使われている。「もし彼らが絞首刑にするなら（←この部分に過去形hangedが使われている）私は死んでしまうわ」。スカーレットはここでうわさ話（p.156⑬）を持ち出して、レットの気を引こうとしている。

⑬ My God!（何てことだ！）と、レットは驚き、喜んでいる。Oh, Godだと、「ああ、神様」となり、通常は何か悪いことが起きた／起きている／起きようとしている時に使う。

and held her tightly.

[14]Scarlett lifted her face toward his. She closed her eyes. I've done it, she thought happily. Now he will kiss me and say that he loves me!

Rhett held her hand and kissed it. Then suddenly he stopped.

Scarlett opened her eyes. "What is it?" she asked.

Rhett was looking at her hand. It was rough and red. It looked like the hand of a slave. It did not look like the hand of a rich young lady. Scarlett [15]realized her mistake.

"Tell me the truth," Rhett said. His voice was cold. "Things aren't going well at Tara, are they? You aren't doing fine. [16]You've been lying to me. You want something from me. That's why you've acted so sweet and kind." He shook his head. "[17]You should have been honest with me, Scarlett. What do you really want?"

Scarlett was angry and disappointed. Her plan had failed. "All right, it's true," she said. "Life at Tara is awful. We're poor. We hardly have enough food. In fact, I'm [18]in danger of losing everything. I need three hundred dollars to pay taxes. If I don't pay, the Yankees will take Tara."

"So you want to borrow three hundred dollars from me," Rhett said. "[19]If I gave you the money, what would I get?"

The moment had come. "Once, you asked me to be your mistress," Scarlett said slowly. "Now I will be your mistress—if you give me the money."

Rhett looked at her. A strange look was on his face. "I won't give you the money," he said. "[20]Even if I wanted to, I couldn't give you the money now. The Yankees are watching me too closely. They want my money, you know. I can't do anything right now."

Scarlett [21]felt faint with despair. Rhett wouldn't give her the money! This was the end of her hopes. How would she ever save Tara? She wanted to cry.

"Scarlett, listen to me," Rhett said. "I can't give you the money, but I can give you some advice. Are there other men you were planning to ask?"

⑭ 「スカーレットは彼女の顔を彼の顔の方へと上げた」は、スカーレットはレットからのキスを待つ態勢を整えているということ。

⑮ understandと置き換えると意味がよく通る。Scarlett suddenly understood her mistake. realizeについては、p.39⑧参照のこと。

⑯ 「**have + been + ~ing**」の形を備えた**現在完了進行形**の文。過去のある時点から現在まで、何かが続いていることを示す。「きみはわたしに（面会に来た時点から）ずっとうそを言い続けている」の意味。

⑰ 「(**助動詞の過去形**)+ **have + 過去分詞**」で意味は過去になる。「きみはわたしに対して正直であるべきだった（←この部分が過去）のに（実際は、正直ではなかった）」。

⑱ このdanger（危険）は、物理的なものではなく、彼女の人生における状況のこと。threatened with ~とも言い換えられる。

⑲ 「可能性は低いがもし金を渡せば」と言う意味で、現在や未来の想像を過去で表す**仮定法過去**の用法。

⑳ **仮定法過去**の原則どおりの文。「たとえそうしたいと思っても（←この部分が現在の事実に反するのでwantedと過去形になっている）きみに今は金を渡せないよ（←後半部分には助動詞の過去形couldが入っている）」。

㉑ 「(絶望で)気が遠くなる」というのは実際に倒れたわけではなく、他に考えも希望もないという感情的な感覚を表す。

"No," she said quietly.

"That is surprising," Rhett said with a laugh. "Surely you have more beaux than just me. You must have some admirers who aren't in jail. Anyway, I'll give you some advice."

"I don't want to hear it," she snapped.

"Listen to me," he said seriously. "When you are trying to get something from a man, don't be so direct. Act girlish and helpless. Most men prefer that. Use your charm. Once you were very good at using your charm. But now you have forgotten how to use it."

"Don't tell me how to act," Scarlett said.

"Cheer up," Rhett said. He grinned at her. "You can come watch when the Yankees hang me. Maybe I'll leave you some of my money after I'm dead."

"Thank you," Scarlett said angrily. "But the Yankees may not hang you soon enough to help me pay the taxes." Then she left the jail and hurried away.

Chapter 28 (☞ p. 318)

TRACK 28

Rain was falling. Scarlett walked slowly through the mud. She was cold, and her new dress was getting wet. But she did not care. "How will I save Tara now?" she asked herself. "Where can I possibly get three hundred dollars?"

Then she heard a man's voice. "Miss Scarlett? Is that you?"

Scarlett turned and saw Frank Kennedy. He was driving along in a carriage. "Mr. Kennedy!" she cried. "I'm very glad to see you!"

"Why are you walking in the rain, Miss Scarlett?" he asked. "You must let me drive you home." Scarlett gratefully agreed.

"When did you arrive in Atlanta?" Frank asked. "Did—did anyone else come with you?"

㉒ 「〜より他の」の意味。「きみはわたしだけではなくもっとたくさんの彼氏が必ず いるだろう」。beaux については p.32 ⑥を参照。

㉓ 名詞の advice は**不可算名詞**なので、some がついても advice 自体は複数形にな らない。動詞の場合は、綴りが advise と s になることに注意。

㉔ 男性に守りたいと思わせるように、女らしくて、無力なように振る舞うこと。

㉕ この once は、「一度、一回」の意味ではなく、「ずっと前」のことを意味する。

㉖ **2 つの動詞を続けて使う表現**には、come watch（見に来る）、go see（見に行く）、 go find（探しに行く）、come take（連れて行く）などの言い回しがある。

㉗ ある人から別の人にお金や財産が「移る、渡る」ことを、leave という動詞で表現 できる。My father left me his house and $300,000.（父は私に家と 30 万ドル を残してくれました）。

Chapter 28

① 小説では登場人物の不幸な心情や状況を例えるために、しばしば雨や大風などの 天候が比喩的に使われる。

② 当時の社会背景がわかる。然るべき家柄の女性は遠方への外出時には誰かに伴わ れることが普通だったということ。

He was thinking of her sister Suellen, Scarlett realized. Frank and Suellen were engaged to be married.

"No, I came by myself," Scarlett said. "Do you live in Atlanta now, Mr. Kennedy?"

"Yes, I own a store here," Frank said proudly. "I'm doing quite well. Business is good. I made a thousand dollars this year. Next year, I hope that my business will be even better. ③I plan to buy a sawmill."

Scarlett was suddenly interested. Frank Kennedy is making money! she thought. She decided to ④flatter him so that he would talk more.

"You are so clever, Mr. Kennedy!" Scarlett said. She looked at him with soft green eyes. "I'm just a silly little woman. Please forgive my stupid questions. Won't you please tell me more? What is a sawmill?"

Frank was flattered. He told Scarlett all about his business. "A sawmill is a place where trees are cut into wooden boards," he explained. "Everyone in Atlanta is rebuilding now. They all need wood for their new houses. If I buy a sawmill, ⑤I'll make lots of money selling wood."

"How wonderful!" Scarlett said. "You think of everything, Mr. Kennedy!" She smiled sweetly at him.

Could I borrow money from Frank? Scarlett wondered. He would say no, she realized. He wants to make money so that he can marry Suellen soon. It's so unfair! Why ⑥should Suellen get Frank's money? Suellen doesn't care about Tara like I do.

Then Scarlett had an idea. I'll get Frank, she thought. I'll marry him. Suellen doesn't deserve him. Then I can use Frank's money to pay the taxes!

She turned to Frank. "Oh, Mr. Kennedy! Oh, Frank!" she cried. Then she burst into tears. "I'm so worried about my family," she said. "I feel so helpless. I don't know what to do! You're very clever. Can't you help me?" She put her head on his shoulder and cried.

Frank was surprised but pleased. Scarlett O'Hara ⑦had always been the proudest and prettiest girl he knew. Now she was crying in his carriage! Her head was on his shoulder! She had called him "Frank"! He was flattered. Suddenly he felt like a brave, bold man.

③ 戦争があったために未だに婚約者スエレンと結婚できていないフランクが、婚約者の姉であるスカーレットに事業の順調さをアピールしている。

④ flatter（お世辞を言う）は、praise（褒める）の意味だが、「（自分の利益のために）相手を操る」と言うニュアンスもある。スカーレットは、ケネディ氏を褒め、レットがp.164㉔で忠告したように、「愚かな小娘」のような振る舞いをした。

⑤ **現在分詞selling** を使った**分詞構文**。このsellingは「売るので」という理由を表している。「私は木材を売るので大儲けをすることになるでしょう」。分詞構文の意味は5つとも6つとも言われるが、実は決まった訳し方がない。取りあえず「〜して」と訳すのも1つの手だ。

⑥ この**should**は、「〜するとは」の意味で、**怒りや腹立たしさを表す**。タラのことを気にかけてもいないスエレンが、「なぜフランクのお金を受け取るというの？」と腹を立てている。

⑦ フランクが知っている他の全ての女性と比較して、最も誇り高く、最も美しいと言っており、**形容詞の最上級**の形になっている。had always beenは、過去のある時点における動作や状態が継続していることを表す**過去完了形**（had ＋ 過去分詞）。

"Don't worry, Miss Scarlett," he said. "I'll help you. I'll think of something! When I marry your sister Suellen, she and I will always help your family."

It was time to tell a very big lie. Scarlett was ready. She tried to look very shocked. "Oh, Mr. Kennedy!" she cried. "Didn't you know? ⑧Didn't Suellen write to you?"

Frank was frightened. "What is it? Is something wrong with Miss Suellen?" he asked.

"No—but how badly she has acted! Suellen should have written to you! What a terrible sister I have! This is shameful!" Scarlett said.

"What is it?" Frank cried.

"I'm so sorry to tell you this," Scarlett said. "Suellen is going to marry Tony Fontaine next month. She ⑨got impatient ⑩waiting for you. I'm so sorry, Frank! You are such a fine man! ⑪Suellen shouldn't have treated you like this."

Frank was shocked and sad. Suellen was marrying another man! He could hardly believe it. ⑫How could she be unfaithful to him?

Just then, the carriage arrived at Miss Pittypat's house. Mammy was waiting outside. There was no time to talk more.

"Won't you come inside?" Scarlett asked Frank. Her voice was soft and sweet. Her green eyes glowed. "Please stay and eat dinner with us. ⑬Aunt Pittypat will be so happy to see you. I would be very glad if you would stay." She smiled warmly at him. "But please don't say anything to Aunt Pitty about Suellen. I'm so ashamed of my sister!" she whispered.

"No, no. I won't say anything," Frank said. He was very sad about Suellen, but he was still flattered by Scarlett's attention. "I will stay for dinner," he told her.

Mammy welcomed them into the house. She looked at Scarlett's face. Then she looked carefully at Frank. A ⑭light appeared in her eyes.

Mammy understood everything, Scarlett realized. "I have to do this!" she whispered to Mammy. "Frank has money. If I marry him, then I can save Tara. ⑮Don't you dare tell Suellen!"

⑧ 「Did 〜?」（〜したのですか？）なので、「Didn't 〜?」（〜しなかったのですか？）となる。write to（人）で「（人）に手紙を書く」。

⑨ 「get + 形容詞」でよく使われるパターン表現。get impatient（しびれを切らす、イライラしてくる）、get dark（暗くなる）、get hot（暑くなる）、get old（年をとる）、get lost（道に迷う）などがある。

⑩ 主格補語（〜しながら）の現在分詞。

⑪ 「（助動詞の過去形）+ have + 過去分詞」で意味は過去になる。「スエレンはあなたをこんなふうに扱うべきではなかった（←この部分が過去）のに（実際はひどい扱いをしてしまった）」。

⑫ 現代風に言い換えると、How could she cheat on him? になる。faithful は、一人の人とだけ付き合うこと。その反対の unfaithful は、複数の異性と関係を持つことを意味する。How could 〜は文脈によって、疑問、非難、驚きの意味がある。ここは非難の意味が強い。

⑬ 不定詞（to see）が直前の形容詞（happy）を修飾している副詞的用法。「あなたに会えてとても喜ぶでしょう」と、to see 部分が感情（so happy）の原因となっている。

⑭ この light は understanding（理解する、悟る）の意味。これはマミーがスカーレットの行動を理解した瞬間を暗示している。

⑮ 否定命令文（don't + 原形動詞〜）の主語は必ず you なので明示しないのが原則だが、この言葉を投げかける相手に「あなた！ 〜しないでね」と強調したい場合は don't の後ろに you が入ることがある。dare（あえて〜する）は助動詞で、後ろには原形動詞 tell が続いている。

"I won't tell anyone," Mammy said calmly. "The Yankees mustn't get Tara. I will help you marry Mr. Kennedy."

Chapter 29 (☞ p. 320)

For the next two weeks, Scarlett saw Frank Kennedy almost every day. "①I must get him to marry me," she told herself. "I need his money soon. We must get married very quickly—②before it's too late to pay the taxes at Tara!" The taxes had to be paid soon, she knew.

Scarlett remembered Rhett's advice. When she was with Frank, she acted sweet and gentle and helpless. She flattered him. She ③gazed into his eyes. She used all of her charm.

To Frank, Scarlett's attention was wonderful and new. Before now, he had never been popular with ladies. He knew that he was not handsome or charming. "④Still, Miss Scarlett seems to like me," Frank wondered. "Perhaps she even loves me!" The thought made him feel very strong and manly.

* * *

⑤Scarlett's plan worked. In two weeks, she and Frank Kennedy were married. Frank was extremely happy and proud. "I have ⑥the sweetest little wife in the world," he thought.

Scarlett was very happy, too. The day after the wedding, she got three hundred dollars from Frank. "Please, my darling!" she cried. "You are so good and generous. I need your help to pay the taxes at Tara! Do it for me, ⑦my love!"

At first, Frank was surprised by Scarlett's request. "Three hundred dollars is a lot of money," he thought. "Now I can't buy my sawmill right away." But Frank could not say no to his new wife. He gave Scarlett the money. Right away, she sent it to Tara. ⑧She also wrote a letter to announce the news of her marriage.

Chapter 29

① 「get ＋（人）＋ to（原形動詞）」は使役の意味だが「（人）にお願いして（動詞）してもらう」というニュアンスがある。

② この too ～は「～すぎる」の意味。いわゆる「too-to の構文」のように見えるが、late の後ろで切ると理解しやすい。「手遅れになる前に／税金を払うのに」。

③ gaze の用例は p.39⑤を参照。

④ p.157⑦、p.161⑩にある still と同じ意味である。

⑤ work から見た主語（＝何が or 誰が work するのか）が「人」ではなく「もの」のときは「上手くいく」の意味になることが多い。

⑥ この little は「小さい」ではなく「可愛い」の意味。「一番やさしくて可愛い妻」。

⑦ honey、dear、baby、sweetheart などと同様の愛情を込めた呼び方。

⑧ スカーレットは税金分300ドルをタラに送り、そして結婚を知らせる手紙も送った。フランクの婚約者・スエレンに知られることなく、スカーレットとマミーの思惑通り2週間で結婚にこぎつけたのだった。

Scarlett was filled with relief. She did not care that she had stolen her sister's beau. Tara is safe, she thought. Now the taxes are paid, and the Yankees can't take it away from me! That is the only thing that matters!

But soon Scarlett felt worried again. Tara is safe now, she thought, but the Yankees might try to take it away from me next year. They might increase the taxes even more! I must find out about Frank's store. I need to know how much money he has. I hope he is a good businessman. Money is the only thing that keeps us safe from the Yankees!

She asked Frank about the store, but he shook his head. "Don't worry, my darling," he said. "[9]A pretty little woman like you doesn't need to know about business. I'm your husband. Let me worry about that!" But Scarlett was [10]determined to find out.

Several weeks later, Frank got sick. He had to stay in bed. Scarlett left the house and hurried to Frank's store. When she looked at his business records, she felt disappointed. [11]The store was not making as much money as it could.

Frank isn't a good businessman, Scarlett realized. [12]Lots of people owe him money. Frank is [13]too nice. He doesn't make people pay what they owe to him! He needs to be tougher. If he collected the money people owe, he would be richer. [14]Why, he would have enough money to buy the sawmill!

A new idea came into Scarlett's head. "I could do a better job than Frank," she said to herself. "I could do better—even though he is a man! I could make more money. [15]That's what I will do: I'll buy that sawmill myself!"

Then she heard someone enter the store. It was Rhett Butler. He gave her a [16]mocking smile. "My dear Mrs. Kennedy!" he said. "Congratulations on your marriage!"

Scarlett was surprised to see Rhett. "So, the Yankees let you out of jail. They didn't hang you," she told him. "[17]I wish they had, you scoundrel! What are you doing here?"

"I came to wish you happiness in your new marriage," Rhett said

⑨ youまでが主部。当時はこれがごく当たり前の感覚だった。

⑩ このdeterminedは、「全てをささげて、全神経を集中して」の意味で、committed/focused with full energyということ。またはchoose（選ぶ、選択する）の意味もある。

⑪ 直訳すると「店はそれが稼げるだけ多くの金を儲けていなかった」。スカーレットの考えでは、その店はもっと儲かっていてもよかったのである。

⑫ 「多くの人が彼に金を支払う義務があった」ということで、つまりフランクの店には未収金が多くあったことがわかる。

⑬ 人に対してのniceは必ずしも「良い」人という褒め言葉ではなく、「お人好しすぎる」と非難の意味があることも多い。

⑭ 疑問詞ではなく**間投詞**。

⑮ **whatは関係代名詞**で「～こと（もの）」。「それ（＝より多くの金を儲けること）が私がすることよ」。

⑯ p.41⑤、p.65㊱でもレットはスカーレットを冷笑したことがある。ここでは、結婚を祝福しにきたのだが、彼女が結婚した本当の理由（お金目当て）を知っているため、彼の笑顔は嘲笑っているようだったのだ。

⑰ I wish they had の後のhanged youが略されている形。同じ**動詞の繰り返しを避ける**ため。

with a smile. "This is the second time you've married for...[18]<u>unusual reasons.</u> Don't you remember your first husband, Charles?"

"Oh, Rhett!" Scarlett cried. "Be quiet! How can you say such terrible things? Someone might hear you." Although she didn't like his mocking voice, Scarlett felt almost glad to see him. [19]<u>Rhett was the only person she could be honest with.</u> "Why are you really here?" she asked.

"[20]<u>I came here to see you and to ask you about Tara,</u>" Rhett said. "Did Frank give you the three hundred dollars? Is Tara safe from the Yankees now?"

Scarlett smiled. Rhett can be so kind sometimes, she thought. He was worried about me! He was worried that I would lose Tara.

"Yes, Frank gave me the tax money," she said. "But, Rhett! Frank is a terrible businessman. He is [21]<u>too nice.</u> He doesn't make his customers pay. And I need more money. I need money to rebuild Tara. Also, I want to buy a sawmill."

"A sawmill?" Rhett asked. "People will disapprove if you buy a sawmill, Scarlett. They will be shocked. Most people think that women should stay quietly at home. They think that women shouldn't know about business." He smiled at her.

"I don't care what people think," Scarlett answered. "I need money [22]<u>to keep Tara safe</u> in the future. If Frank can't make more money, then I will. I'm going to buy that sawmill. Rhett, may I borrow the money from you? I will pay you back."

Rhett laughed. "Yes, you may borrow my money. I'm happy to [23]<u>help you buy</u> a sawmill. I will help you [24]<u>go into business,</u>" he said. "But listen to me, Scarlett. Don't spend my money on Ashley Wilkes. That is my one rule."

Scarlett was hurt. "Ashley wouldn't take money from me!" she cried. "He is a proud man. He doesn't want my help."

"Is that true?" Rhett asked. "Ashley is living at Tara now, isn't he? He is living in your house. He is eating your food. He is accepting your help. [25]<u>Where is his pride?</u>"

⑱ スカーレットの１度目の結婚の理由は振られたアシュリーへの腹いせ、２度目の結婚の理由はお金、とまさに unusual（普通ではない）である。

⑲ person と she の間に**関係代名詞 that** を補うとわかりやすい。

⑳ ２箇所の**不定詞** to see と to ask は共に「〜するために」の意味で**副詞的用法**。

㉑ p.173⑬も参照。「彼は良すぎる」だが、意味は否定的である。フランクは人が良すぎるため、ビジネスマンとしては物足りないという意味。

㉒ keep Ａ Ｂで「ＡをＢに保つ」の意味。to keep の不定詞部分は「タラを安全に保つために」と訳すので、**副詞的用法**。

㉓ 「（人）が〜するのを助ける」は「**help**＋（**人**）＋（**原形動詞**）」でも、「**help**＋（**人**）＋**to**（**原形動詞**）」のどちらも可能。

㉔ 他に open a business、get started in a business、become a business owner とも言える。

㉕ レットは、女性に面倒を見てもらっているような男のどこに誇りがあるのか？と聞いている。

Scarlett could not answer. She knew that Rhett was right.

"How dare you talk about Ashley," she finally said. "²⁶You can't possibly understand him. He is too good and noble for you. You aren't a gentleman, Rhett. Ashley is."

"No, I'm not a gentleman," Rhett said. "But I never ²⁷claimed to be one. I never claimed to be good and honorable." He looked at Scarlett. "You say that Ashley Wilkes is a gentleman? Then tell me: has he finally learned to love his wonderful wife? Melanie Wilkes is a great lady. Or does he still want you?"

Scarlett's face turned red. She was remembering that day at Tara when Ashley kissed her. She tried to hide from Rhett's eyes, but he saw.

"So the noble Mr. Wilkes still wants you," Rhett said. His voice was angry and mocking. "²⁸What a fine gentleman he is!"

"Oh, Rhett!" Scarlett cried. "Please stop it. We should never talk about Ashley. You will never understand."

"If you borrow my money, then I have ²⁹the right to question you about Ashley Wilkes," Rhett told her. "I'll loan you the money for your sawmill, Scarlett. But don't spend ³⁰one dollar of my money on Mr. Wilkes. If you do spend my money on him, I'll be very angry."

Chapter 30 (☞ p. 323)

TRACK 30

A few months later, Frank Kennedy was ①still glad to be married. He ①still loved Scarlett. But he was confused and unhappy. Scarlett was so different! Before their marriage, she had been sweet, gentle, and helpless. She asked his advice about everything. She had seemed like the perfect Southern lady.

Now Scarlett was not helpless at all. She was active, strong, and confident. She did not ask Frank's advice about anything. She did not obey him.

㉖ possibly は「おそらく、たぶん」だが、can't と同時に使うとそれを強める働きをする。「あなたには彼を理解することなど絶対にできないわ」。

㉗ claim は動詞で、presented/showed oneself to be で、「自分が〜であることを提示する、示す」という意味。one は、gentleman の言い換え。

㉘「彼はなんと素晴らしい紳士であることよ！」という意味だが、レットはアシュリーのことを褒めているわけではもちろんなく、最大限に皮肉っている。

㉙ right は多義語だが、この場合は「権利」の意味。to の後ろにあること、そして無冠詞であることから、question は動詞(質問する)である。

㉚ one を入れることで、レットはたとえ少額であってもアシュリーを助けるために使ってはいけないことを強調している。他に、one penny, one dollar, one minute, one day という用法も同じ。

Chapter 30

① 「まだ」(=思っていたよりも長く続いている感じ)が最初の２文で２回繰り返される。読む側としては、ここで「これから先、フランクの気持ちが変わり始めるのかも」と予測しておいてよいだろう。

Frank did not like these changes. He was shocked by Scarlett's actions. She had bought the sawmill by herself! ②Even worse, she had borrowed money from ③Rhett Butler, that terrible Scallywag!

It was so improper, Frank thought. People in Atlanta were talking about Scarlett. Everyone was shocked.

"Women should stay home. They should obey their husbands," Frank said to himself. "Why doesn't Scarlett realize that? Why is she acting in this unwomanly way? Wives shouldn't know about business. They should cook and clean and take care of children."

But Scarlett wasn't interested in those things. She was ④running the sawmill herself. Every morning, she got in her carriage and drove to the mill. She watched over the business. In the afternoons, she drove around Atlanta, looking for customers to buy the wood from the mill. She let Mammy and the other servants cook and clean. Aunt Pittypat took care of Wade.

⑤Worst of all, Frank thought, Scarlett was making money! She was very good at business, he realized. "She is better than I am," he said to himself. He felt shame at that idea.

Frank was right about Scarlett's sawmill. Her business was very successful. She had lots of customers. ⑥Everyone in Atlanta was building new houses. Many people, including Yankees, bought Scarlett's wood. The business was so successful that Scarlett was able to buy a second sawmill.

Frank wanted to talk to Scarlett about her actions. He wanted her to stop working. But Frank was scared. ⑦Whenever he tried to tell Scarlett what to do, she got angry.

"When Scarlett gets what she wants, she's ⑧sweet as an angel," he said to himself. "But when I disagree with her, she gets so mad!"

Frank decided not to say anything to his wife. But he was still unhappy. Then he had an idea. "I know what Scarlett needs," he thought. "She needs another baby! All women love babies. ⑨If she had another baby, then she wouldn't care about business."

Later in the spring of 1866, Scarlett realized that she was pregnant.

② すでに悪い状態にあるのに、それがさらに悪化していることを表す。ここでは、p.176の下から2行目でスカーレットが自分に従わないことに触れ（最初の悪いこと）、さらに悪いことに（even worse）、レット・バトラーからお金を借りていたことがわかり、14行下⑤に何よりも最悪なことに（worst of all）、彼女は商売上手でお金を稼いでいたという流れになっている。

③ **同格の言い換え**表現で、that terrible ScallywagはRhett Butlerを修飾している。thatは、強調の意味合いを持ち、「とんでもない、ひどい」といったニュアンスを加えることで、スカーレットの行動のひどさを強調している。
Scallywagとは、北部の味方をした南部白人のことだが、ここでレットをScallywagと呼ぶのは少し紛らわしい。彼はとくに北部を支持していたわけではく、北軍の刑務所に入れられた経験もあるので、決して北軍にいい感情を持っていたとは思えない。それでも、アトランタの人々は誰もが、レットをScallywagと思っているということがこの文からわかる。

④ to run a businessとは、事業主や会社のトップとして経営していることを表す。

⑤ 一連の悪い事態や問題の中でも最悪なもの、最も好ましくない状況を強調するために使われている。

⑥ everyとeveryの複合語は単数扱いをするので、be動詞がwasになっている。

⑦ 「**whenever** +（**主語**）+（**動詞**）」で、「（主語）が（動詞）するときはいつも」の意味。

⑧ 「天使のように優しい」の意味で、同意のsweet as honey、sweet as a flower、sweet as a roseなどの表現もある。

⑨ 現在の事実（＝スカーレットはウェイドの母親だが、フランクとの間に子どもはいない）に反する仮定を表すので、動詞をhadと過去形にした**仮定法過去**で書かれている。anotherはan + otherの2語が1つになってでき上がっており、「もう1人（1つ）の」の意味。

Frank was delighted, but Scarlett was not. "I don't want another baby," she said to herself. "⑩Now that I'm pregnant, ⑪I will not be able to work at the mills much longer."

Pregnant women were supposed to stay home. ⑫They certainly were not supposed to be driving all over town! But Scarlett kept working. In fact, she worked harder than ever. Money was the only thing she thought about. People in Atlanta were shocked, but Scarlett did not care. ⑬She was too worried.

I must make money, she thought. This is my last chance for a long time! After I ⑭reach the sixth month of my pregnancy, I won't be allowed to leave the house! Then Frank will have to take care of the mills. He is such an awful businessman. He will lose lots of money.

Chapter 31 (☞ p. 324)

TRACK 31

In 1866, Atlanta was a dangerous place. The Yankees ruled the city, just like they ruled ①the entire South. The Yankees made the laws. They controlled everything.

Southerners were powerless. They could not vote. Their homes and business could be taken away by the Yankees. Southern men were put in jail for no reason. Southern women were attacked on the street. It was a frightening time.

It was impossible to fight the Yankees in public. ②But Southern men found another way to fight back. They created a secret group called the ③Ku Klux Klan. The Klan often met at night. The group had two goals: to protect the South and to kill its enemies.

The Yankees hated the Klan. ④They made it against the law to belong to the group. If the Yankees could prove that someone was in the Klan, that person would be killed. ⑤Being a Klan member was dangerous. Still, most Southern men in Atlanta belonged to the

⑩「**now that**＋（**主語**）＋（**動詞**）」で「今や（主語）が（動詞）なので」と訳す。

⑪ much longerなら「ずっと（はるかに）長く」だが、**not much longerと否定**の意味になると「あまり長く〜ない」と訳し方が変わる。

⑫「**be supposed to（原形動詞）**」で「（動詞）することになっている、〜する建前になっている」と訳す義務や規則、約束などを表し、頻出する表現。「彼女ら（＝妊娠した女性たち）は街中を馬車で乗り回してはならないというのが決まり事だ」。

⑬ be worriedは「心配して」、**too 〜**で「〜過ぎる」なので「彼女はあまりに心配しすぎていた」。何が心配だったのかは次の段落で説明されている。

⑭ このreachは、物理的に「腕を伸ばす」のではなく、妊娠期間のように、ある時期が来ることを表現するという意味。

Chapter 31

① entireは**形容詞**で「全体の」の意味。「南部全体」と訳す。

② menとあるので、あくまでも男性だけ。「しかし南部の男性たちは別の反撃方法を見つけた」ということ。

③ 結成当初から、KKK（Ku Klux Klan）の主な標的は黒人だった。彼らは北軍に協力する南部住民も憎んでいたが、暴力の大半は黒人に対するものだった。詳細はp.13参照。

④ makeは「〜にする」の意味。itは**仮目的語**であり、**真の目的語はto（原形動詞）以下**である。against the lawは「法律違反で」の意味。「彼ら（＝北部人）はそのグループ（＝KKK）に属することを法律違反とした」。

⑤ beingはbe動詞の**動名詞**なので「〜であること、〜になること」の意味。「KKKのメンバーであることは（になることは）」。

group. At night, [6]Klan members rode around the city. They [7]often killed Yankees and Carpetbaggers. The Yankees tried to catch the Klan members. Mostly, they were unsuccessful.

Frank Kennedy knew about Atlanta's dangers. He worried about Scarlett. Every day, she drove alone in her carriage to the sawmills. Frank [8]wished that she would stop.

"It's dangerous," he told her. "The road to the mills is not safe, Scarlett. There are lots of bad people in Atlanta now. Someone might attack you. [9]You might get hurt. You mustn't work any longer. You must stay home."

"But I must drive to the mills every day," Scarlett told him. "I must keep my business going!"

Then Scarlett saw Frank's angry, worried face. Finally she said, "I'll keep driving for one more month. Then I will stop. After that, I will have to stay home anyway, because of my pregnancy."

Frank was pleased. "[10]In just one more month, Scarlett will have to stay home," he told himself. "She won't be able to work at the mills. Soon she will have her baby. Then she will [11]lose all interest in business! She will act like a normal wife!"

* * *

Day after day, Scarlett drove to the mill. Many times, she accidentally met Rhett Butler on the way. He often rode his horse along that road. When he saw her carriage, he always greeted her. [12]He would slow down and ride next to her.

Scarlett was always glad to see Rhett. He was a friend, she realized. He understood her. Scarlett felt comfortable with him. She could speak honestly to Rhett. She told him about her plans for the mills. He was never shocked by her actions. He praised her business skills.

One afternoon, Scarlett and Rhett were driving along the road. "Why do people in Atlanta say mean things about me?" Scarlett asked him. "Everyone is shocked that I am running the sawmill. Why are they so angry? I haven't done anything wrong. I'm just trying to make money."

⑥ ride around は舞台が現代なら「車を乗り回す」だが、この作品の時代では「馬を乗り回す」の意味。「KKK のメンバーは街なかを馬であちこち回った」。

⑦ 「彼らはしばしばヤンキーやカーペットバッガーを殺した」とあるが、実際のところ、KKK の犠牲者のほとんどは黒人だった。

⑧ wish は、決して起こらないであろうこと（ここでは、スカーレットが家にいること）を願う時に使われるのに対し、hope は、I hope it doesn't rain tomorrow. のように、起こり得ることを願う時に使われる。

⑨ hurt（〜を傷つける）の活用は hurt-hurt-hurt である。「**get + 過去分詞**」で「〜される」の意味があることを知っていればこの文中の hurt は過去分詞であり、意味は「きみはケガを負わされるかもしれない」であることがわかる。

⑩ in は、未来を表す表現とともに現在を始点として、「〜の後に、〜経って」の意味となる。The meeting will start in three hours.（会議は 3 時間後に始まります）などと使う。

⑪ 何かのアイデアや趣味などを諦めることを表す表現。She lost all interest in tennis after she got injured.（怪我をしたあと、すっかりテニスに対する興味を失った）と**興味対象の前には in** を使う。

⑫ この would は**過去の習慣的行動**を表す。「彼は（馬の）速度をゆるめ、彼女の隣で馬を走らせたものだった」。「偶然に」何度も会う、会えば隣を走ってくれる……これらの行動には意味があったことに、スカーレットは後になって気づく。

Rhett laughed. "The answer is simple. They're shocked because you are acting differently from [13]most women. In proper Southern society, being different is a [14]crime. You are a lady. [15]Ladies aren't supposed to run businesses. They aren't supposed to make money. Even if they are very poor, ladies aren't supposed to work. You are breaking society's rules, Scarlett. That is why people say mean things."

"But why do they care if I make some money?" she asked angrily.

"[16]You can't have everything," Rhett told her. "You are making a choice. [17]Either you can make money but have few friends, or you can be poor and ladylike but have many friends."

"I don't want to be poor," Scarlett said quickly. "But is that the right choice?"

"Yes, if money is [18]the thing you want most," he answered.

"I want money more than anything in the world."

"Then you've made the only choice," Rhett said. "But if you choose money, you will always be lonely. That is part of your choice, too."

Scarlett was silent. Rhett was right, she realized. She was lonely. Her mother was dead. She had never felt close to her sisters. There was Melanie, of course. But although she had some respect for Melanie now, Scarlett still did not like her. [19]In a way, Rhett was her only real friend.

Chapter 32 (☞ p. 326)

TRACK 32

A week later, Scarlett received a letter from Will Benteen at Tara. It was bad news. Gerald O'Hara was dead. The funeral would happen in a few days. Scarlett was shocked and sad. Her father was dead! She left Atlanta [1]immediately. She took the train home to Tara.

How can Pa be gone? Scarlett thought. She remembered her father in the old days, before the war. He had been so active and full of life!

⑬ 大部分の(たいていの)女性。

⑭ crime(犯罪)は違法性があるという意味ではなく、南部社会では周りの人と違うことが(犯罪と同じぐらい)非常に悪いとされたことを強調している。

⑮ 「**be supposed to**(原形動詞)」で「(動詞)することになっている、～する建前になっている」と訳す義務や規則、約束などを表し、頻出する表現。businessは「事業所(会社や店)」の意味。「女性というものは店を経営することにはなっていない」。

⑯ You can't have it both ways. とも言える。両立できないということ。スカーレットは商売もしたいし、かつ周りの人々にも好かれたいが、両方は無理だとレットは言っている。

⑰ **either A or B**で「AかBかどちらか一方」の意味。この文はA部分もB部分も主語と動詞を備えた節になっており、非常に長い。fewにaがなければ「ほとんどない」の意味。「きみが金を儲けるけれど友だちがほとんどいないか、あるいはきみが貧乏で淑女らしいけれど友だちがたくさんいるかのどちらかだ(=そのどちらかをきみ自身が選択しているんだよ)」。

⑱ thingとyouの間に**関係代名詞which**あるいは**that**が省略されている。mostは**副詞**で「最も」の意味。「きみが最もほしいもの」。

⑲ 「ある意味、見方によれば」の意味で、Rhett was her only real friend. という文がすべての観点から見て正しいとは限らないというニュアンスを含む。他に、in certain respects、in some respects、to a certain degreeなどがある。

Chapter 32

① soon や promptly、urgently と言い換えることができる。

②It was difficult to imagine Tara without him. But Gerald had been different ever since Ellen's death. His heart had broken when his wife died. Since then, he had been like a ③ghost of his old self.

"At least now, Pa is with Mother," Scarlett said to herself sadly. "They are together again."

Scarlett arrived at Tara. She quickly learned that there was more news. Will had ④something to ask her. "Miss Scarlett, I want to marry your sister Suellen," he said. "I will be a good husband to her. Will you agree to our marriage?"

Scarlett was very glad. Will was a good man. He worked hard. If he married Suellen, then he would stay at Tara.

"Yes," she said. "I'm happy that you will marry Suellen. She is lucky to have you. You are part of our family now, Will."

But then Ashley announced ⑤some news that did not please Scarlett. He told Scarlett that he and Melanie would soon leave Tara.

"⑥We are going North," Ashley said. "I am taking Melanie and the baby to New York. I have been given a job there."

Scarlett was suddenly frightened. "If Ashley goes North, then I may never see him again!" she said to herself. It was a terrible thought.

"No!" she cried. "You must not go. You can't leave, Ashley! Why don't you and Melanie come to Atlanta? I'll—I'll give you a job! You can run my sawmills."

"No," Ashley said. "You are kind, Scarlett, but I can't take your job. ⑦I have depended on you too long. I must leave Tara. I must work and take care of my own family. If I don't leave now, I will lose all self-respect."

Scarlett realized that Ashley would not change his mind. She began to cry loudly. Then Melanie rushed into the room. She held Scarlett in her arms.

"Ashley, what have you said?" ⑧Melanie cried. "What have you done? Why is dear ⑧Scarlett crying?"

"I offered Ashley a job at my mills," Scarlett told her. Tears ran

② 誰かが亡くなったり、立ち去った後に使われる常套句。It's hard to imagine this office without Mr. Jones.（ジョーンズさんのいないオフィスは想像できない）などと使う。

③ ghost of one's old self とは、何かを失ったり、何かのトラウマのために以前とは違ってしまった人を表現する時によく使われる。

④ to ask は**不定詞の形容詞的用法**。「彼女に頼むべき何か→何か彼女に頼むこと」の意味。

⑤ **that は関係代名詞**。which に変更しても可。please は動詞で「〜を喜ばせる」の意味。「スカーレットにとって喜ばしくない知らせ」ということ。

⑥ go（方角）は、「（方角）へ向かう」だが、N が大文字になっているので、この場合は「北部に向かう」の意味。

⑦ depend on 〜「〜に頼る」。過去のある時点から現在までを表す**現在完了形**（**have** + **過去分詞**）で書かれているので「私はあまりに長くきみにずっと頼ってきている」の意味。

⑧ 最初の Melanie cried は人が感情を込めて大声で話す時の「叫ぶ」の意味で、次の Scarlett crying は、涙を流すという「泣く」の意味。

down her face. "Oh, Melly! I need his help. I can't run the business by myself. I'm going to have my baby soon. But Ashley is so mean! He refused to help me. He won't take the job!" She cried even more.

For the only time in her life, Melanie spoke angrily to her husband. "Ashley!" she cried. "How can you be so cruel? Darling Scarlett has done so much for us. She saved my life when Beau was born. ⁹She got me safely out of Atlanta when the Yankees were coming. She worked so hard at Tara ⑩to keep us safe and fed! She has been the best sister in the world! And now you refuse to help her? How can you be so awful?"

Scarlett watched Ashley's face. Suddenly she felt hopeful. He can't say no now, she thought. He must come to Atlanta!

Ashley looked at Melanie and then at Scarlett. His eyes were tired and bitter.

"All right," he said at last. He spoke slowly, as if the words were painful. "We will go to Atlanta. I will take the job at the mills, Scarlett. ⑪I cannot fight you both."

Chapter 33 (☞ p. 328)

TRACK 33

A week later, Scarlett was back in Atlanta. Soon afterwards, Ashley, Melanie, and their son Beau returned to Atlanta, too. As agreed, Ashley took the sawmill job. He managed the mills for Scarlett.

Scarlett was happy that Ashley was back. Every night, he came to her house. He reported to her about the day's business. They talked about the mills. He told her how much wood he had sold.

Scarlett soon realized that ⑫Ashley was bad at business. She was surprised and disappointed.

⑬Ashley is clever, she thought. Why is he so bad at making money? But she hid her feelings. It doesn't matter, she thought. I'm just glad that Ashley is back in Atlanta!

⑨ 目的語 me と副詞 safely が間に入っているが「get out of Atlanta（アトランタから脱出する）」を見抜きたい。「彼女は私を安全にアトランタから脱出させてくれた」の意味。

⑩ to keep 部分は**不定詞の副詞的用法**。fed は動詞 feed（養う、食べ物を与える）の**過去分詞**で「食べ物が与えられている」の意味。「私たちを、安全で食べ物のある状態に保つために」。

⑪ メラニーとスカーレットの二人に反対されたアシュリーは、勝てないことを知って、ニューヨークに行くことを諦めるということ。

Chapter 33

① Asley was bad（＝not good at）は「スキルが足りないということ」と対比として、Ashley is clever. がある。本来、賢いはずのアシュリーだが、ビジネスとなると才能がないことをスカーレットが悟ったということ。

However, Scarlett could never find a way to be alone with Ashley. Whenever he came to the house, someone else was always ②around. Frank, Miss Pittypat, Mammy, and little Wade were always nearby.

Everyone in Atlanta welcomed the Wilkes family. In particular, everyone was delighted to see Melanie again. Even though she was shy and plain, Melanie had always been popular. ③Her kindness and generosity made everyone want to be her friend.

Now, in the hard, ④bitter days after the war, Melanie was even more popular. Every Southerner in Atlanta visited Melanie and Ashley's little house. Melanie welcomed everyone. When people saw her sweet face, they forgot their sadness and pain.

⑤Melanie had all of the virtues that Southerners valued. She was not afraid to be poor. She was never jealous of the rich Yankees and Carpetbaggers in Atlanta. She was kind and generous and brave. Most of all, ⑥Melanie was faithful to the Confederacy. Even though the South had lost the war, she still loved the Cause. These virtues were the reason why people loved Melanie. In her house, they could forget the terrible reality of life under Yankee rule.

Chapter 34 (☞ p. 331)

TRACK34

Several months later, Scarlett had a baby girl. She and Frank named her Ella Lorena Kennedy. Frank was happy and proud. At last, he was a father!

Scarlett was not excited about her new baby. However, ①she was glad that her pregnancy was over. "I won't ever have another baby," she told herself. "Now I can start working at the sawmill again!"

Scarlett quickly returned to her work. She let Mammy and Aunt Pittypat take care of baby Ella and Wade. Frank was unhappy about Scarlett's decision. But he could not stop her. Every day, Scarlett drove

② 「近くに、周りに」の意味で、下の行にある nearby と同意である。

③ **無生物主語**（her kindness and generosity）で始まっている。この文内の made は **使役動詞**「（強制的に）～させる」なので、「**make** ＋（**目的語**）＋（**原形動詞**）～」の形となっている。「彼女の親切さと寛大さは、みんなを彼女の友人になりたくさせた」が直訳。メラニーの人徳についてはこの後、詳細に述べられているが、ひたすら現実を生きるスカーレットとは効果的な対照となっている。

④ bitter は通常、味覚の「苦い」の意味で使われるが、不愉快な状況、特に（戦争や人、仕事など）報われない損失の後を意味する時にも使える。

⑤ 「メラニーは南部人が重んじる美徳をすべて備えていた」という意味。ここでの美徳とは、嫉妬しない、親切心を示す、勇敢であるといった性質のこと。**that は関係代名詞**で先行詞 all of the virtues にかかっている。

⑥ メラニーが「南部に忠実である」ことは、最も重要な美徳だった。戦争に負けた後も、メラニーはその大義を諦めることはなかった。

Chapter 34

① 「彼女は妊娠期間が**終わって**うれしかった」の意味なので、that 以下が her pregnancy is over となりそうだが、that より前の部分が過去時制（was）なので、**時制の一致**を受けて that 以下も過去時制を使っている。

her carriage to the mills.

One evening, Scarlett was driving home. She was alone on a quiet part of the road. Suddenly, two strange men appeared. ②<u>They must have been hiding</u> in the shadows, Scarlett thought.

The men ran toward the carriage. Scarlett realized that she was in danger. She tried to make her horse go faster.

"Hurry!" one of the men shouted. "Don't let her get away! Get her money!"

The other man tried to grab Scarlett. He ripped her dress. He tried to pull her out of the carriage.

Scarlett was very frightened, but she fought back. She screamed and kicked. She scratched the man's face. With a cry of pain, ③<u>he let go</u>.

Scarlett realized that this was her chance. As fast as she could, she drove away. She did not slow down until she reached home.

When Scarlett arrived at home, she was scared and crying. Frank comforted her. "Don't worry, dear," he said. "You are just scared. Luckily, you aren't hurt. Now please stop crying. Tonight I must attend a meeting. ④<u>While I am at the meeting, you and Aunt Pittypat will go to Melanie's house.</u>"

Scarlett was angry and confused. How can Frank be so calm, she thought. I've just been attacked! How can he leave me tonight? Why is he going to a ⑤<u>stupid meeting</u>?

Frank went to his meeting. Scarlett and Miss Pittypat went to Melanie's house. Melanie welcomed them inside. "My poor Scarlett!" she cried. "I hope you are feeling better now." She paused. "Ashley is not home tonight," she added. "He is at the meeting with Frank."

India Wilkes, Ashley's sister, was also in the house. She greeted Scarlett and Miss Pittypat ⑥<u>silently</u>. The four ladies sat together for several hours.

Scarlett slowly realized that something was wrong. Melanie was pale and quiet. She seemed very nervous. India also seemed nervous. Sometimes she would stare at Scarlett. Her eyes were cold and angry.

② 「**must** + **have** + **過去分詞**」は過去の意味合いとなる。ここではさらに**進行形**「been（←be動詞と捉える）+ ~ing」が追加されているので、「彼らは隠れていた（←過去形かつ進行形）に違いない」の意味となる。

③ let go は「行かせる」ではなく、「（つかんでいる物を）手放す」の意味。後ろに「of ~」を使ってつかんでいる物を表すことが多いが、特に必要のない場合は省略される。

④ while~ は**接続詞**（後ろに主語と動詞を備えた節が続く）で、「～の間」の意味。will は「話し手の命令」を表す。「私が集会に参加している間、きみとピティパットおばさんはメラニーの家に行きなさい」。

⑤ 襲われて怯えていたスカーレットには、それでもフランクがミーティングに行くというのに呆れて、stupid meeting と皮肉な言い方をした。

⑥ 無言で挨拶したことの意味が、後にインディアが表現する気持ちを暗示している。

Finally, Scarlett turned to India. "Why are you staring at me?" she asked.

"Because I hate you!" India cried. "^⑦You are no lady, Scarlett O'Hara. No lady would do the things you do. It's wrong for a lady to own a sawmill. It's wrong that you drive by yourself around Atlanta. ^⑧It's your fault that those men attacked you today. If you had stayed home like a proper wife, it wouldn't have happened! And now you are ^⑨putting all of our men in danger!"

Melanie cried, "Stop, India! Scarlett doesn't know—she doesn't know about the meeting!"

"^⑩What don't I know?" Scarlett asked. Suddenly she was scared. "What is happening at this meeting tonight?" she demanded. "What is going on?"

Then there was a knock at the door. Melanie hurried to open it. Outside she saw Rhett Butler. He spoke quickly.

"Mrs. Wilkes, they are in danger," he said. "The Yankees know about the meeting. ^⑪It's a trap."

Melanie's face became even paler. "Oh, no!" she cried. "Captain Butler, what shall we do? If the Yankees find them, they will all be killed!"

"Maybe there is still time," Rhett said. "^⑫Please tell me where they are meeting. If I can warn them before the Yankees arrive, perhaps they will be able to escape."

"Don't trust him, Melly!" India cried. "He is a no-good Scallywag! He is probably helping the Yankees."

Melanie looked at Rhett. Then she whispered something to him.

"Thank you, Mrs. Wilkes," he said. "I'll do my best to save them." Then he hurried away into the night.

Scarlett was wild with fear. "What is happening?" she cried. "Tell me! Tell me!"

India turned to her. "Frank and Ashley and all our good Southern men are in the Ku Klux Klan. They were having a meeting tonight. They were going to kill the men who attacked you," she said. "But

⑦ You aren't a lady. よりも**否定の度合い**が強い。またフルネームでの呼びかけは相手に対する苛立ちを表すことが多い。ちなみに、スカーレットは物語の中で複数回結婚し、それぞれの夫の姓が彼女の名前に追加されていったので、フランク・ケネディと結婚していた時のスカーレットの実際のフルネームは Katie Scarlett O'Hara Hamilton Kennedy になる！

⑧ **It が仮主語**で、that 以下が**真の主語**。「襲われたのは女性の方が悪い」というのは、現代でも昔も変わらないらしい。南北戦争後、社会は大きく変化したが、この点についてだけはあまり変わっていないと言えるかもしれない。

⑨ to put ~ in danger（~を危険にさらす）= to do something that makes someone unsafe（何かすることで、誰かを不安定にする）。インディアの警告や非難の感情を表している。

⑩ 話し手（スカーレット）が、自分が知らない何かがあることを認識していて、その情報を知りたいことを示唆する疑問文。

⑪ レットからの情報で、ヤンキーたちが KKK の集会のことを知り、その場にいる南部の男性たちを捕まえるための trap（罠）だと伝えにきたということ。

⑫ この meeting は「集会」ではなく、**動詞の ~ing 形**。where 以下は**現在進行形**で書かれている。

now the Yankees know about the meeting. If the Yankees find our men, they will kill them. And it will be all your fault!"

"India, you are wrong! It's not Scarlett's fault," Melanie said. "Of course our men are in the Klan. Of course they must kill Scarlett's attackers. But Captain Butler will save them. He will warn them that the Yankees are coming." [3]Melanie was pale, but her voice was steady.

Chapter 35 (☞ p. 331)

TRACK 35

Melanie was [1]almost right. Rhett Butler rode quickly to the Klan's meeting place. He was able to warn Ashley and the other Klan members. "The Yankees will be here very soon," Rhett told them. "If you don't want to be killed, you must get away from here immediately."

The men did not like Rhett. They considered him a Scallywag and a friend of the Yankees. However, they knew that he was speaking the truth. They listened to his warning.

Most of the men were able to escape. In the darkness of night, they hurried home. However, not everyone was so lucky. One Klan member was killed as he tried to escape. He was Frank Kennedy.

The next morning, Scarlett heard the terrible news. Frank was dead. At first, she could not believe it. Then she was filled with terrible guilt.

"It's all my fault!" she told herself. "India was right. [2]If I hadn't insisted on driving to the sawmill, I wouldn't have been attacked. [3]Then Frank wouldn't have been killed! Oh, [4]I've been an awful wife! Poor Frank! I was so mean to him. I never listened to what he said. Now he's dead—and it's my fault!"

Frank was buried a few days later. Afterwards, Scarlett stayed in her bedroom. She felt too sad and guilty to do anything.

Then a visitor came to the house. It was Rhett Butler. He was

⑬ 集会に参加中の夫やフランクの危機に青ざめてはいるが、それでも彼女はバトラー船長と夫たちを強く信じている。

① almostがあることで、メラニーはほとんどの事柄については正しかったが、すべてではないことがわかる。

② 過去の事実に反する仮定を表す**仮定法過去完了**。if節内は過去完了、主節内に「**過去形助動詞 + have + 過去分詞**」が入っている。「もし私が製材所へ馬車で行くと言い張らなければ、私は襲われなかったのに（しかし実際には行くと言い張って襲われた）」。

③ if節はなく主節だけだが、**仮定法過去完了**の主節の決まりどおりの形をしているので、この文も仮定法。「そうすればフランクは殺されなかったのに！（しかし実際には殺されてしまった）」。

④ have beenと過去のある時点から、今までずっと「ひどい妻だった」とスカーレットは後悔している。

dressed all in black. "I've come to give my sympathies to Mrs. Kennedy," he told Miss Pittypat.

"I'm not sure she is able to see visitors now," Miss Pittypat told him.

But Scarlett had heard Rhett's voice. She felt more cheerful at the thought of seeing him. She called to him: "Just a minute. I'll come downstairs, Rhett."

Miss Pittypat was surprised by Scarlett's actions. Still, ⑤she let Rhett inside the house.

Scarlett came downstairs. ⑥Rhett was alone in the sitting room, waiting for her. He saw her sad, guilty face.

"Scarlett, what is wrong?" he asked gently.

Scarlett was glad to talk to him. It was a relief. Rhett is the only person I can be honest with, she thought. He's the only ⑦one who won't be shocked.

"It's all my fault, Rhett!" she cried. "It's my fault that Frank is dead. I wasn't a good wife. I made him unhappy. I never obeyed him. I ⑧insisted on buying the mills. I ⑧insisted on driving by myself. I should never have married Frank anyway! He was Suellen's beau, but I stole him. I've done so many bad things."

Rhett smiled. "Perhaps you were not the best wife. Perhaps you shouldn't have married Frank. But you needed the tax money. ⑨If you hadn't married Frank and gotten his money, then you would have lost Tara. The Yankees would have taken it. ⑩Would you really have acted differently?"

Scarlett thought for a moment. "No, I suppose not. I had to save Tara. That's why I married Frank. It was the only way to get the tax money."

"Nobody forced Frank to marry you. He wanted to marry you," Rhett added. "Scarlett, my dear, ⑪there is no use in worrying about this. It is in the past now. Anyway, I came here to ask you something."

Rhett paused. "Scarlett, I still want you," he said. "I want you more

⑤「**let** ＋（**人**）＋ **inside**」で「（人）を中に入れる」の意味。let（人）in も同じ意味。

⑥ sitting room は主に英国で使われる。米国では living room と呼ぶことが多い。waiting 以下は**分詞構文**で「彼女を待ちながら」と付帯状況を表す。

⑦ who は関係代名詞で、以後の部分が先行詞 the only one を説明している（ちなみに、先行詞に only があれば関係代名詞は that を使うのが大原則である）。who の前で分けて訳すと、「レットは唯一の人間だ／ショックを受けることがないであろう」となる。one は「1（つ、個）」ではない時には「人、もの、こと」と訳すと上手くいくことが多い。

⑧ insist on doing で、「〜するのをやめようとしない、〜し続ける」の熟語。スカーレットはフランクの意に反して、製材所を買い、自ら馬車を走らせた。

⑨ 過去の事実に反する仮定を表す**仮定法過去完了**の文。

⑩「本当に違う行動をとっただろうか？」と「**would have** ＋ **過去分詞**」で過去の仮定の状況に言及し、起こらなかった状況の結果を推測している。Would you really have done anything differently? あるいは Would you have changed anything? と言い換えることもできる。

⑪「〜してもむだである、心配しても仕方がない」の意味で、変えることのできないことに対する決まり文句。It is no use doing も同様に使われる。よく使われるイディオムに、There is no use in crying over spilled milk.（こぼれたミルクを嘆いても仕方がない＝覆水盆に返らず）がある。

than I've ever wanted a woman. Now that Frank ⑫is gone, I am asking you to marry me."

Scarlett was shocked. Rhett ⑬must have gone crazy, she thought. He doesn't believe in marriage! He's told me that many times!

But Rhett seemed very calm. He smiled at her. His eyes were full of laughter, but he watched her carefully.

Scarlett could hardly speak. "But Rhett, I don't love you," she finally said.

"⑭You didn't love Charles Hamilton or Frank Kennedy, either. Come on, Scarlett. ⑮We won't get married immediately. Frank has just died. We will wait until the proper amount of time has passed. Now, say you'll marry me."

"I—⑯I shall never marry again," she said. ⑰"I've never liked being married."

"That's because you had bad luck in both your marriages. Charles was just a boy. Frank was an old man. ⑱Why not try being married to a real man now? Why not marry me?" he asked.

Scarlett thought of Ashley. She remembered his calm gray eyes, his slow smile, his kisses. He was the real reason she did not want to marry again. She belonged to Ashley. I will belong to him forever, she thought.

Rhett watched Scarlett's face. He saw her tender, dreamy look. He understood.

"You're a fool, Scarlett O'Hara!" he cried. Then he kissed her.

Scarlett's thoughts of Ashley faded away ⑲as Rhett kissed her. She was helpless in his arms. She felt dizzy and faint. Exciting feelings filled her body. Suddenly she was kissing him back.

"Stop, please," she whispered. "I'm faint!"

Rhett held her tightly. "I want to make you faint. I will make you faint. No one has ever kissed you like that. Not Charles or Frank or your stupid Ashley. ⑳What did they know about you? They never understood you. I know you. Now say yes, damn you—"

"Yes," Scarlett whispered. She said the word ㉑without thinking.

⑫ 誰かが亡くなったことを示す丁寧な表現。他に、~ has passed away. / ~ is no longer with us. / ~ has gone on before us.などの言い方もある。

⑬ 「(レットは)おかしくなったに違いない」の意味で、「**must have + 過去分詞**」で、「～した(だった)に違いない」。

⑭ 文中にnotがある場合の「～も」はtooではなくeither。

⑮ **won'tは強い意志を持った否定。**

⑯ **話者の意思**(「私はきっと～しよう」)を表す**shall**を使っている(現代では代わりにwillを使うのが普通)。「私は二度と再び結婚なんてしないわ」。

⑰ 「**have + 過去分詞(liked)**」の現在完了は、過去と現在をつなぐ時制。beの**動名詞**(動詞に~ingを付けた形。「～こと」と訳す)being marriedで「結婚していること」。よって「私は結婚していることが(初めて結婚してから現在まで)全く好きではなかった」。

⑱ Why not try doingで、これまでに試したことがなかったことをやってみないかと提案するときに使う表現。

⑲ このasは「～ときに」の意味。

⑳ これは**修辞的疑問文**で、答えがすでにわかっているため答えを必要としない質問である。ここでレットは、自分だけが本当のスカーレットを知っているとほのめかしている。

㉑ withoutの後ろに動詞をつなぐ時は、必ず**~ing形(動名詞)**にする。

For a moment, she was surprised. But then she felt relief. ²²It was as if someone else had made the decision for her.

Rhett looked at her carefully. "²³Do you mean it?" he asked.

"Yes," she answered slowly.

"Why did you say yes? Is it my money?"

Scarlett turned red. "²⁴What a question!" she cried. "Well, it is nice that you are rich, Rhett. Your money is one reason why I said yes."

"Just one reason?" he asked. He did not seem angry.

"There are other reasons," Scarlett said. "You have always understood me, Rhett. ²⁵You aren't shocked by me. I can be honest with you. I can tell you what I really think. We are similar. We are both scoundrels, you once told me. And—I said yes because I do like you, Rhett."

"You like me, Scarlett? So then you aren't in love with me?" he asked.

Scarlett knew that she had to tell the truth. "No, I don't love you," she admitted. "But Rhett, you don't love me, either. You've told me many times."

"That is true," Rhett said. He gave her a strange smile. "I'm not in love with you, Scarlett. And if I ²⁶did love you, I would never tell you. ²⁷God help the man who truly loves you, my darling. You would break his heart."

㉒ It は**仮主語**で、as if 節の内容を指す。as if 後は**仮定法過去完了**で、過去の事実を仮定している。感情や本能が頭を支配し、自分の思いとは正反対のことを言ってしまった（結婚を承諾してしまったこと）ことを表現している。

㉓ 動詞 mean には「～を意味する」だけでなく「～を本気で言う」の意味がある。

㉔ That's a terrible question. と言い換えられる。

㉕ 「**be 動詞 + 過去分詞**」の構造を持っているので**受動態**（「～される」）である、受動態は後ろに by（行為者）がつながっていることも多い。「あなたは私によってショックを受けさせられません」が直訳。

㉖ did は動詞 love を**強調**している。この文全体の構造は**仮定法過去**の用法。If 節で、もし愛しているとしても（過去の事実とは異なる）、「決してそのことをあなたには告げないだろう」と述べている。

㉗ God help ～ who ... の決まり文句。「神よ、～する者を救いたまえ」。実際に起こったら何か悪いことが起こるとわかっている場合に、よく使われる。

Gone With the Wind

Part 5

Chapter 36 (☞ p. 333)

①After the proper amount of time had passed, Scarlett and Rhett were married. Life changed completely for Scarlett. ②For the first time in years, she had no worries or fears. Rhett encouraged her to have fun. He spoiled her like a little girl.

Rhett bought her beautiful clothes. He took her to parties and balls. They traveled to New Orleans and stayed in fancy hotels. They went to fine restaurants and ate delicious food.

At restaurants, Scarlett always ate as much as she could. Sometimes she ate so much that she got sick. Rhett laughed at her, but Scarlett did not care. ③She could never forget the hard times at Tara when she had almost starved.

Being married to Rhett Butler was a new experience for Scarlett. It was very different from her marriages to Charles and Frank. Scarlett had been able to control Charles and Frank easily. ④They had loved her blindly. They had been afraid of making her mad. They had been weak compared to her.

But Scarlett could not control Rhett. He did exactly what he wanted. ⑤Nor could Scarlett trick him. Rhett understood her completely, and he was not afraid of her anger.

Scarlett did not understand her new husband. Rhett was a mystery to her. Sometimes he was tender and gentle. ⑥He could be a passionate lover. But at other times, he enjoyed laughing at her. He would mock her until she got angry. He even seemed to enjoy her anger.

Sometimes Scarlett noticed that Rhett was watching her ⑦closely. His eyes were eager, ⑧as if he were hoping to see something.

"What is it?" she would ask.

Then he would laugh. "Nothing at all," he would say.

* * *

Every day, Scarlett had fun. Often she was too busy to think about

Chapter 36

① 「適切な時間をおいて」。レットがプロポーズした時に約束したように、2人はフランクの死後すぐに結婚したのではなかった。

② for the first time（初めて）in years（長年のうちで）。

③ 文はwhenの前で2つに区切ることができる。前半は**過去時制**で書かれ、後半は**過去完了時制**で書かれている。過去時制で書かれた部分は「より現在に近い過去（小過去）」であり、過去完了時制で書かれた部分は「より古い過去（大過去）」である。「彼女がほぼ餓死しかけた（←大過去）タラでの辛い時期を決して忘れることはできなかった（←小過去）」。なおwhenは時を表す**関係副詞**である。

④ 盲目的に彼女を愛していたということ。相手の欠点にも気づかず、相手の言うことをすべて聞いてしまうこと。

⑤ **文頭にNor**が来る場合は、前述の否定の文（ここでは、Scarlett could not control Rhett.）に続くもので、追加の否定情報を導く役目がある。Norの後は、**倒置**がおき、助動詞のcouldが主語のScarlettの前に来ている。Scarlett could neither control Rhett nor trick him. とも言える。

⑥ be ～は「～になる」の意味。「彼は情熱的な恋人になることができた／なり得た」。

⑦ 動詞「閉める」ではないときのcloseやcloselyは、綴りのse部分を / z / ではなく / s / と発音する。

⑧ as if ～で「（何かを見たいと願っている）かのように」とは、具体的に何を望んでいるのかここではわからないが、レットが何かに非常に興味を持っていることが想像できる。

Ashley. But sometimes, at night, [9]she did think of him.

One night, Scarlett lay in bed with Rhett. He held her in his arms. "If only I were here with Ashley!" Scarlett thought to herself. "If only I were married to him, not Rhett!" She [10]sighed out loud.

Suddenly Rhett pushed her away. He got out of bed. "Damn you," he said. "Damn your cheating little heart."

Somehow Rhett knew what she was thinking, Scarlett realized. He knew she was wishing for Ashley!

Rhett left the bedroom. He did not return all night. When he finally came back, he was drunk. He greeted her rudely.

Scarlett was angry. She was cold and unfriendly to him. "How dare he act like this," she said to herself. "He is drunk! How dare he treat his wife like this!" For [11]the rest of the day, Scarlett and Rhett did not speak. Even at dinner, they ignored each other.

That night, Scarlett had a frightening dream. In her dream, she was back at Tara. It was the time right after the war. Mother was dead. The Yankees were coming. No one had any food. Scarlett's family was around her. They were begging for [12]something to eat. Scarlett was very afraid. A cold, dark mist surrounded her. In her dream, she [13]began to run. She had to get away! She [14]needed to find something, something important—but what?

[15]Scarlett woke up screaming. She was still very frightened by the nightmare. When she opened her eyes, she saw Rhett. He looked so strong and safe.

"Oh, Rhett!" she cried. "Hold me!"

"Darling!" he said. He picked her up in his arms. She held onto him tightly.

Scarlett told him about the bad dream. "I often have this nightmare," she said. "I can't ever forget those terrible times right after the war. In my nightmare, I'm hungry and scared. I'm running through the mist. I'm trying to find something. If I can find it, I'll never be scared again. But I don't know what it is, and I never find it."

"Bad dreams are like that," Rhett said. "But don't be afraid,

⑨ **強調の do**（この場合は過去形 did）が使われている。普通の文に書き直すと She thought of him. となる。

⑩ sigh out loud（大きなため息をつく）というのは、悲しい、またはないものねだりをすることを意味する。レットは彼女が何を考えているのかを悟ったという場面。

⑪ レットが家に戻ってからその日が終わるまでずっと、の意味。

⑫ to eat 部分は**不定詞の形容詞的用法**。「食べるための何か→何か食べるもの」。

⑬ to run 部分は**不定詞の名詞的用法**。「走ることを始めた→走り始めた」。

⑭ to find の部分は**不定詞の名詞的用法**。「何かを見つけることを必要とした→何かを見つける必要があった」。

⑮「スカーレットは叫びながら目覚めた」という**付帯状況を表す分詞構文**で「叫ぶ」と「目覚めた」が同時進行の状態を表す。

Scarlett. ⑯As long as I'm here, you don't need to be scared. I will keep you safe."

Chapter 37 (☞ p. 335)

TRACK 37

Southern ladies in Atlanta were shocked by Scarlett's marriage. ①Many of them blamed Scarlett for Frank Kennedy's death. That was ②bad enough, they said. But now Scarlett had gotten married again! Even worse, she had married one of the most hated men in Atlanta. Everyone knew that Rhett Butler was a scoundrel and a Scallywag. By marrying him, Scarlett had proved that she was a Scallywag, too.

Mrs. Meade, Mrs. Merriwether, and Mrs. Elsing were especially shocked. They agreed that they would not ③call on Scarlett anymore.

"We will never visit Scarlett's house," Mrs. Merriwether said.

"Now that she is married to Rhett Butler, we won't ever speak to her again," Mrs. Meade said.

Mrs. Elsing added, "Scarlett is a Scallywag now! No proper Southern lady in Atlanta will call on her."

When Melanie heard about the ladies' plan, she was very angry. "Scarlett is my dear sister," she told them. "How dare you say mean things about her! Scarlett saved my life when my baby was born. She got me out of Atlanta when the Yankees were coming. She worked harder than anyone at Tara ④so that we would have food. She gave my Ashley a job in Atlanta! Scarlett is kind and generous and brave. I will always love her."

"But she married Rhett Butler!" Mrs. Elsing cried. "He is a terrible Scallywag, Melanie!"

"⑤Captain Butler is a good and honorable man," Melanie answered. "He saved Ashley's life. ⑥It was that awful night when the Yankees were chasing the Klan! ⑦Captain Butler also saved your husbands'

⑯「〜であるからには」の意味の**接続詞**。while I am here. あるいは if I'm hereという意味。as far as I know「私の知る限りでは」も覚えておくと便利な表現。as long as（条件）、as far as（範囲）だと覚えておくと便利。

Chapter 37

① blame A for B「BのことでAを責める」。

② enoughは**形容詞**でbadを修飾し、「十分に悪い、かなりひどい」の意味。

③ call on「誰かの家を訪問する」は、古い言い回しで、今ではあまり使わない（5行下のcall onも同じ）。

④「**so that**＋（**主語**）＋（**動詞**）〜」で、「（主語）が（動詞）できるように」の意味。thatが省略されることも多い。「私たちが食べ物を確保できるように」。

⑤ ここで初めて、Scallywagというレッテルを貼られていたレットを擁護する人（メラニー）がいた。レットが本当はScallywagではない理由についてはp.179③を参照のこと。

⑥ スカーレットの当時の夫・フランクが命を落とした夜のことである。

⑦ 北部人とつながりのあるバトラーが、KKKの集会場所を北部人が急襲するという情報を伝えた（p.195⑪）ことによって際どいタイミングで逃げ出せた南部人が多くいたことを、メラニーは夫人たちに指摘している。husbands' はhusbandの**複数形の所有格**。

lives," she added. "How can you forget that? You should be grateful to him."

Mrs. Meade, Mrs. Merriwether, and Mrs. Elsing were silent.

"I will call on Scarlett and Captain Butler," Melanie said. "They are my friends. They are always welcome in my house. [8]If you do not call on them, then I will no longer be your friend," she told the ladies.

Mrs. Meade, Mrs. Merriwether, and Mrs. Elsing had no choice. They loved Melanie. They did not want to lose her friendship. Finally, the ladies agreed to call on Scarlett and Rhett.

* * *

Scarlett and Rhett bought a big, beautiful house in Atlanta. Wade, Ella, and Mammy came to live there, too.

Scarlett was very proud of her house. She wanted everyone to see how rich she was now. She gave fancy parties. [9]She invited everyone she knew in Atlanta. She even invited rich Carpetbaggers.

Rhett laughed at Scarlett's actions. "[10]You can't tell the difference between good people and bad people," he said. "These [11]Carpetbaggers are thieves and liars and cheats. But you don't notice that, Scarlett. As long as people are rich and [12]pleasant, [13]you can't tell if they are good or bad."

"Fiddle-dee-dee!" Scarlett said. "I don't care what you think, Rhett. My new friends are nice. They don't disapprove of me, like most Atlanta ladies. They aren't boring or poor. They aren't bitter about the past. They always talk about fun things."

Rhett smiled. "As usual, you are [14]betting on the wrong group of people, my dear. The Yankees won't rule Georgia forever. Someday, Southerners will get control of the state government. When that happens, your Carpetbagger friends will lose their money and power. You'll be surprised how quickly they disappear, Scarlett. Then [15]you'll be sorry!"

Secretly, Scarlett suspected that Rhett was right about her new friends. They were not real gentlemen or ladies.

"If Mother were alive, she would be shocked by my friends,"

⑧ メラニーがいかに恩義に厚いか、そして強いかがよくわかる発言である。

⑨ everyone と she の間に**関係代名詞 that**（先行詞に every- が含まれるので、whom は通常使われない）を、補うと意味を取りやすい。「彼女はアトランタ中で知っている人全員を招待した」となる。

⑩ tell the difference between A and B で「A と B の違いを見分ける」の意味。

⑪ この文は、「カーペットバッガーは泥棒で嘘つきで詐欺師だ」の意味だが、カーペットバッガーが何をしたかの説明は p.13 を参照のこと。

⑫ pleasant は please の**形容詞形**だが、発音注意。/plézənt/ である。

⑬ if は whether と書き換え可。tell は「見分ける」の意味。

⑭ bet on the wrong people で、スカーレットのためにならない人たちを頼ることを、「賭ける相手を間違えている」と忠告している。

⑮ 「後悔するぞ」「後で泣きを見るぞ」という時の常套句。

Scarlett realized. But she pushed away that ⑯unpleasant thought. "I won't think about that now," she told herself. "⑰I'll think about it another day."

Chapter 38 (☞ p. 337)

TRACK 38

About a year after her marriage, Scarlett became pregnant. She felt disappointed and angry. She hurried to tell Rhett.

"I don't want another baby!" she said. "You know that! Well, I'm not going to have this baby! There are ways to get rid of a pregnancy. I know that now."

Rhett quickly grabbed her. "What do you mean? Have you done something?"

"No," Scarlett said. "But I will do something."

"①I won't let you," Rhett said. His face was serious. "②You will have this baby whether you want to or not."

"Why?" Scarlett asked. "Why should you care?"

"I don't care if you have one baby or twenty," Rhett said. "But I ③do care if you die."

"Die?" Scarlett cried. "What do you mean?"

"When a woman tries to get rid of a pregnancy, she often dies," Rhett explained. "It is very dangerous. I won't let you do it, Scarlett. You must not risk your life. You will have this baby."

Scarlett looked at him curiously. "Do you really care so much about me, Rhett?" she asked.

④Rhett's face was suddenly blank. Then he laughed. "Well, yes," he said lightly. "I have spent a lot of money on you, after all."

* * *

The next spring, Scarlett had a baby girl. She named her Eugenie Victoria. However, everyone called the baby ⑤Bonnie because of her

⑯ unpleasant は発音注意。/ʌnplézənt/ である。

⑰ 本や映画に出てくるスカーレットの有名なセリフのひとつ。彼女は難しいことを考えるのを先送りする。

Chapter 38

① スカーレットの言葉 "But I will do something." に対する反応なので、後ろに do anything を付け加えるとわかりやすい。

② will は「話し手の命令」を表す。whether A or B「AであろうとBであろうと」、「そうしたくてもそうでなくても、きみはこの赤ん坊を産むんだ」。

③ do を動詞の強調に使った例。前文の I don't care ～ とは対照的に、レットが本当に気にかけていることを伝える。

④ いきなり無表情になったレットはその後、笑いにまぎれて軽口を叩くが、スカーレットへの愛を理解してもらえないことがわかって実はショックだったことがわかる。

⑤ Bonnie は、スコットランド語で「美しい」の意味。

bright blue eyes.

It was Melanie who thought of the name. "What a beautiful baby girl! Her eyes are so blue. They are like the ⑥bonnie blue Confederate flag," she said. ⑦From then on, the baby was Bonnie.

From the moment Bonnie was born, Rhett seemed like a different man. Being a father had changed him. He was completely in love with his daughter. He was interested in everything about her. He was full of pride and happiness. Everywhere he went, he talked about Bonnie. He thought that she was the most beautiful baby in the world.

People in Atlanta were very surprised. They saw how proud and happy Rhett was, and they were shocked. No one had expected that a Scallywag like Rhett Butler would love his baby so much.

Scarlett was also surprised. She thought Rhett's feelings were strange. They also seemed ⑧rather unmanly. Most men did not show much love for their babies. "You are acting silly about Bonnie," she told Rhett. "She is pretty, but ⑨she is just another baby."

"No, you are the silly one," Rhett said. "You don't understand, do you? I love Bonnie because she is the first person who has ever belonged completely to me. She is my daughter."

Scarlett laughed. "She is my daughter, too."

"No," Rhett said. "You already have Wade and Ella. Bonnie is mine. I'm going to make sure that she has everything. She is going to be the happiest little girl in Atlanta. She will be like a princess." He paused, looking serious. "I will make sure that Bonnie is popular, too. She must be accepted into proper Southern society. ⑩I won't have my daughter be a Scallywag," he said.

"Who cares what people think?" Scarlett asked. "You have never worried about that, Rhett. Why do you care now?"

"I don't care what people say about me," he answered. "But I do care about Bonnie's future. ⑪I won't let my past actions hurt her. I don't want her to be ashamed because of her father."

"⑫You are worrying about nothing," Scarlett told him. "Anyway, as long as we have money, it doesn't matter what people think. ⑬Since we

⑥ 南部連合国の非公式の旗(p.10参照)。

⑦「その時からずっと」の意味。

⑧「どちらかというと男らしくない」という意味だが、当時、男性が公然と子供に関心を持つことはなかった。子供に愛情を示すのは女性とされていた。

⑨ 直訳すると「単なるもう一人の赤ちゃん」。justは「ごくふつうの」「ただの」というニュアンス。

⑩ won't (＝will not)は**強い拒絶**を表す。「**have＋(目的語)＋原形動詞(原形不定詞)**」で、「(目的語)に(動詞)させる(してもらう)」の意味。「私は自分の娘を絶対にスキャラワグなんかにさせるものか」の意味になる。

⑪「**let＋A B**」で「**A**を**B**させる」だが、Aに当たるのがmy past action、Bに当たるのがhurt herである。

⑫ worry about nothingは「何もないことについて心配する」が直訳。実際に「何も心配しない」と訳すこともあるが、この場合は「つまらない心配をする」の意味。

⑬ sinceは**接続詞**で、becauseの意味。

are rich, Bonnie will be accepted."

"Scarlett, you don't understand, do you?" Rhett said. "Even though we are rich, no one likes or respects us now. Bonnie is a Southern girl, and I want her to be accepted in good Atlanta society."

Scarlett laughed again. "I doubt that will happen," she said. "All the proper Southerners in Atlanta dislike us. They've never liked you. Even during the war, they didn't like you! They think you are a no-good Scallywag. You won't be able to change that."

"[14]Yes, I will change all that," Rhett said. "I'll do it for Bonnie. [15]Don't spoil my plans, Scarlett."

* * *

Rhett meant what he said. Slowly, he charmed the good Southern families of Atlanta. He no longer talked to Yankees and Carpetbaggers. He stopped drinking. He went to church. He acted serious and responsible. He gave money to help poor Southerners. He even [16]revealed the fact that he had joined the Confederate army during the war. He was a kind and loving father to Bonnie, Wade, and Ella.

People in Atlanta were surprised by the changes in Rhett. At first, they were confused. But slowly, [17]they began to dislike Rhett less. Even Mrs. Meade, Mrs. Merriwether, and Mrs. Elsing could no longer hate him.

"Captain Butler loves Bonnie very much," Mrs. Meade said. "He seems like a good father. [18]He cannot be completely bad."

"That's true," Mrs. Elsing said. "And he was a soldier in the Confederate army. He must have cared about the Cause, even if he never said so."

"I never see him with Yankees and Carpetbaggers anymore," Mrs. Merriwether added. "Perhaps we were wrong to call him a Scallywag."

By the time Bonnie was two years old, Rhett was a respected member of Atlanta society again. He was no longer considered a Scallywag.

However, Scarlett was not so popular. Unlike Rhett, she had not

⑭ 前文のYou won't be able to change that.（あなたはそれを変えることなんてできっこないわ）という否定文に対する反応。肯定に対する反応も否定に対する反応も共に、英語では事実だけを見てYES／NOを答える。つまりできるならYESである、できないならNOである。この文はYesで始まっているので「できっこないわ」に対して、「できるさ。わたしはそれをすべて変えてみせる」と訳すことになる。

⑮ 「台無しにする、動揺させる、破壊する」の意味。spoilには、「食べ物が腐る」という意味もある。If you don't keep milk in the refrigerator, it will spoil.（牛乳を冷蔵庫に入れておかないと腐ってしまう）。

⑯ revealはしばしば受身形でつかわれる。能動態の場合は、この文のように目的語がfactやtruthのような単語になる。She revealed the truth about her family.（自分の家族について真実を暴露した）と使える。

⑰ 「彼らはレットをより少なく嫌いになり始めた」が直訳。「彼らはレットを嫌う気持ちが少なくなり始めた」の意味。

⑱ 「**cannot** ＋（**原形動詞**）」で、「（動詞）であるはずがない」という**強い否定**を表す。「彼が完全に悪人であるはずがない」の意味となる。

changed her way of living. [19]She was busy with her mills. She was still friendly with rich Yankees. Most Southerners in Atlanta disliked Scarlett. Melanie was her only old friend now. But Scarlett did not care.

"People in Atlanta are so mean," she told herself. "They are just jealous of me. [20]They wish that they were rich like me. I don't care what they think. I won't worry about them. I'll think of all that some other time."

Chapter 39 (☞ p. 339)

TRACK 39

Scarlett did not want another baby. If I don't sleep with Rhett, then I won't have another baby, she thought.

The idea of not sleeping with Rhett pleased Scarlett. "If I don't sleep with Rhett, then I am [1]being true to Ashley," she told herself. "Since I can't be with Ashley, I won't be with anyone else."

At first, Scarlett was too scared to tell Rhett. He will be angry, she thought. But finally, she [2]forced herself to talk to him.

"I don't want any more children," Scarlett announced. "[3]Three children is enough. In fact, I want to have separate bedrooms. I don't think we should sleep together anymore."

For a moment, Rhett looked hurt. Then his face became cool and blank. "All right," he said. "Sleep alone [4]in your pure bed. But this isn't about children, is it? I know why you don't want to sleep with me anymore. I know how your mind works, my dear wife."

Scarlett turned red. He knows it's because of Ashley, she thought.

Rhett continued. "You are not interested in me anymore, Scarlett," he said lightly. "That is fine. I do not care. I'm not very interested in you, either." Then he grinned. "Luckily, the world is full of beds... [5]and most of those beds are full of women."

⑲ busy with A で「Aのことで忙しい」の意味。

⑳ that 以下の動詞が were となっており、**仮定法過去**（現在の事実とは違う仮定を表す表現）が使われていることがわかる。

Chapter 39

① be true to~ は、「～に対して忠実だ」の意味。ここではほかの誰とも付き合ったり、寝たりしない＝アシュリーに対して忠実である、ということ。

② force ~ to ... で、「～に…をさせる」という強制的な意味となる。

③「3人の子どもたち」を1つのグループとして考えていることから、文中の**be動詞**は are ではなく is を使っている。

④ in your pure bed（未婚の女性が汚れのないベッド）で眠るとは、聖書に由来する古い道徳で、性交渉がないことを意味する。

⑤ レットは女遊びあるいは不倫の可能性をほのめかせている。

Scarlett was angry and shocked. "You scoundrel!" she cried. "You would ⑥<u>actually</u> go and sleep with—"

"Of course," Rhett said with a smile. "Now that you won't sleep with me, ⑦<u>why not</u>? I have never cared about being faithful."

"You are a monster! I shall lock my bedroom door every night!" Scarlett cried.

"You don't need to lock it. I won't come to you," Rhett said. "But if I did want you, ⑧<u>no lock would keep me out</u>." He turned away and left the room.

Scarlett was glad that the conversation was over. But suddenly she felt sad. "I don't know why I'm sad," she said to herself. "⑨<u>I did it</u>. I got what I wanted! Rhett and I won't sleep together anymore. Now I can be true to Ashley."

Nevertheless, Scarlett was filled with a mysterious feeling of loss. ⑩<u>Without knowing why</u>, she began to cry.

Chapter 40 (☞ p. 340)

TRACK 40

Several months later, Scarlett was visiting the mills. She was eager to check on her business. She was also eager to see Ashley.

He greeted her with a friendly smile. "Hello, Scarlett. How pretty you look today!"

She laughed. "Oh, Ashley! I'm getting old and ①<u>faded</u>."

"②<u>To me, you will always look sixteen years old</u>," he said. "Do you remember that day before the war? It was the day of the party at Twelve Oaks. You were so pretty that day. To me, you still look the same."

Scarlett hated to think about the past. It was too painful. But she tried to smile. "Yes, that was a beautiful day," she said. "But Ashley, that was so long ago! So much has changed, hasn't it? We have changed."

⑥ スカーレットは、レットが彼女と結婚していながら他の女性と寝ることにとても驚いている。actually は in fact や really に置き換えることができる。

⑦ why not? 「なぜだめなのか」が直訳なので「もちろんそうするよ」の意味。

⑧ 「どんな鍵でも自分を締め出すことはできない」とは、比喩的にどんな障害や困難があってもそれに対する強い決意や能力があることを示す。

⑨ 目標や目的をやっと達成した時の決まり文句。日本語なら「やったわ」となる。

⑩ 書き言葉（物語など）では使われるが、話し言葉では I don't know why but ... の方がよく使われる。

Chapter 40

① faded は通常は布地が経年劣化で色が抜けた状態を意味する。人に使う場合は美しさが失われつつあることを指す。

② アシュリーの思考は、やはり過去の楽しく美しかった思い出の中から抜け出せないのがわかる。

"Yes, we both have changed. ③But we faced those changes in different ways," Ashley said. His eyes were sad and thoughtful. "You were strong. You weren't afraid of the changes. I was very afraid. ④I still am. ⑤I don't belong in this new world."

"Don't talk like that!" Scarlett cried. She still did not want to think about the past. "This new world isn't so bad, Ashley. It is exciting. It moves fast."

"⑥I preferred the old world," Ashley said. "It was less exciting. It was slower. But it had a special charm. Each day was filled with beauty. Don't you remember our lives before the war, Scarlett?"

Then she did remember. Her mind was suddenly flooded with old memories. She remembered the comfort and beauty of those long-ago days. She remembered Tara ⑦in its glory. ⑧She remembered the friends now dead.

Scarlett looked into Ashley's sad eyes. Her own eyes were full of tears.

Now I know why Ashley is never really happy, she realized. He misses the past too much! I never understood it before. This is why I'm never completely happy, either. I miss the past, too. But I try not to think about it. I try to look toward the future. But Ashley can't look toward the future. It scares him too much.

Scarlett was filled with quiet understanding. She felt ⑨strangely peaceful. Her passionate love of Ashley had suddenly disappeared. He was simply an old friend. Together, they were remembering the past. They were remembering their youth.

"⑩We've come a long way since the old days," Scarlett said softly. "Life was so different then, wasn't it? Oh, Ashley—nothing has happened like we hoped!"

"Life never happens like that," Ashley said sadly. "Life never gives us what we expect. We must do the best with what we get."

Scarlett was suddenly crying. She cried for the old days, the days that were gone forever. Ashley opened his arms. He comforted her gently.

③ face は動詞「〜に向き合う」。in different ways「別々のやり方で」。

④ 前文 I was very afraid. に続くことから、後ろに afraid を補って考える。「今もそうだよ（＝怯えているよ）」の意味。

⑤ 「この新しい世界に私の居場所はない」は、戦争が終わって以来、アシュリーが感じている居心地の悪さについての言葉。「新しい世界」についてのアシュリーとスカーレットの最初の会話は p.145 ⑭ ⑮を参照。

⑥ prefer ＝ like

⑦ in（all）its glory ＝ great beauty の意味で、「最高に美しい」となる。

⑧ friends の後ろに **who are が省略**されていると考える。

⑨ ひたすら愛してきたアシュリーへのときめきが消え、彼女は自分でも奇妙に思えるほどに落ち着いている。2人の違いを初めて納得したことによって、アシュリーと自分はただの古い友人であり、決して恋人同士ではないことを理解した様子を表している。

⑩ 人々が過去を振り返り、自分たちの進歩を確認するときによく言う言葉。

"This is so strange," Scarlett thought to herself. "Ashley is holding me, but I don't feel anything. He is just my friend! I don't want to kiss him. I don't want anything from him ⑪but friendship."

For a long moment, Ashley held her. Then suddenly he pushed her away. Scarlett was surprised. She quickly turned around.

⑫Behind her, she saw India Wilkes and Mrs. Elsing. A fire of hatred filled India's eyes. ⑬Her thin lips smiled with evil pleasure. Mrs. Elsing looked shocked and cold.

Scarlett realized what India and Mrs. Elsing were thinking. "They think Ashley and I are lovers! But—but we didn't do anything wrong! We were just talking about the old days!"

Scarlett knew that no one would believe her. India and Mrs. Elsing would tell everyone in Atlanta. They would ⑭accuse her and Ashley of being lovers. She felt sick with guilt and fear. What would happen next? Had she destroyed Ashley's life? What would Melanie say? What would Rhett do?

Ashley's face was pale. "You must go now," he said to Scarlett.

Scarlett felt too scared to speak. She nodded at Ashley. Then she quickly left the sawmill.

When Scarlett reached home, she was even more frightened. "Soon everyone in Atlanta will know," she said to herself. "India and Mrs. Elsing will tell them. Then no one will speak to me. What will I do?"

Scarlett went into her bedroom and closed the door. She lay on the bed. ⑮If only she could stay in her room forever! She wanted to hide. She was afraid ⑯to face Rhett. Strangely, she felt even more afraid to face Melanie.

Then she heard footsteps downstairs. Rhett was home. She heard him walk toward her bedroom. He knocked on the door.

"Come in," Scarlett said.

Rhett entered the room. "Get up," he said. "We are going out."

"Where are we going?" Scarlett asked.

"We are going to Mrs. Wilkes's house," Rhett told her. "We are going to visit her." His voice was calm and cold.

⑪ but~ は「〜以外」の意味の**前置詞**。

⑫ スカーレットを抱いていたアシュリーは彼の前方にこの２人が見えたので、慌ててスカーレットを離した。振り向いたスカーレットは、自分の背後に２人がやって来たことに気づいたのである。

⑬ 本書で、インディア・ウィルクスは何度も悪役として描かれている。唇が薄く、悪意を持って微笑むという表現で、彼女の邪悪さを表現している。

⑭ accuse ~ of ...ingで、「〜を...で非難する」の定型表現。

⑮ **if only ~**「〜でさえあればなあ」の意味の**仮定法**で、強い希望や後悔を表す場合によく用いられる。この文は現在の事実（＝自室に閉じこもっていられない）に反する仮定なので、**仮定法過去**になっている。

⑯ to face は、何か悪いことをしたときに、その人と顔を合わせるのが、「バツが悪い」という意味。I can't face my friend after I stole her boyfriend.（彼女のボーイフレンドを奪った後、その友人と顔を合わせることができない）のように使える。

Scarlett was confused. Rhett was acting so calm! Did he know about her and Ashley already? "I'm so sorry," she finally said. "I can't go to Melanie's house, Rhett. I am feeling sick today. You should go without me."

Rhett looked at her coldly. "[17]You are a coward, aren't you?" His voice was bitter and unfriendly.

Rhett knows, Scarlett realized. She was very afraid. "Oh, Rhett! People are telling lies about me," she cried. "It's not true. I wasn't doing anything wrong. But I can't go to Melanie's house now. I can't go until people stop talking about me!"

"You must go," Rhett told her. "If you don't go now, you'll never be able to [18]show your face in Atlanta again. Even if Mrs. Wilkes kicks us out of her house, [19]you are going."

"I can't!" Scarlett cried. [20]The thought of facing Melanie was terrible to her.

"[21]I will make you go," Rhett told her. "You are going to Mrs. Wilkes's house, even if I have to [22]drag you there."

Rhett forced Scarlett to dress quickly. He made her get into the carriage. They soon arrived at Ashley and Melanie's house.

Scarlett slowly approached the front door. Inside, she heard the sound of voices. [23]Melanie must have visitors, Scarlett realized. She wanted to run away.

Scarlett knocked on the door, and Melanie opened it. For a second, there was silence. Scarlett saw a group of ladies inside. They were watching her and Melanie with great interest.

Melanie smiled warmly at Scarlett and kissed her. "Scarlett, my dear!" she said loudly. "I'm so happy to see you. [24]You must stay all afternoon."

⑰ 意味的には、You aren't very brave. とか You don't have much courage. とも言えるが、直裁に coward（臆病者）という言葉を使うことで、非常に強い感情を表している。

⑱ show one's face は、「姿を表す」「人前に出る」という慣用句。スカーレットがメラニーの家に行かなければ、二度とアトランタの社交界には出られないということ。

⑲ 「**be動詞 + ~ing**」の**現在進行形**だが、これは**近い・確定した未来**を表すことができる。「きみは必ず行くんだ」。

⑳ facing は動詞 face（〜に向き合う）を、前置詞 of の後ろに置くために**動名詞**にしたもの。「メラニーと向き合うという考え」。

㉑ 「**make ＋（目的語）＋（原形動詞）**」で「（強制的に）〜させる」。

㉒ 「引きずってでも」の意味で、多少、乱暴に聞こえるが、極めて真剣な姿勢を示すときに使われる表現。He will be at the meeting even if I have to drag him there.（引きずってでも会議に出席させる）などビジネス場面でも使う。

㉓ must ~「〜に違いない」。

㉔ スカーレットの姿を見たメラニーは一瞬だけ沈黙したが、その後はいつもどおり温かく出迎え「午後の間、ずっといてくれなきゃだめよ」と Southern hospitality（南部の温かいもてなし）のお手本のように振る舞ってくれた。

Chapter 41 (☞ p. 343)

①At last, the visit was over. Scarlett was home again.

Melanie had saved her, Scarlett knew. The knowledge made her feel even more guilty. Melanie had refused to believe India and Mrs. Elsing.

"How dare they tell lies about you and my Ashley!" Melanie told her. "My dearest Scarlett! I know how good you are. People are jealous of you. That's why they are being mean. But don't worry. I will make them stop," she added.

②Melanie made Scarlett go visiting with her. They visited all of the Southern ladies in Atlanta. Melanie forced the ladies to be polite to Scarlett. ③The ladies had no choice. ④As much as they hated Scarlett, they loved Melanie even more. Melanie's friendship protected Scarlett.

* * *

That night, Rhett came home late. When Scarlett saw him, she realized that he was very drunk.

"My dear Mrs. Butler," he said mockingly. "Come and sit with me."

⑤Rhett looked and sounded like a cruel stranger. Scarlett wanted to run away, but she was too scared.

"How does it feel?" Rhett asked. "How does it feel to be saved by the woman you hate? Melanie Wilkes saved you. She loves you. She trusts you. ⑥Let that be your punishment."

"You are drunk," Scarlett answered. "I could explain, but you wouldn't understand. So I'm going to bed." She tried to leave, but Rhett stopped her.

"You aren't going to bed," he said. "Not yet." Then he began to laugh. It was a terrible sound.

"Stop that! Why are you laughing?" Scarlett cried.

"I'm laughing because ⑦I am sorry for you. You are a fool, Scarlett.

Chapter 41

① スカーレットにとって非常に苦痛な訪問であったことがこの表現から読み取れる。

② メラニーはこうすることによって、スカーレットがアトランタの社会からのけ者にされることを防いだ。

③ メラニーがいるのでスカーレットに失礼なことはできない、すなわち彼女たちに選択肢はなかったという意味。

④ 2つの正反対のものを比較するときに使われる表現。「スカーレットのことは嫌っていたが、メラニーのことはそれ以上に好きだ」の意味。

例）As much as I dislike this project, I hate that other project even more.
（この企画は嫌いだったが、別の企画はもっと嫌いだった）

⑤ 省略せずに書くと、Rhett looked like and sounded like a cruel stranger. となる。like は直前の sounded だけでなく、それより前の looked とも意味的につながっている。

⑥ 直訳は「それをあなたへの処罰としなさい」。大嫌いな人に危機から救われるという屈辱的な経験のことを、レットは「処罰」と表現している。

⑦ I feel sorry for you. や I pity you. と言い換えることができる。

I know all about you and Ashley Wilkes. I know that you haven't actually slept with him. I know how you used to lie in bed with me and imagine that I was Ashley. It was funny, actually. ⑧Like having three people in a bed when there should only be two."

Scarlett was too shocked to speak.

"I'm sorry for you," Rhett continued. "You are like a child who is crying because he wants the moon. But what would a child do with the moon? And what would you do with Ashley? He would not make you happy, Scarlett. You would never understand him. He would never understand you. However, you and I could have been so happy because we are the same. We are both scoundrels, my dear, and ⑨I love you and understand you completely. But you have never given us a chance."

For a moment, Scarlett did not move. She was too surprised by Rhett's words. Rhett had said that he loved her. Did he mean it? Or was he just drunk? And what did he mean about Ashley and how she was crying for the moon?

But her thoughts were too confused. I don't understand, she thought. Anyway, I must get away. Rhett is so frightening right now. I will run up to my bedroom and lock the door!

Scarlett ran toward the stairs. But Rhett quickly followed her. He grabbed her roughly in his arms.

"You kicked me out of your bedroom while you chased him," he said. "⑩By God, tonight there will be only two people in my bed."

Scarlett was helpless in Rhett's arms. He was like a terrible stranger, and she was filled with awful fear. She tried to get away, but ⑪he held her so tightly that it hurt. She was crushed against his chest. She heard his heart beating like thunder. He carried her up the stairs into a darkness that seemed like death.

Then he kissed her. The touch of his hard lips made Scarlett forget everything else. Suddenly she was not afraid anymore. She felt a strange, wild excitement and joy. She held tightly onto him as he carried her up into the hot darkness.

⑧ like ~ は「〜のようだ」、having は have の**動名詞**で「持つこと」の意味。**when は接続詞**「〜であるのに」、should は「〜のはずだ」の意味。「2人だけしかいないはずなのに、1つのベッドに3人いるようなものだ」となる。

⑨ ついにレットはスカーレットへの愛を告白する。

⑩ レットはスカーレットにアシュリーのことを忘れさせようと画策している。By God は、自分の意思の強さや決意を強調するため「神かけて」のようなニュアンスで用いている。

⑪「**so 〜 that ... 構文**」。so（形容詞）that ...「とても（形容詞）なので…」と訳す。

Chapter 42 (☞ p. 345)

TRACK 42

When Scarlett woke up the next morning, Rhett was gone. ①He had left Atlanta, she learned. He had gone on a trip to Charleston and New Orleans. He had taken Bonnie with him. No one knew when he planned to return.

Scarlett felt strangely sad. She remembered the passion of the night. Rhett had said that he loved her, and she almost believed him. "I must see him," she said to herself. "I want to know if he really meant it. Does he love me?"

Weeks passed, and Scarlett realized that she was pregnant. "I'm going to have another baby!" she thought. Secretly she was pleased. She hoped that Rhett would be happy, too. "When he comes home, I will tell him. ②Then I will see how he feels about me."

Life without Rhett was lonely, Scarlett discovered. She missed him. He was the only person she could be honest with. He was the only person who understood her. She waited impatiently for his return.

Three months later, Rhett and Bonnie returned to Atlanta. Scarlett hurried to greet them. She was excited and pleased that they were home.

But Rhett did not kiss Scarlett when he arrived. "You look pale, Mrs. Butler. You didn't miss me, did you?" he asked mockingly.

Suddenly Scarlett was hurt and angry. Her heart filled with pain. So he doesn't love me, she thought. ③I should have known! What a fool I've been! All this time, I thought that he really did care about me!

"No, I didn't miss you!" she cried in anger. "I'm pale because—because I'm going to have a baby."

Rhett looked at Scarlett with surprise. ④A strange, almost eager light was in his eyes. He stepped toward her.

But then he saw the anger in her face. The light in his eyes disappeared. "So who is the happy father? Ashley?" he asked.

Chapter 42

① 「彼はアトランタを出発してしまった」のは、レットがいないとわかった時点（←過去）よりもさらに以前の時点でのことなので**過去完了時制**で書かれている。

② スカーレットはレットの子を妊娠したことで、再び幸せになれるかもしれないという希望を一瞬でも抱いた様子がわかる。

③ これはよく使われるフレーズで、「わかっていたはず」「気づいていなければならなかった」と**後悔や反省の気持ち**が含まれる。

④ eagerは熱意にあふれている様子を表す。レットはスカーレットの妊娠の報告に驚きつつも一瞬は喜んだのだった。彼女の表情の中の怒りに気づくまでは。

His words ⑤cut Scarlett like a knife.

"⑥Damn you!" she cried. "You know it's yours. I don't want this baby, and you don't want it, either!"

For one moment, Rhett looked hurt. Scarlett saw and was pleased. I've made him mad, she thought. I've hurt him. ⑦He deserves it!

Then Rhett smiled bitterly. "Don't worry," he answered. "Maybe you'll get lucky and have a miscarriage."

Scarlett was ⑧filled with fury. Standing at the top of the stairs, she tried to hit him. Surprised, Rhett quickly stepped out of the way, and Scarlett lost her balance. She tried to steady herself, but it was too late.

Suddenly she was falling down the stairs. Every part of her body was in pain. The last thing she remembered was Rhett rushing to her. His face was white with fear. Then Scarlett fainted, and ⑨everything faded into darkness.

*　*　*

For many weeks, Scarlett was very sick. ⑩She had had a miscarriage, and she was in danger of dying. It was like being in a strange and terrible dream. She was weak and frightened and in awful pain.

Melanie sat by Scarlett's bed every day. Her gentle hands and calm voice made Scarlett feel better.

Still, Scarlett wanted to see Rhett. She longed for him. She wanted to ask Melanie about him. "Is Rhett here?" she asked herself. "Why hasn't he come to me?"

But then, painful thoughts stopped her. "Rhett doesn't love me," she remembered. "He doesn't want me." ⑪Then she felt too sad to ask for him.

But Scarlett did not know that Rhett was right outside her bedroom door. All day and all night, he waited to see her. He was thin with worry and guilt. To Melanie, he looked like a ghost of himself.

"Has she asked for me?" he said to Melanie.

"I'm so sorry, Captain Butler. She hasn't asked for you," Melanie told him. "But Scarlett is very sick, you know. ⑫She is not in her right mind. She will ask for you soon."

⑤ cut like a knifeで、「ナイフで身をきるように痛い」というイディオム。

⑥ この非常に卑しい言葉をレットは何度か言っているが、彼女が口にするのは初めてのことだ。彼女の激しい怒りと失望が感じられる。

⑦ スカーレットはレットを言葉で傷つけたが、先にレットも言葉で彼女を傷つけたのだから、罪悪感は感じていない。すなわちレットは「それに値する」の意味となる。

⑧ スカーレットはこれまで何度も怒ってきたが、「激怒した（filled with fury）」のは他に1度だけで、それもレットに対してだった。p.94㉖参照。

⑨ 気絶するときの様子として頻繁に言われるように、まさに目の前が暗くなったのだった。

⑩ スカーレットが階段から落ちる直前にレットが言ったセリフのとおり、彼女は流産してしまった。have で始まる動詞句（have a bath, have a meal, have a partyなど）を**過去完了**する場合は、had had の形になる。

⑪ 「**too（形容詞）to（原形動詞）**」で、「（形容詞）すぎて（動詞）できない」の意味の**too-to構文**である。ask for ~「～を求める」。

⑫ 正気でなく、以前のように考えることができない様子。

Rhett began to cry. Melanie was shocked. She had never seen him cry. Captain Butler was always so strong, so mocking, [13]so sure of himself!

Melanie tried to comfort him. "Don't worry, Captain Butler!" she said. "Scarlett will get well. You must be brave for her! She loves you so much."

"You don't understand," he said, still crying. "You can't understand! She doesn't love me… I tried to make her care for me. I tried so hard! But I could never make her love me. She doesn't want me. [14]She doesn't want my babies. I've been jealous, [15]mad with jealousy, but it's hopeless. She will never love me. She loves—"

Suddenly Rhett stopped. He looked into Melanie's sweet, calm eyes. They were full of kindness and pity. Then he shook his head.

"I'm a scoundrel," he whispered. "But I'm not that big a scoundrel. I can't tell you. Even if I did, you wouldn't believe me. [16]You're too good. I've never known anyone else who was truly good."

Melanie patted Rhett's hands. "Poor Captain Butler! You are tired from too much worry," she said. "You don't know what you're saying right now! Please don't worry anymore. Scarlett loves you. You must realize that. She will get better soon."

Chapter 43 (☞ p. 347)

TRACK 43

Scarlett slowly recovered her health. She began to feel normal again. But life had changed. Rhett treated her so differently now! He was polite and even kind, but he was like a stranger. He did not seem to care [1]what she did or felt. [2]Now Bonnie was all he cared about.

Scarlett felt lonely. She missed Rhett's attention and interest. She even missed the way he [3]used to laugh at her.

She was confused by other things, too. Many nights, Rhett often

⑬「自信に満ちている」という意味。He was so sure of himself but he still made a mistake.（彼は自分に自信があったが、それでもミスを犯した）のように否定の文章でも使われる。

⑭ すでに生まれているボニーと流産してしまった子の他に、スカーレットはこれ以上レットとの間に子どもを作ることを望まないと宣言していたので、babiesと**複数形**になっている。

⑮「嫉妬で気が狂いそう」という意味の慣用句。

⑯ ポジティブな感情で使われる too は、「信じられないほど」を意味する。

Chapter 43

① **whatは関係代名詞**で「〜こと（もの）」と訳す。「彼女がしたり感じたりしたこと」。

② care aboutは2語で「〜を大切にする」の意味を持つ**群動詞**なので、aboutは省略することはできない。

③ レットが振り向いてくれないので、スカーレットは以前の彼の皮肉まじりの笑い方ですら恋しく思っていることをused to 〜「よく〜したものだ」「かつては〜だった」で表現している。

met with groups of serious-looking men. ④They were always Southern men, never Yankees. Scarlett heard them talking for hours together. Once she asked Rhett about these meetings.

"We are planning how to ⑤defeat the Scallywags," Rhett told her. "Soon we will elect Southerners to the state government. The Scallywags will get kicked out. Then Georgia will be ruled by Georgians again. When that happens, all your Scallywag friends will lose their power and money."

Scarlett was surprised. "But Rhett, everyone thinks that you are a Scallywag," she said. "Why do Southerners trust you?"

Rhett laughed. "Scarlett, don't you pay attention? I'm not a Scallywag anymore! I haven't acted like a Scallywag for some time now. ⑥I've given up my evil ways," he said with a smile. "I'm working to help the state of Georgia. People think that I am a good Southerner now."

"But you don't care about all that!" Scarlett cried. "Why are you doing this?"

"I am doing this for Bonnie," Rhett answered. "⑦I want her to be accepted in good Southern society. By helping Georgia now, I am making sure that Bonnie will be accepted when she grows up."

* * *

Rhett's words were correct. Soon, the Scallywags lost control of the state government. Their days of power were over. Georgians elected Southerners to rule the state. At last, ten years of Scallywag rule were over! All over Atlanta, Southerners celebrated. It was a joyful day.

⑧Only Scarlett was shocked by the events. She had never believed that the Scallywags would lose power. She was not sad to see them defeated. In fact, she was very glad.

But Scarlett realized that she had become friends with the wrong people. She had ignored her old Southern friends. She had become friends with Scallywags instead. They had been rich and pleasant, and that had been enough for her.

Now her new Scallywag friends were leaving Atlanta. They were

④ まずは言葉のなまり、そしてマナーによって出身地を判断できる。

⑤ ここでのdefeatは、文字通りの戦闘や暴力的な意味ではなく、政治的または社会的な勝利を指すメタファーとして使われている。

⑥ 話し手が過去の悪い行いや習慣を止めたということ。この表現は冗談まじりで、個人の改心や人生でのポジティブな変化を伝えるのに用いられる。新たな始まりや良い方向へ転換するということで、レットは言いながら笑っている。

⑦「**want**＋（**人**）＋**to**（**原形動詞**）」で、「（人）に（動詞）してほしい」の意味。この文の場合は、動詞部分が「be（←be動詞の原形）＋ 過去分詞（←accepted）」と**受動態**になっているので「私は彼女に受け入れられてほしい」の意味となる。

⑧ the events は「イベント」ではなく「できごと」の意味。州政府の実権が南部人の手に戻りスキャラワグが追放されるなどの一連のできごとをevents と複数形で表現している。

scared by the change in government. They had lost their money and their power. They had no reason to stay in Georgia.

Suddenly, Scarlett felt very alone. Her old Southern friends disliked her. She had shocked and angered them too much, ⑨for too many years. They considered her a Scallywag. Only Melanie still liked her.

It was a lonely thought, and Scarlett pushed it away. "It doesn't really matter, anyway. ⑩I won't think about that now," she told herself.

Chapter 44 (☞ p. 349)

TRACK 44

Everyone in Atlanta thought that Bonnie Butler was a charming little girl. She had black curls and bright blue eyes. She was sweet and loving and delightful. She was a favorite in Atlanta.

However, Bonnie was very spoiled, people agreed. Rhett loved his daughter more than anything. He was proud of her beauty, her energy, and her ①sunny nature. He gave her everything she asked for. ②He let Bonnie do whatever she wanted. He took her everywhere with him. In turn, Bonnie loved her father more than anyone else in the world.

When Bonnie was five years old, she asked Rhett, "Daddy, may I have a horse? I want to learn to ride, just like you!"

Rhett immediately bought a small, gentle pony for Bonnie. He carefully taught her to ride. ③Bonnie loved her pony, which she named Mr. Butler. Quickly she became an excellent, even fearless rider.

Together, Bonnie and Rhett rode all over Atlanta. Bonnie rode Mr. Butler, and Rhett rode his big black horse. They became a familiar sight in Atlanta. People always smiled when they saw Rhett and his little daughter. Sometimes they raced their horses. Rhett always let Bonnie win the race.

⑨ too（形容詞）は「（形容詞）すぎる」の意味。「多すぎる年月の間」→「あまりにも長い年月」。

⑩ 熟慮をあと延ばしにするスカーレットが繰り返すこの言葉は、読者に「いいかげん、考えたら？」と思わせるほどだが、この考え方のおかげで彼女は苦境をくぐり抜けてきたし、これからもこの考えに彼女は助けられる。

Chapter 44

① 明るい性格を表す定型句。

② **使役動詞let**（〜をさせる）を使った文。「**let** +（**目的語**）+（**原形動詞**）」で、「（目的語）を（動詞）させる」。letの活用はlet-let-letだが、この前文、後文とも過去時制で書かれているので、この文も**過去時制**だと判断する。whatever ~「〜するものは何でも」。

③ **関係代名詞which**の前にコンマがあるものは**非制限用法**と呼ばれ、**先行詞**について補足的に説明を補う。「ボニーは彼女のポニーを可愛がり、ミスター・バトラーと名付けた」。

Then Rhett decided that Bonnie should learn how to jump fences on her pony. Bonnie was very excited. She loved jumping fences on Mr. Butler. It was much more fun than just riding! Soon she was easily jumping low fences.

"Oh, Daddy!" Bonnie said one day. "I want to jump taller fences. Please!"

"No, my darling," Rhett told her. It was perhaps the first time he had said no to Bonnie. "Not yet. When you are six years old, you may jump taller fences. ④For now, you must wait. Mr. Butler is a very small pony. ⑤His legs are not long enough to jump a taller fence," he said.

Bonnie was very sad. She cried and begged. "Please, Daddy! I know that I can do it!"

Rhett hated to make Bonnie unhappy. After several weeks, he could not resist her wishes ⑥any longer. "All right," he said with a laugh. "But if you fall off, don't blame me!"

Bonnie kissed her father joyfully. She hurried to climb on Mr. Butler's back. She was excited and fearless. "Mother!" she cried to Scarlett. Her blue eyes glowed happily. "Daddy says I can jump the taller fence. Watch me!"

Scarlett was standing on the porch. She waved and smiled proudly at her favorite daughter. "Of course, darling!" she said. "I'm watching. Go ahead and jump! You look so pretty!"

Bonnie waved back. "Mother, watch me take this one!" she shouted. She and Mr. Butler rushed toward ⑦the jump.

As she watched, Scarlett was suddenly seized by a terrible fear. "Bonnie, stop!" she cried. "The jump is too high! No! Stop!"

There was an awful cry and the sound of breaking wood. Mr. Butler had crashed into the jump. Bonnie had been thrown off the pony's back. The little girl lay motionless on the ground.

⑧Pale as a ghost, Rhett ran toward his daughter. "Bonnie!" he cried. "Bonnie!"

But there was nothing he could do. Bonnie was dead.

④ 「今のところは、差し当たり」の意味。

⑤ long enough で「十分に長い」日本語と語順が逆になるので注意。

⑥ レットはボニーを甘やかし、ノーと言うことに慣れていなかった。そしてついに、大ジャンプをこれ以上は（any longer）断れなかった。

⑦ （飛び越えるための）障害物。

⑧ 大きなショックを受けた人を指すイディオムで、「幽霊のように顔が真っ白になる」の意味。

Chapter 45 (☞ p. 350)

In the first days after Bonnie's death, Scarlett was angry with Rhett. Wild with her own pain, she said cruel things to him.

"You killed Bonnie," she told him. "It's your fault. If you hadn't let her jump that fence, she would still be alive!"

Rhett listened silently. His eyes were full of tears. At last he spoke. "①Don't you have any mercy?"

"No," Scarlett answered. "I don't have any mercy. I don't have my child."

For months, ②Scarlett was crushed by sadness. Still, she tried to be strong. But Rhett was destroyed. The loss of his darling daughter seemed to have ruined him. He never slept. He drank all the time. His eyes were dead and empty.

Over time, Scarlett's anger disappeared. She wished that she and Rhett could comfort each other. She wanted to tell him that she was sorry. She wanted to say that Bonnie's death wasn't his fault.

But it was too late. Rhett treated her like a stranger. Most of the time, he was silent. When he did speak, he was polite but ③distant.

④Scarlett had never felt more lonely. She missed Rhett. The world felt wrong without him. She felt strangely afraid. The feeling was almost like the fear from her old nightmare of running through the mist. She was looking for safety but could not find it.

Scarlett also missed her old Southern friends. If only she could talk to them! She knew they would understand. Like her, they had suffered. Like her, they had lived through war and defeat, death and hunger. They would understand her pain. They could comfort her.

"But my old friends don't want to talk to me," Scarlett realized. "They stopped being my friends years ago. It's my own fault. I didn't care! But now I miss them, and it's too late."

Chapter 45

① ボニーの死を責め立てるスカーレットに対して、レットが彼女に同情心、慈悲、または寛容さが欠けていることを指摘する疑問文。

② スカーレットの性格をよく表している。still は前述の内容（crushed by sadness）を認めつつ、それとは対照的な事（be strong）を導入する役目を果たしている。状況が最悪で絶望的だと感じても、彼女は生き残りたい、だから彼女は強く振る舞う。

③ distant（よそよそしい）は、冷たいとか無礼というのではなく、自分の感情を内に秘めて、温かく接しないことである。

④ 「スカーレットはより孤独だと感じたことが決してなかった」が直訳。彼女はこの時ほど孤独を感じたことは今までになかったのである。

Chapter 46 (☞ p. 351)

One day, Scarlett was visiting the nearby town of Marietta. Then she got a short note from Rhett. It read, "Mrs. Wilkes is ill. Come home immediately."

Scarlett rushed back to Atlanta. Rhett met her at the train station with the carriage. He drove her quickly to ①the Wilkeses' house.

"What's wrong with Melanie?" Scarlett cried. "What is it? I saw her just a few days ago. She was fine!"

"She is dying," Rhett said. "She wants to see you."

"Dying!" Scarlett cried. "No! Not Melly! What has happened?"

"②She has had a miscarriage," Rhett answered.

Scarlett was shocked. "No! But how, Rhett?" she asked. "Dr. Meade always told her that she shouldn't have more babies!"

"She has always loved children," Rhett said. "Didn't you guess that she was pregnant? She has been so happy recently…I knew that must be the reason why."

"③Melanie can't die, Rhett! You must be wrong! After all, I had a miscarriage, ④and I didn't—" Scarlett cried.

"She doesn't have your strength," he said quietly. "She's never had any strength. She never had ⑤anything but heart."

Soon they reached the Wilkeses' house. Scarlett hurried to the door and knocked. Ashley greeted her. His voice was dull with grief.

"You are here," he said. "She asked for you."

"Melly isn't really dying, is she?" Scarlett asked. "She can't be dying!" She looked around the room. India Wilkes and Miss Pittypat were there, too. Both of them looked like Ashley, frozen with sadness.

It's true! Scarlett realized. Melanie is dying!

The thought filled her with fear. God can't take Melanie, she thought. I need her! I need her so much! ⑥I can't get along without her.

The truth ⑦took Scarlett by surprise. Melanie had always been her

Chapter 46

① 「ウィルクス一家の住宅」の意味。

② 現在の文 She has a miscarriage. を「**have（has）＋ 過去分詞**」を備えた**現在完了**に直した文である。She has（←現在完了の has）had（←現在の文にあった has の過去分詞）a miscarriage.

③ スカーレットが、メラニーの死、またはその可能性を考えることができないという感情的な反応を示した表現。

④ 彼女が didn't の後に言いよどんだ言葉は die である。

⑤ anything but~ で「～のほかは何でも」の意味で、メラニーは心の温かさ、広さの他は何もなかった（体が弱かった）。

⑥ I can't survive without her. とも言い換えられる。

⑦ take ~ by surprise で、「～をびっくりさせる、不意打ちを喰らわす」の意味のイディオム。

strength and comfort, she realized. Melanie had always ⁸fought for her. She had always been on Scarlett's side, loving and true.

Then Melanie's bedroom door opened. Dr. Meade came out. He looked at Scarlett. "Hurry," he said. "She wants to see you."

Scarlett rushed into the small room. Melanie lay on the bed. She looked small and very pale, almost like a little girl. Her dark hair spread across the pillow. Her eyes were closed.

"Melly, it's me," Scarlett said gently. She held her hand.

Melly opened her eyes for a moment. "Scarlett," she whispered. Her voice was weak but clear. "Promise me?"

"Of course!" Scarlett cried.

"Look after Beau," Melanie said. "I give him to you."

"I promise," Scarlett said. "I'll take care of him like my own son."

Melanie was silent. Then she tried to speak again. "Ashley," she whispered. "Ashley..."

For a second, Scarlett was full of terror and shame. Oh, God! Melanie knows, she thought. She knows about Ashley and me! If only I could change the past! I would go back! ⁹I would do everything differently, she thought.

Scarlett looked into Melanie's dark, loving eyes, but there was no hatred in them. There was only love and tenderness, ⁱ⁰fighting against death.

"Thank you, God!" Scarlett prayed silently and gratefully. "Melanie doesn't know. I don't deserve this, but ⁱⁱthank you for not letting her know."

At last, Melanie managed to speak. "Ashley... Will you look after Ashley?" she asked weakly. "Look after him—but don't ever let him know."

"I will," Scarlett told her. "I promise."

Dr. Meade came into the room. "Quickly!" he whispered. "India and Miss Pittypat are waiting."

Scarlett tried not to cry. She kissed Melanie. "Good night," she said softly.

⑧ fought（fightの過去形）は、物理的な戦いではなく、言葉と行動でメラニーはいつも敵からスカーレットを守ったの意味。

⑨ 死の床にいるメラニーのそばでスカーレットは、過去の自分のアシュリーへの思いに罪悪感を持っている。もし二人の関係のことをメラニーが知っているなら、当時にもどって自分の行動を全て変えるだろうという気持ちを、I would do everything differently. と表現している。would は自分の気持ちを控えめに伝える時に使える。

⑩ fighting 以下は**付帯状況を表す分詞構文**。「死と闘いながらも、彼女の目に愛と優しさだけがあった」。

⑪ thank you for ～ で「～をありがとう」の意味。for の後ろには名詞が入るので、使役動詞 let は ~ing を付けて動名詞に変えてある。打ち消しの not の位置に注意。

"Promise me?" Melanie whispered. "Be kind to [12]Captain Butler. He—[13]loves you so."

Melanie's words surprised Scarlett, but she hid her confusion. "Yes, of course," she said. Then Dr. Meade [14]led her out the room.

* * *

Ashley was standing in a corner. He was crying. "Oh, Ashley!" Scarlett cried. "You must be strong!"

He shook his head. "If I was ever strong, it was because of Melanie. [15]She was my strength. Without her, I am weak. I am lost. She was everything to me."

Scarlett looked at Ashley in shock. For the first time, she felt as if she truly understood him.

"Ashley, you do love her!" she cried.

"She was [16]the one dream I had that never died," he whispered.

"Oh, Ashley, what a fool you've been," Scarlett said suddenly. Everything was bitterly clear now. "All these years! You never really loved me, did you? You always loved Melanie, but you didn't realize it. And I—I was a fool, too. I thought I loved you, but I was just a silly, spoiled child."

The truth hurt him. "Please," he begged. "[17]Not now."

Scarlett thought of her promise to Melanie. I must look after Ashley, she thought. I mustn't be cruel.

"Don't cry," she said gently. "You must go to her soon. She must not see you crying."

Dr. Meade called loudly. "Ashley! You must come now! Hurry!" Ashley rushed to the bedroom.

Scarlett was alone. Suddenly she wanted to leave. It was too painful to stay here. "I must go home!" she said to herself. She left the house and almost ran down the street.

⑫ メラニーは最期まで「レット」ではなく、「Captain Butler (バトラー船長)」と呼び続けた。レットへの尊敬の念がうかがえる。

⑬ He loves you so (very) much. と言い換えることもできるが、この表現はとても詩的な表現。レットは自分の気持ちを隠すのが上手だったので、メラニーのこの言葉にスカーレットは驚かされた。

⑭ let (人) out で、「(人)を外に出す」の意味。

⑮ アシュリーにとって、メラニーが人生のすべてだったので、前に進めないでいることを表している。

⑯ one dream に the をつけることで、「特定の夢、唯一の夢」であることを強調している。ここでの dream は比喩的に使われており、メラニーが話し手(アシュリー)にとって大切で忘れられない存在であることを意味している。

⑰ 「今、そんなことを言うのはやめてくれ」の意味。

Chapter 47 (☞ p. 353)

Scarlett hurried toward home. ①It was a cold, misty night. For some unknown reason, she was afraid. She had a strange feeling of danger. The mist and darkness surrounded her.

"It's like my nightmare!" she realized. "I'm afraid. I'm running through the mist! It's like my old bad dream has become real!" Her heart pounded in her chest. She felt almost crazy with fear. She ran as fast as she could.

Then she saw the lights of home. "It's not like my nightmare," she thought. "I see my house! I'm almost home!" She felt suddenly calm.

Home! ②That was where she wanted to go! That was where she was running. Home to Rhett!

The thought almost made her shout with sudden understanding. Rhett! She was ③running home to Rhett. He, not Ashley, was the answer to all her fears and confusion. Rhett, with his strong, safe arms. Rhett, whose mocking laughter made her fears disappear. Rhett, who understood her completely.

He loved her! Why hadn't she realized that Rhett loved her! Melanie had known it. That was why she had said, "Be kind to him."

The mist still surrounded her, but Scarlett did not care. "I love Rhett," she thought. The truth filled her with joy and wonder. "I don't know when I started loving him, but I do. I don't love Ashley. Oh, ④I've been so blind and stupid! Rhett has loved me ⑤forever, and I've been so mean to him. But I do love him. I'll tell him. I'll find him and tell him right now."

She ran into the house, looking for Rhett. She found him in the dining room. For a moment, she wanted to fall into his arms. But then she looked at his face, and she stopped.

His eyes were dark and tired. He looked at her without surprise. His face was quiet and almost kindly, and that frightened her.

Chapter 47

① 彼女がかつて繰り返し見た悪夢（暗く冷たい霧の中を走り続けるもの）と符合していることに注意。

② **関係代名詞where**を使った文。whereがあれば彼女が行きたかった(she wanted to go)のは「場所（家）」だと自然にわかるので、**先行詞**the placeは省略されている。

③ homeは「家に（へ）」の意味の**副詞**で、run、comeなど**動作動詞**と共に用いる。「レットがいる家に走って戻った」の意味。レットは彼女を安心させてくれる存在で、悪夢を見たあとに帰る家には、彼が待っているのだ。

④ 「私は盲目で愚かだった！」と「**have** + **過去分詞**」で現在までずっと続いていることを表している。

⑤ このforeverは、無限、永遠という意味ではなく、二人が知り合ってからずっとということ。

"Come and sit down," he said. "Melanie is dead?"

Scarlett nodded and sat down. She was almost afraid to speak.

"⑥God rest her soul," Rhett said. "She was ⑦the only completely kind person I ever knew." He was silent for a long time.

Then he looked up again. Now he spoke coldly. "So Mrs. Wilkes is dead. ⑧That makes it easy for you."

"Oh, Rhett, how can you say that? You know I loved her!" Scarlett cried.

"No, I didn't know that," he said.

"Of course I did! She was so good! She thought of everyone except herself... Why, the last words she said to me were about you."

Rhett looked at her with sudden interest. "What did she say?"

"She said, 'Be kind to Captain Butler. He loves you so,'" Scarlett told him.

Rhett gazed at her strangely. "What else did she say?" he asked.

"She told me to take care of Beau... and Ashley," Scarlett said.

"How convenient," Rhett said dryly. "You have the first wife's permission! Now you can divorce me and marry Ashley."

"No! No!" Scarlett cried. She could not be silent now. "I don't want a divorce! You're wrong, Rhett. I don't want Ashley. I love you!"

Rhett was quiet. "You are tired," he finally said. "You should go to bed. I don't want to hear anything."

"But I must tell you!" Scarlett cried.

"My dear, I can see everything in your face," Rhett said. "For some mysterious reason, you've suddenly realized that Mr. Wilkes is not the man for you. Now you seem to prefer me." He sighed. "⑨Talking about it will do no good."

"Why?" Scarlett demanded. "I love you. I know you love me. I've been terrible in the past, but now everything will be different! I love you, my darling! ⑩I was a fool not to realize it. Rhett, you must believe me!"

"I do believe you," he said. "⑪Once, I would have been glad to hear you say this. Once, I would have thanked God for your love, Scarlett. But now, it doesn't matter."

⑥ この表現は、亡くなった人を指して、「神よ、彼女の霊を休ませたまえ」という意味で、亡くなった直後、または何年か経ってからでも使える。May she rest in peace.という言い方もある。

⑦ **形容詞** only, kindの2語は共に名詞personを修飾しているが、**副詞** completelyは形容詞kindを修飾している。副詞は動詞を主に修飾するが、形容詞や他の副詞、例は少ないが名詞も修飾する。

⑧ 「**make + A B**」で「AをBにする」となる。「それはきみにとってそれを簡単にする」が直訳。メラニーが亡くなった今、スカーレットの望みが叶う(アシュリーと結婚できる)状態になったことを皮肉っている。

⑨ **主部**はTalking 〜 itで、no goodは「役に立たない、何の価値もない」こと。レットはスカーレットを待つことに疲れてしまった。彼女が何を言っても、レットにとっては全ては手遅れであるということ。

⑩ **不定詞を否定**する場合のnotは、不定詞の直前に入れる。

⑪ この場合のonceはbeforeの意味。以前ならレットはスカーレットの言葉を喜び、その愛に感謝しただろうが、今ではレットはもう気にしてはいないということ。

"What are you saying?" Scarlett cried. "Rhett, you do love me, don't you? You must! Melly said that you did."

"She was right, [12]as far as she knew," he said slowly. "But, Scarlett, even the most deathless love can wear out. Even the strongest love can die."

She listened in terrible shock.

"[13]My love wore out," Rhett continued. "I waited and waited, trying to make you love me. Trying to make you forget Ashley Wilkes. Scarlett, I loved you for years and years! When we finally married, I knew you didn't love me. But I thought that I could make you care. I couldn't tell you about my love, though... You are so cruel to people who love you, Scarlett. You [14]use their love against them like a whip."

His voice was calm and tired. "That night when I carried you upstairs, I hoped that you did love me. [15]But I was too afraid to face you afterwards. And then—your miscarriage. I felt so terrible. I wanted to see you... but you never asked for me. I felt like such a fool. So I gave up. I gave all my love to Bonnie. She was like you, Scarlett. I imagined that she was you. [16]I gave her all the love that I wanted to give to you. Then, when she died, [17]she took everything with her."

Suddenly Scarlett felt deeply sorry for Rhett. He had loved her so faithfully! He had suffered so much! At last, she understood him.

"Oh, my darling!" she said eagerly. "I'm so very sorry about the past. I was so wrong! But I will make everything better. I love you! We can be happy together."

"No, thank you," Rhett said gently. "My love is all gone, Scarlett. [18]I won't risk my heart again."

Scarlett was filled with despair. "But Rhett!" she cried. "You must feel something for me! There must be something left!"

"Only two things," he said. "Pity and kindness."

Oh God, she thought. Then there really is nothing left. "I've ruined it," she said slowly. "You don't love me anymore?"

"That's right. And I am going away now," he answered. "I am leaving Atlanta."

⑫ 「メラニーが知っている範囲内では」の意味で、彼女はレットがスカーレットを愛していることを知っていたが、すでに彼の愛が枯れてしまっていたことまでは知らなかった。

⑬ wear outはだんだん減っていき、最終的にゼロになること示す。

⑭ レットが言っているのは、スカーレットは人の愛を武器のように逆手に取って利用するということだ。

⑮ あの翌朝早く、レットはスカーレットと顔を合わせる前にボニーを連れて長期間の旅行に出たのだった。

⑯ **関係代名詞that**（先行詞にallがあるのでwhichは使えず、thatを使っている）以下が、**先行詞all the love**を説明している。「わたしは彼女（ボニー）に、わたしがきみに与えたかったすべての愛を与えた」。

⑰ ボニーの死と同時に、レットの愛はすべて失われた。

⑱ レットはボニーが死んだとき、そしてスカーレットが自分を愛していないと知ったときに辛い思いをしている。そのため、risk one's heart againで、二度と自分の心が傷つくようなリスクは犯さないと言った。

For a moment, Scarlett wanted to scream and cry. But she stopped herself. Even if Rhett doesn't love me, he must respect me, she thought. [19]I will not beg. I will not cry. I will not fall apart.

[20]She lifted her chin and looked at him. "Where will you go?" she asked quietly.

He looked at her with faint admiration. "I don't know yet. Perhaps to Charleston or to Europe."

Scarlett nodded but said nothing.

"So you understand me?" Rhett said.

Scarlett felt like her heart was breaking. "No!" she cried suddenly. "All I know is that you do not love me and you are going away! Oh, my darling! If you go, what [21]shall I do?"

"I can't lie to myself, Scarlett, and I can't lie to you," Rhett said. "[22]What is broken is broken. What is gone is gone. I can't live with you and act like everything is fine. I wish I could care what you do or where you go, but I can't."

He paused and then said lightly but softly:

"[23]My dear, I don't give a damn."

Chapter 48 (☞ p. 357)

TRACK48

Scarlett watched as Rhett left the room. Bitter pain flooded her heart. She was helpless. There was nothing she could do. There was nothing she could say. She could not make Rhett change his mind.

"I never understood Rhett," she realized. "I never understood Ashley, either. [1]If I had ever understood Ashley, I would never have loved him. And if I had ever understood Rhett, I would never have lost him." The terrible knowledge seemed to burn a hole inside her.

"I won't think about this now," she told herself. "I'll go crazy if I do. I'll think about it tomorrow. But—but what will I do? I can't lose

⑲ スカーレットは、この期に及んでもレットに弱味を見せたくなかったので、強い意思を表すwillを使ってI will not beg. I will not cry. I will not fall apart. と言葉を重ねている。

⑳ 「あごを上げる」のは誇りを持って立ち向かう意思を表す姿勢。

㉑ shall は今ではあまり使われないが、当時は「will」の**丁寧語**として使われた。

㉒ 「壊れたものはもう戻らない」「失くなったものはもう戻らない」と繰り返している。名詞節を導く**what節**（What is broken, What is gone）が主語になっている。「～のもの、～のこと」の意味となる。同様の表現に、What's done is done. / The past is in the past. などがある。

㉓ 「Frankly, my dear, I don't give a damn.（正直言って、どうでもいいんだ）」は、映画の中で、レットが言う有名なセリフ。名詞のdamnを使ったnot give a damnは、「何も気にしない」という熟語。

Chapter 48

① 過去の事実に反する仮定を表す**仮定法過去完了**。「もし私が今までにアシュリーを理解していた（←この部分が過去）ら、私は決して彼を愛さなかった（←過去）だろうに（ところが理解していなかったので愛してしまった）」。

Rhett! I can't let him go! There must be some way!"

Then she thought of Tara. [2]Suddenly her heart hurt a tiny bit less. Tara! She could almost see the rich red acres of cotton. She pictured the big white house among the green trees.

The thought of Tara [3]made Scarlett's courage rise. She looked up proudly. Her face was [4]determined. Her eyes glowed with new strength. They were the eyes of a woman who had [5]never admitted defeat, who would never give up.

"That's what I'll do," she told herself. She lifted her head high. "Tomorrow I'll go home to Tara. [6]Then I'll think about all this. I can get Rhett back! I don't know how, but I will. Tomorrow, at Tara, I'll think of a way. After all, [7]tomorrow is another day."

② この文の動詞は hurt（痛む）。「突然、彼女の心はほんの少しだけ、より少なく痛んだ」が直訳。

③ **使役動詞** make を使い、「タラの故郷を思うことが、スカーレットの勇気を強めた」、すなわちたとえ動揺していたとしても、さらに勇気が湧いてきたの意味。

④ determined の他の用例は p.173 ⑩ を参照のこと。彼女の顔には決意が表れている。

⑤ 決して負けを認めない、これはスカーレットの性格の一部だ。彼女は決してあきらめない。彼女は決して戦うことをやめない。彼女は決して負け（敗北）を言わない（認めない）。

⑥ 「考えない」「後で考える」ことを選択してきたスカーレットは、彼女の心のよりどころ、タラに戻って、レットを取り戻すために「すべてを考える」選択をした。

⑦ Tomorrow is another day.（明日は今日とは別の日だ）は、本でも映画でもスカーレットの言葉の中で最も有名なものだ。明日は新しい始まりで、新たなチャンスがある、心機一転して物事を考えようという楽観的な見方をするスカーレットの本質がよく表れている。Tomorrow is a new day. とも言える。

Gone With the Wind
日本語訳

第1章 （英文 ☞ p.32）

　スカーレット・オハラは美人ではなかった。だが、いったん彼女の魅力に心を奪われたら、男たちはそのことに気づかなかった。彼女の顔には、南部人の母の繊細な顔立ちと、アイルランド人の父の荒々しい特徴が、くっきりすぎるほど混在していた。それでも人を惹きつける顔だった。その緑色の瞳は濃く黒いまつげに縁どられ、肌は花のように白かった。

　1861年4月のある日の午後。16歳のスカーレットは、ジョージア州にあるオハラ家の大農園、「タラ」の屋敷の玄関ポーチの階段にすわっていた。その姿は、若い淑女を描いた見事な絵のようだった。優しく上品そうな表情を浮かべようと気をつけている。しかし彼女の本性は隠しきれなかった。その緑色の瞳には、情熱と活気が満ちあふれていた。

　スチュアート・タールトンとブレント・タールトンが彼女と一緒にすわっていた。この兄弟はスカーレットの大勢の男友だちのうちのふたりで、どちらもスカーレットに夢中だった。タールトン家の農園はタラの近くにある。19歳のスチュアートとブレントは、ジョージア大学から戻ってきたところだった。

　「どうしてもう帰ってきたの？」スカーレットが訊いた。

　「戦争のためだよ！　もうすぐ戦争が始まるんだ！」ブレントが力をこめて言った。

　「大学なんかどうでもいいさ」スチュアートも言った。「北部人たちと戦いたいんだ」

　「戦争なんて起こらないわよ」スカーレットは言った。

　「よくそんなことが言えるね！」タールトン兄弟が言う。「戦争するにきまってるじゃないか！」

　「とにかく、その話はもう聞き飽きたわ！　うんざりして悲鳴をあげそうよ」とスカーレット。「もう1回でも『戦争』って言ったら、すぐ家に入るわよ」と脅すように言う。

　「じゃあ、明日のパーティーの話をしよう」ブレントが言った。トウェルヴ・オークスという農園に住むウィルクス家が、毎年春に大きなパーティーを開くのだ。「スカーレット、パーティーの秘密を聞きたいかい？」とブレントは尋ねた。

　スカーレットは好奇心をくすぐられた。「秘密ですって？　ええ、教えて！」

　「ミス・メラニー・ハミルトンについての秘密さ。明日、婚約発表するんだ」とブレント。

　「メラニー・ハミルトンのことなんて、どうでもいいじゃない！」スカーレットは言った。「あんな無口で地味な人」

　「だれと結婚すると思う？」スチュアートが話を引きとった。「アシュリー・ウィルクスだよ！」

タールトン兄弟は話しつづけたが、スカーレットは聞いていなかった。その恐ろしい知らせにショックを受けていたのだ。アシュリーがメラニー・ハミルトンと結婚だなんて！　そんなの、ありえないわ！　スカーレットの胸に痛みが広がっていく。

数分後、スチュアートとブレントは別れを告げて去った。スカーレットはひとりですわっていた。

アシュリーがメラニーと結婚するはずがない、と彼女は思った。彼はわたしを愛してるもの——わたしにはわかるわ！

スカーレットはアシュリー・ウィルクスを愛していたが、よく理解していたわけではなかった。アシュリーは不思議な人だ。彼女が知っている他の若い男たちとは違う。ほとんどの男たちは乗馬をしたり、トランプをしたり、猟をしたりしている。だがアシュリーは、本を読んだり、絵を観たり、音楽を聴いたりするのが好きだ。

スカーレットは本も、絵も、音楽も好きではない。どれも退屈だった。それでも、彼女はアシュリーを愛していた。いつか結婚するものとばかり思っていた。アシュリーから愛を打ち明けられたことはなかったが、愛されていると確信していたのだ。なのに今、メラニー・ハミルトンと結婚しようとしているなんて！

第2章 (☞ p.34)

しばらくすると、父のジェラルド・オハラの姿が目に入った。父はトウェルヴ・オークスを訪れて戻ってきたところだ。スカーレットはすぐに、アシュリーのことを父に尋ねた。

「アシュリー・ウィルクスはミス・メラニー・ハミルトンと結婚するそうだ」ジェラルドは言った。「ミス・メラニーはアトランタから着いたばかりでね。今はアシュリーと一緒にトウェルヴ・オークスにいるよ。ミス・メラニーのお兄さんのチャールズ・ハミルトンも来ている。明日、パーティーで会えるだろう」

じゃあ、あの恐ろしい知らせは本当なんだわ！「どうしてアシュリーがメラニー・ハミルトンなんかと結婚するの？」スカーレットは言った。「無口だし、きれいでもないじゃない！」

「失礼なことを言うんじゃない」父が言った。「ミス・メラニーは上品な若いレディーだよ。アシュリーと結婚したいなんて思ってるんじゃないだろうな、スカーレット。アシュリーはいい男だが、あれを夫にしても、おまえは幸せになれんよ。おまえとは違いすぎるからな」

スカーレットが首を横に振ると、ジェラルドはさらに言った。「とにかく、おまえには取り巻き連中がたくさんいるじゃないか。タールトン兄弟のどちらかと結婚しなさい。そうしたら、結婚祝いにタラをやるぞ！」

「タラなんて、どうでもいいわ！」スカーレットは叫んだ。愛している人と結婚できないならなんにもならない、と思ったのだ。

「タラが——この土地が——どうでもいいって言うのか？」ジェラルドは腹を立てて訊いた。そして農園の肥沃な赤土と、何エーカーもの綿花畑を指さした。

スカーレットは頷いた。アシュリーのことで怒りと失望にかられて声も出ない。

「土地こそ、唯一の大事なものなんだぞ、スカーレット・オハラ」ジェラルドは怒鳴った。「土地だけが最後まで残るんだ。そのためにこそ働く価値がある。戦って——命を懸けるに値するただひとつのものだ」

彼はどなるのをやめて、スカーレットを見つめた。「おまえはまだ若いからな、スカーレット。そのうちもっと年をとれば、土地への愛がわかるようになるさ」と言った。

しかし、スカーレットはほとんど聞いていなかった。アシュリーのことしか頭になかった。

第3章（☞ p.36）

翌朝、スカーレットはトゥエルヴ・オークスのパーティーに出かけた。父とふたりの妹、スエレンとキャリーンも一緒だ。

スカーレットには計画があった。「アシュリーを手に入れるのよ」と自分に言いきかせる。「うまくいくわ！　きっと！」パーティーで若い男たち全員の気を引く計画だ。ばかで、かわいくて、無力な女のように振る舞うのだ。

なぜかわからないけど、男はいつもそういう女が好きなのよ、とスカーレットは思った。アシュリーはわたしが男友だちに取り巻かれているのを見て、嫉妬するわ。そしたら、愛してるのはメラニーじゃなくて、わたしだって気づくはずよ！　ふたりきりになる方法を見つけなきゃ。ふたりきりになったら、愛してるって言ってくれるわ。そしたら、ふたりで駆け落ちして結婚するのよ。

初めのうち、スカーレットの計画はうまくいった。彼女は愛想をふりまき、笑い声をあげ、すべての男たちを魅了した。タールトン家のスチュアートとブレントが、彼女の後についてまわった。メラニーの内気な兄、チャールズ・ハミルトンがスカーレットを愛おしそうに見つめ、その手をとろうとした。ふだんはスエレンの相手であるフランク・ケネディさえ、スカーレットにのぼせあがった。

スカーレットはそのパーティーで一番の人気者だった。ところが、アシュリーは気づいていないようだった。少しも嫉妬していないらしく、メラニーに優しく話しかけている。

一緒にいるふたりを目にして、スカーレットは気分が悪くなった。メラニーがアシュリーを愛していることが見てとれた。地味な顔がほぼ美しくさえ見える。

全然だめだわ、とスカーレットは腹を立てながら思った。なんとかして、アシュリーの注意を引かなくては。

そのとき、だれかが自分を見つめているのに気づいた。ふり向くと、背が高くて

黒髪の見知らぬ男が見えた。冷ややかで不躾な目でこちらを見つめている。服装は紳士風だが、その黒い瞳は大胆さと危険を感じさせた。男は、短い口髭の下で真っ白な歯を見せて微笑んだ。それから、声を立てて笑った。

　スカーレットは目を背けた。よくもあんなにじろじろ見られるわね、と思った。まるで、わたしが考えていることを知ってるみたい！　でも、だれだってかまわないわ。それよりアシュリーとふたりきりになる方法を考えなきゃ！

第4章（☞ p.40）

　パーティーは続いていた。年配の男たちが北部人について話している。「戦争になったら、一戦でヤンキーどもを打ち負かせるさ」ひとりの男が大声をあげた。

　「そうとも」別の男が叫ぶ。「南部の紳士ひとりでヤンキー20人を倒せるぞ」

　若者たちも戦争の話に興奮していた。「ヤンキーどもはわれわれと戦うのを恐れてるんだ！　簡単にやっつけられるぞ」と言う。「われわれの生き方のために戦わねばならない！　南部連合の名誉を守るんだ！」

　例の背の高いよそ者が、皆の話を聞いていた。「紳士諸君」と、彼は口を開いた。「ちょっとよろしいですか？」言葉は丁寧だが、あざけるような声だ。

　「われわれ南部人は戦争の準備ができていません」よそ者は言った。「われわれには大砲や銃を作る工場がない。炭鉱も鉄鉱山もない。しかし、ヤンキーはこれらすべてをもっています。戦争の準備が整っているんです。南部人にあるのは綿花と、奴隷と、プライドだけですよ。戦争が始まったら、1カ月でヤンキーどもにやられるでしょうね」彼はにやりとし、丁寧にお辞儀をしてから、部屋を出ていった。

　一瞬、みなは沈黙した。やがて男たちが激怒して叫びだした。「レット・バトラーめ！　なんてやつだ！　あんなことを言うとは、南部連合を裏切ったも同然だ」と、ひとりが怒鳴った。

　スカーレットも衝撃を受けた。あの男——レット・バトラー——はどうしてあんなことが言えたのだろう、と彼女は思った。とはいえ、彼の言うとおりだ。南部で工場など見たことがないし、聞いたことさえない！　それにしても、なんて恐ろしいことを言うのだろう！

　スカーレットはあたりを見回した。メラニーが部屋の隅でレディーたちと話している。アシュリーの姿がない。

　アシュリーはどこ？　スカーレットは考えた。これはチャンスかもしれないわ！アシュリーを見つけなきゃ。そして、愛してるって彼に言うのよ。

　彼女はすばやく歩いて、にぎやかな部屋を後にした。

＊　＊　＊

　スカーレットはアシュリーをさがしてトウェルヴ・オークス中を歩きまわった。やがて彼を見つけると、喜びで胸が躍った。

「アシュリー！」彼女は呼びかけた。「お願い、どこかへ行って話をしたいの」スカーレットは急いで、暗くひんやりした書斎に入った。アシュリーが後について入り、ドアを閉めた。

「スカーレット、どうしたんだい？」アシュリーはそう訊いて、にっこり微笑んだ。「男友だちから隠れてるのかい？ タールトン兄弟に、チャールズ、フランクも、きっときみをさがしてるよ！」

スカーレットは声が出なかった。手が震える。さあ、今よ！

「どうしたんだい？」アシュリーが繰りかえす。「秘密なのかい？」

「そうよ」スカーレットは言った。淑女らしい慎みが消え去り、彼女は大胆に打ち明けた。「そうよ——秘密よ。わたし、あなたを愛してるの」

一瞬、スカーレットの心は幸福感で満たされた。なんてたやすいことだろう、と思った。とうとう打ち明けたわ！ これですべてうまくいくはずよ！

でもそれから、アシュリーのようすに気づいた。何かおかしいわ！ どうしてうれしそうじゃないの？

アシュリーは青ざめていた。「そんなことを言ってはいけないよ、スカーレット」彼はささやいた。「それを言った自分が嫌になるだろう。聞いたぼくのことも嫌になるはずだ」

「そんなわけないわ！」スカーレットは叫んだ。「愛してるの。あなたもわたしを愛してる。そうでしょ？ アシュリー、わたしのことが好き？」

「ああ」彼はゆっくり答えた。「好きだよ」だが、その声は悲しげで、よそよそしかった。

「じゃあ、何がいけないの？」スカーレットは声をあげた。

「ぼくはメラニーと結婚するんだ」彼が言う。「ここでの話はすっかり忘れなくてはいけないよ」

「どうして？」スカーレットは声を張りあげた。「わたしを愛してるのに、どうしてメラニーと結婚できるの？」彼女は失望し、戸惑っていた。

「どう説明したらいいんだろう？」アシュリーが言う。「きみはとても若くて生き生きしているよ、スカーレット。でも結婚がどんなものかわかっていない。メラニーはぼくと似ているんだ。ぼくを理解してくれる。ぼくたちは同じものを愛している。ふたりが似た者同士でないと、結婚はうまくいかないんだよ」

「でも、わたしが好きだって言ったじゃない！」スカーレットは言った。

「言うべきじゃなかった」とアシュリー。「でも、きみを好きにならずにはいられないよ、スカーレット！ きみはぼくと違いすぎるんだ。情熱と激しさと活気に満ちあふれている」

スカーレットはいきなり怒りだした。「正直に言ったらどうなの！」と怒鳴った。「わたしと結婚するのが怖いのね。臆病者！ あの退屈で、地味なおばかさんと結婚

すればいいわ！　あなたなんて大嫌い！　死ぬまで憎んでやる！」

スカーレットは彼の顔を思いっきり平手打ちした。鞭を打つような音がした。

アシュリーは何も言わなかった。彼女の手にキスをし、部屋を出ていく。その後ろでドアが閉まった。

* * *

スカーレットは書斎にひとり残された。怒りがひどい恐怖と恥ずかしさに変わっていく。なんてことをしたのだろう、と激しく思う。アシュリーを失ってしまった！　永遠に嫌われるわ！

気が動転して頭がおかしくなりそうだ。テーブルにあった陶器のボウルをつかむと、壁に向かって投げつけた。ボウルは粉々に砕けた。

「これは」と、ソファーから声がした。「あんまりじゃないかな」レット・バトラーが立ちあがり、スカーレットにお辞儀をした。くすくすと笑っている。

スカーレットはショックのあまり、動くことも話すこともできなかった。あの嫌なよそ者、レット・バトラー！　彼が黙ってソファーに寝そべっていたことに、彼女は気づいた。アシュリーとの会話を聞いていたのだ！　わたしのことをどう思っていることか！

「あなた、とても紳士とは言えませんわね！」スカーレットは声を大きくして言った。

彼はまた笑った。「まったくそのとおりだ」と言う。「そして、あなたも淑女とは言えませんね。でも、わたしはレディーには全然興味がないんですよ。レディーは本当に思っていることを口にする勇気がない。レディーなんて、つまらないですよ。でも、あなたは違う、ミス・オハラ。あなたは大胆で生命力に満ちあふれている。あの上品すぎて退屈きわまりないウィルクス氏のことが、どうしてそんなに好きなのかわかりませんね──」

「よくもそんなことを！　アシュリーはあなたよりずっと素敵よ！」スカーレットは腹を立てて怒鳴った。

「それなのに、あなたは彼を永遠に憎むわけですね！」レットは笑った。

スカーレットは彼を殺したくなった。そのかわり部屋を出て、大きな音を立ててドアを閉めた。

* * *

スカーレットはゆっくりとトウェルヴ・オークスの屋敷のなかを歩いていった。まだショックから立ち直れない。何もかも、もうどうでもいいような気がする。

だれにも知られてはいけないと、スカーレットは思った。もしだれかにアシュリーとの会話を知られたら、恥ずかしくて死んでしまうわ。どうしたらいいの？

屋敷の外で、男たちが興奮して大声をあげていた。何が起こっているのだろう？　すると、叫び声がした。「イー、アイ、イー！　ついに戦争が始まったぞ！」若い男

たちがみな、馬のほうへ駆けだした。雄叫びをあげながら笑っている。南部連合軍に加わるつもりなのだ。

　するととつぜん、だれかがスカーレットの手に触れた。メラニーの兄、チャールズ・ハミルトンだ。内気そうな顔を真っ赤にし、手も震えている。

　「いとしいミス・オハラ」チャールズは言った。「あなたは……だれよりも愛らしくて美しい女性です。あなたを愛しています。ひょっとして、ぼくを愛してくれますか？　ぼくと結婚してくれますか？」

　スカーレットは彼の言葉を冷めた気持ちで聞いていた。もうどうなってもいいと思った。だって、アシュリーを永遠に失ったんだもの！　彼がメラニーと結婚するんなら、わたしはこの人と結婚したほうがいいのかもしれないわ。もしチャールズと結婚したら、アシュリーはわたしがふざけてただけだって思うはずよ。

　チャールズが再び話しだした。「ぼくは戦争に行くつもりなんです、ミス・オハラ……。ぼくを待っていてくれますか？　ヤンキーどもなんか、すぐにやっつけますよ。戦争が終わったら結婚できます」

　「待つのは嫌よ」スカーレットは言った。「今すぐ結婚しましょう」

第5章 （☞ p.46）

　2週間後、スカーレットはチャールズ・ハミルトンと結婚した。結婚式はまるで悪い夢を見ているようだった。こんなはずじゃないのに、とスカーレットは思った。ああ、わたしったら、なんてことをしてしまったの？

　だが、もう遅かった。とつぜん、彼女は夫をもつ身になった。今では既婚女性だ。

　翌日、メラニー・ハミルトンとアシュリー・ウィルクスの結婚式がトウェルヴ・オークスで行われた。結婚式のあと、メラニーは喜びに満ちあふれてスカーレットにキスをした。「とてもうれしいわ。これでわたしたちは家族ね」メラニーは言った。「本当の姉妹よ！」

　スカーレットはメラニーが憎かった。アシュリーの妻である彼女に嫉妬した。だが、どういうわけか、メラニーはスカーレットの嫌悪に気づかなかった。

　戦争が始まろうとしていた。若い男たちはみな北軍と戦いにいき、アシュリーとチャールズも入隊した。

　「心配いらないよ、ダーリン」チャールズは出かけるとき、スカーレットに言った。「ひと月でこの戦いに勝つよ！　そしたら、帰ってくるからね」

　しかし、チャールズは帰ってこなかった。入隊して7週間後、彼は病気になり、あっという間に世を去った。

　スカーレットはもう妻ではなくなった。今では未亡人だ。未亡人として喪服を着なければならない。パーティーにも行けないし、客にも会えない。タラの屋敷でおとなしくしていなければならなかった。

　　　　　　　　＊　＊　＊

　数カ月後、スカーレットはチャールズの息子を産み、ウェイド・ハンプトン・ハミルトンと名付けた。

　悪い夢がさらに悪夢になったと、スカーレットは思った。自分が未亡人だなんて信じられない。母親だということも信じられない。赤ん坊なんか好きじゃないのに。母親になるなんて、ありえない！　何もかもが瞬く間に起こり、彼女の人生はすっかり変わってしまった。

　「スカーレットさま、あなたは未亡人なんですよ。うろうろしていちゃついたり、笑ったりしちゃいけません。にっこりしてもだめですよ」マミーが真剣に言いきかせた。「いけないことです！　まわりの人がびっくりしますよ。チャールズさまのために喪に服してなきゃいけないんですからね！」

　マミーはスカーレットが赤ん坊のときの乳母だった。今では彼女のメイドで、タラにもっとも古くからいる奴隷のひとりだ。

　スカーレットはマミーの言うとおりにしたが、泣き叫びたい気持ちだった。死んだほうがましだとさえ思う。未亡人は何も楽しめない。誘惑も、男友だちも、パーティーも、きれいなドレスもない。

　「まわりの人が驚いたってかまうもんですか」スカーレットは声を荒げた。「そんなに悲しくないのに、こんなの不公平だわ。わたしの人生はもう終わりよ！　それに、喪服なんて大嫌い！　わたしには似合わないわ」

　とはいえ、スカーレットにはどうすることもできなかった。この新しい人生に閉じこめられたような気がする。一番つらいのは、アシュリーに会えなくて寂しいことだった。数カ月が経ち、彼女はさらにふさぎこむようになった。

　スカーレットの母のエレン・オハラはたいそう心配し、医師を呼んで助言を求めた。

　「スカーレットさんには変化が必要ですな」と医師は告げた。「旅に出るのがいい。新しい場所へ行けば、悲しみを忘れられるでしょう」

　だが、どこへやればいいのだろう？　エレンはスカーレットをアトランタへ行かせることにした。そこにはメラニー・ウィルクスとその叔母のピティパットが住んでいる。メラニーから手紙も届いていた。「スカーレットがアトランタに来てくれたらと願っています。わたしたちの家に滞在してほしいのです。かわいそうなことにチャールズは亡くなりましたが、わたしとスカーレットはいつまでも姉妹ですわ！　お会いできたらどんなにうれしいでしょう。いとしいアシュリーが戦争に行っているので、ピティパット叔母とふたりだけで寂しいのです」

　そこでスカーレットはタラを出発し、アトランタ行きの列車に乗った。赤ん坊のウェイドと、その乳母のプリシーも一緒だった。

　スカーレットは本当はアトランタに行きたくなかった。アシュリーの妻と一緒に

住むなんて、考えるのも嫌だった。それに、ミス・ピティパットのことも愚かな老女だと思っていた。でも気持ちがふさいでたまらないので、どんな変化でもうれしく感じたのだ。

第6章 (☞ p.54)

1862年5月のある朝、スカーレット、プリシー、赤ん坊のウェイドはアトランタへ向かった。その町のようすは、スカーレットにとってうれしい驚きだった。タラとはまったく違っていた。アトランタはスカーレットのように若々しく、活気に満ちている。刺激的なところだった。

アトランタは重要な場所でもあった。この戦争で、アトランタは南部にとって欠かせない拠点となっていた。4本の鉄道がこの町と南部の各地とを結んでいる。町は成長しつづけ、戦争によって急速に発展した。新しい工場が町中にあり、労働者があらゆるところから集まった。昼も夜も、工場は銃や軍需品の製造に追われている。アトランタには負傷兵のための病院もたくさんあった。町は戦争遂行のための活気にあふれていた。

スカーレットはアトランタで、メラニーとその叔母、ミス・ピティパット老人と一緒に住むことになった。「チャールズが亡くなったのだから、あなたがずっと一緒に暮らしてくださいね」とメラニーは言った。「あなたはわたしにとってお姉さんのようなものよ、スカーレット！」

スカーレットは礼儀正しく微笑もうとした。メラニーはなんておばかさんなのだろう、と彼女は思った。わたしに嫌われてるのを知らないのかしら？　わたしがアシュリーを愛してることに気づいてないの？　まあ、少なくともアトランタにやってきたわ。ここはタラほど退屈しないわね。

メラニーとミス・ピティパットは幼いウェイドのこともかわいがった。「ウェイドはほんとにかわいい赤ちゃんね」とメラニーは何度も言う。「自分の子ならどんなにいいでしょう！」

スカーレットはすぐにアトランタでの生活に馴染んだ。町のおもだった人にもすべて会い、メリーウェザー夫人、エルシング夫人、ホワイティング夫人にも挨拶した。この3人はアトランタの住人をひとり残らず知っており、あらゆる催し物を取り仕切っていた。

「病院で手伝いなさい、スカーレット」とエルシング夫人が言った。

「大勢の勇敢な兵士たちがヤンキーと戦って負傷しているのです。だれもが大義のために手助けしなければならないのですよ」ホワイトニング夫人も付け加える。

「もちろんスカーレットは手伝いますわ！」メラニーが声をあげた。「スカーレットはとても親切で優しい人ですもの。チャールズを亡くした悲しみも和らぐでしょう」

スカーレットに選択の余地はなかった。彼女はメラニーと一緒に病院で看護を手伝った。実際、アトランタ中の女たちが病院で手伝いをしていた。だれもが大義のために懸命に働いているらしい。

でも、スカーレットは病院が大嫌いだった。もっと他にやりたいことがたくさんあったのだ！ ハンサムな兵士たちの気を引きたい。きれいなドレスを着たい。ダンスをしにいきたい。でも、こういうことはできなかった。彼女はまだチャールズ・ハミルトン夫人で、未亡人なのだ。悲しみに打ちひしがれているふりをしなければならない──本当はそうでなくても。きれいなドレスを着ることはできないし、男たちとじゃれ合うことなど絶対にできない。アトランタはタラほど退屈ではないものの、スカーレットの心は晴れなかった。

第7章 (☞ p.56)

数カ月後が過ぎた。メリーウェザー夫人、エルシング夫人、ホワイティング夫人は舞踏会を企画していた。これまでアトランタで催されたなかで最大の舞踏会になりそうだ。ダンスと音楽がある。そして何よりも、戦争のために募金をする。アトランタ中の人たちが楽しみにしていた。

スカーレットもわくわくしていた。舞踏会もパーティーもずいぶん久しぶりだと彼女は思った。ふつうなら、未亡人は舞踏会に行くものではない。喪に服している女が出席するのは不適切だ。ところが、メリーウェザー夫人が、スカーレットとメラニーに手伝いに来るよう頼んだのだ。

「本当はよくないのはわかっていますよ」メリーウェザー夫人は言った。「あなたがチャールズのために喪に服していることもね。でも、舞踏会で食事の給仕を手伝ってもらいたいのです。来ていただけます？ なんといっても、大義のためですから！」

メラニーとスカーレットは引き受けた。舞踏会で、ふたりはテーブルのそばで黙々と働いた。しばらくのあいだ、スカーレットは忙しくてあたりを見られなかった。でもやがて、舞踏会に来ている若い未婚の娘たちに目をやった。娘たちはとても美しいドレスを身に付けていた！ しかもハンサムな兵士たちとじゃれあっている。

不公平だわ、とスカーレットは思った。わたしのほうがどの娘よりもきれいなのに。こんな地味な黒い服を着なくてもよかったらいいのに！ あの兵士たちとじゃれあうことができたら！ どの娘よりもたくさん男友だちがいたのに。ああ、いったいどうして結婚なんかしてしまったのかしら？ こんな戦争は大嫌い！ 未亡人でいるのも大嫌い！ 彼女の怒りに燃える緑の瞳は火のようだった。

背の高い男が部屋の向こうに立っていた。彼はふと、スカーレットの輝く緑の瞳に気づいた。驚いたかのように、じっと彼女を見つめる。それから声を立てて笑うと、こちらへ歩いてきた。

スカーレットは目を上げて男を見た。一瞬、だれかわからなかった。しかしその

あと、恐怖にかられた。あのひどい男、レット・バトラーだわ！　ここで何をしてるのだろうと、彼女は思った。逃げなくては。

　しかし、もう遅かった。彼は目の前に立っている。そして、お辞儀をしながら言った。「ミス・オハラ、またお会いできて本当にうれしいですよ」人をばかにしたような微笑みを浮かべる。

　スカーレットは声も出なかった。恥ずかしさで顔が紅潮する。すると、メラニーがそばに立ったのでほっとした。

　「バトラー船長、お会いできてうれしいですわ」メラニーが言った。「昨年、トウェルヴ・オークスへいらしてくださいましたね。アシュリーとの婚約発表の日でしたわ。そして、戦争が始まった日でした」

　「そうでしたね、ミセス・ウィルクス」彼は礼儀正しく言った。「ご主人は戦争に行かれたのですか？」

　「ええ、ヴァージニア州で戦っています」メラニーは誇らしげに答えた。それから、悲しそうな顔になった。「でも、スカーレットの夫——わたしの兄のチャールズ——は亡くなりました。戦争が始まって数カ月のうちに。それで、わたしたちは喪に服しているのです。かわいそうに、スカーレットはすっかり落ちこんでしまって」

　「心よりお悔やみ申し上げます」そう言って、彼はメラニーの優しく悲しげな目を見つめた。その表情は敬意に満ちている。「あなたは勇敢なレディーだと思いますよ、ミセス・ウィルクス」と、思いやりをこめて言った。

　数人の兵士が近づいてきた。レディーたちに金の宝飾品を供出するよう求めている。「金を南部連合国に供出してください」兵士たちは言った。「あなたの金が勇敢な兵士たちの助けになるでしょう。大義のためです！」まわりでは、レディーたちが宝飾品を兵士に渡している。

　スカーレットは自分の金の結婚指輪を見た。この指輪が大嫌いだった。これを見るとチャールズを思い出す。

　彼を愛してなかったのに、と腹を立てながら彼女は思った。結婚なんかするんじゃなかったわ！　そして、指から指輪を引き抜いた。「どうぞ、この指輪を受けとって」と兵士たちに言った。

　メラニーが目をみはり、「まあ、スカーレット！」と声をあげた。その瞳が誇らしさと愛情で輝いている。「あなたは本当に勇気のある人ね！　わたしも指輪を出すわ」メラニーはゆっくりと自分の結婚指輪をはずして、兵士に渡した。今にも泣きだしそうだ。

　レット・バトラーはふたりの女をじっと見ていた。スカーレットの怒った顔と、メラニーの悲しそうな顔。彼はスカーレットのほうを向いた。「なんとすばらしい行為でしょう、ミセス・ハミルトン。あの指輪があなたにとってどんなに大切か、わたしはよく知っていますよ」黒い瞳が彼女のことを笑っている。

なんて嫌な男！とスカーレットは思った。わたしがチャールズを愛していないのを知ってるくせに。わたしをからかってるんだわ。どうしてメラニーは気がつかないの？

　スカーレットは急いでその場を離れたが、彼があとについてきた。「わたしにかまわないでください！」ついに彼女はささやいた。

　彼はくすくす笑い、「ご心配なく。あなたの秘密はだれにも話しませんよ」と言った。

　「よくそんなことが言えますね！」彼女は声をあげた。

　「安心させてあげようと思ったんですがね」彼は言う。「なんて言えばいいのかな？『おれのものになれ、べっぴんさん、でないと全部ぶちまけるぞ』とでも？」

　スカーレットは、にやにやしている彼の顔を見あげて、思わず吹き出した。どちらにしても、ばかげた状況だ。しだいに気持ちが落ち着いてきた。「どうしてアトランタにいるんですか、バトラー船長？　やっぱり入隊なさるの？」

　「いや、軍には入りません」彼は言った。「わたしは封鎖破りなんです。ヤンキーどもが南部の港を船で封鎖しましてね。その封鎖のせいでほとんどの物資が南部に届かない。ところが、わたしは高速船をもっているんです。これならヤンキーどもに気づかれずにこっそり出ていける。イギリスまで航海して、南部連合が必要としている物資を買い付け、それから夜にヤンキーの船のそばをすり抜けて戻るんです。わたしの船が重要な物資を南部に届けているわけです。これが封鎖破りの仕事ですよ」

　「じゃあ、大義のために働いてらっしゃるのね」スカーレットは言った。

　「いいえ。わたしは自分のためにしてるんですよ」彼は答えた。「大義なんかどうでもいい——南部もね——まったくどうでもいい。わたしは英雄なんかじゃありません。南部連合が物資を高値で買ってくれる。それが狙いなんです。この戦争が終わる頃には、金持ちになってますよ」

　スカーレットは唖然とした。「大義がどうでもいいだなんて、よく言えますわね！」彼女は声をひそめた。「みんな大義のことを考えてるのに」

　「わたしは気にしない。大義なんぞ、名誉と愛国心を信じる愚か者のためにあるんですよ。彼らは戦争が本当はなんなのかわかっていない。どんな戦争も金が目当てです。それが真実ですよ」

　スカーレットはびっくりして声も出なかった。これほどあけすけに話す人を見たことがない。なんて恐ろしいことを言うのだろう！

　「あなたも大義など気にしていないと思いますがね」彼は言った。「本当に思っていることを話したらどうです？　うんざりしてるんでしょう？」

　スカーレットは彼を見あげ、罪悪感と驚きにかられて「どうしてそれを——」と言いかけたが、あわてて口を閉じた。

彼は大笑いした。「どっちにしろ、たいしたことありませんよ」と言う。「われわれは戦争に負けますからね」

「南部が負けるですって？」彼女は言った。背筋がぞっとする。「よくもそんなことを！　あっちへ行ってください！　今すぐわたしから離れて！」

「お望みどおりに」彼はにやりと笑い、お辞儀をしてから歩き去った。

＊　＊　＊

ダンスが始まろうとしていた。ミード医師が前に進み出て話をした。彼はアトランタでもっとも有名な医師であり、重要人物でもあった。「紳士淑女のみなさん。この舞踏会は大義のための募金が目的であります」と医師は語った。「募金はわれらが英雄——勇敢な兵士たちの役に立つでしょう！　ダンスでも募金を行います。紳士諸君、お気に入りのレディーと最初に踊りたければ、寄付金を出していただきますぞ」

とたんに、みんなが口々にしゃべりだした。ミード医師の提案は衝撃的で、心躍るものだった。ひとつ目のダンスで最初に踊るのはだれだろう？

「ミス・メイベル・メリーウェザーに20ドル！」ひとりの兵士が叫んだ。

「ミス・ファニー・エルシングに25ドル！」別の兵士が叫んだ。

スカーレットはその兵士たちの声を聞いて、とても悲しくなり、寂しさを覚えた。未亡人じゃなければいいのに、と彼女は思った。結婚なんかしなければよかったのに！　兵士全員がわたしと踊るためにお金を払ったはずよ。ここにいるどの娘よりもきれいだもの！　どのダンスでも最初に踊っていたはずだわ！　もう一度踊れたら、どんなにいいかしら！

そのとき、レット・バトラーの声が聞こえた。

「ミセス・チャールズ・ハミルトンに——150ドル——金貨で」

とつぜん、会場が静まりかえった。全員がふり向いて彼女を見る。スカーレットは驚きのあまり動けなくなった。

ミード医師がレット・バトラーに目をやった。驚いた医師は、「ミセス・ハミルトンは未亡人ですぞ」と、冷ややかに言った。「他のレディーと踊ってはいかがかな？」

レットはうんざりしたようすで、「いいえ」と言った。「ミセス・チャールズ・ハミルトンです」

「それは無理ですな」とミード医師。「ミセス・ハミルトンは喪中ですぞ！　踊ったりせんでしょう」

スカーレットは考えもせずに勢いよく立ちあがり、「いいえ、踊ります！」と叫んだ。

彼女はすばやく会場の真ん中へ進んだ。心臓が激しく波打っているが、うれしくてたまらない。また踊れる！　舞踏会の1曲目のダンスで最初に踊るのだ！　「そうよ、気にしないわ！　人の言うことなんか気にするもんですか！」と小声でささやいた。

レット・バトラーが彼女のほうへ歩いてきた。お辞儀をしながら、からかうよう

な笑みを浮かべている。でもスカーレットは平気だった。自分も微笑んで、片足を後ろに引き、膝を深く曲げた。すると、楽団の演奏が始まった。

＊　＊　＊

「みんながわたしたちを見ていますね、バトラー船長」スカーレットは言った。「わたしがダンスをしていることに呆れてるんだわ。とても不作法ですもの」

「いとしいミセス・ハミルトン、どうでもいいでしょう？　わたしは気にしませんよ。あなたもそうだと思いますがね」

「あら——そうね、ほんとは気にしてないわ！　またダンスができて、とてもうれしいんですもの」

「勇気のある人だ！　わかってきたようですね。いいですか、もし十分な勇気があれば——または、十分な金があれば——人がどう思おうと気にする必要はないんです」と彼は言った。

「なんて恐ろしいことを、バトラー船長……。あら、この曲、素敵じゃありません？　いつまでも踊っていられそう。ダンスしたくてたまらなかったんです」

「今夜は何時間でも踊りましょう」彼が言った。

「まあ、いけませんわ」スカーレットは声をあげた。「わたしがずっと踊ってたら、みんながもっと呆れます」

「かまうものですか！　みんなとっくに呆れてるんだから、どうでもいいでしょう？」

「そのとおりね。まともじゃないのはわかってるけど、もう気にしません。上品に振る舞うのは、うんざりだもの」スカーレットは答えた。「バトラー船長、そんなに強く抱きしめないで！　怒りますよ」

「でも、あなたは怒るときれいなんですよ。トウェルブ・オークスでのあの日のことを思い出しますね。怒ったときのあなたは、じつに魅力的でしたよ。あのボウルを投げたときのことを覚えていますか？」

「ああ、お願いだから——そのことは忘れてくださらない？」

「嫌ですね。お気に入りの思い出のひとつなんですから」彼は微笑みながら言った。

第8章（☞ p.66）

翌朝、ミス・ピティパットはおろおろしていた。「ああ、スカーレット！」と声をあげた。「どうして、あんな恐ろしいバトラー船長と踊ったりしたんです？　彼は紳士じゃありませんよ！　今じゃ、だれもがわたしたちのことを噂してるんですよ！ダンスなんて絶対にいけません！」

「わたしは気にしません」スカーレットは言った。「みんながもう噂してるんなら、他に何をしてもかまわないでしょ。家にこもっているのは、もう飽き飽きなんです」

「バトラー船長がそんなに悪い人のはずがないわ、ピティ叔母さま」メラニーが優

しく言った。「あの人はとても勇敢よ！　封鎖破りなんですって。大義のためにしてらっしゃるのよ。紳士に違いないわ。スカーレットだって何も悪いことはしていません。勇敢な兵士たちのために寄付金を集めようとしただけよ」

　そのとき、1通の手紙が届いた。メラニー宛てで、差出人はレット・バトラーだ。封筒のなかにはメラニーの結婚指輪が入っていた。彼がメラニーの指輪を買い戻して、彼女に送り返してくれたのだ。

　「バトラー船長は本当に優しくて思いやりのある方だわ！」メラニーは叫んだ。「ほらね、やっぱり紳士でしょう。紳士でなければ、こんなに親切なことはできないわ。指輪を出したあと、とても悲しかったの。あの人、きっと気づいてたのね。お礼をしなくちゃいけないわ。夕食にご招待しないと」

　このときから、メラニーはつねにレット・バトラーの肩をもった。本物の紳士だと思いこんでいたのだ。

　スカーレットはそれほど確信できなかった。レットは自分が知っている他の男たちとは違っていた。彼は好きなことを話し、好きなことをする。人に呆れられることを恐れない。他の若者たちは子どものようだが、レットは一人前の男だった。スカーレットの思うようには操れない。気を引こうとしても、笑われるだけだ。そして、しょっちゅうからわれたり、小ばかにされたりした。

　それでも、彼女はレットに会うのを楽しみにしていた。レットには刺激的で生き生きしたところがある。「まるで彼に恋してるみたいじゃないの！」スカーレットは思った。「でも、そうじゃないわ。なんだか、自分でもよくわからない」

第9章 (☞ p.68)

　戦争は続き、血なまぐさい戦いが次々と起こっていた。しかし、スカーレットは幸せを取り戻していた。舞踏会以来、アトランタでの彼女の生活はすっかり変わった。やはり喪服姿で病院の手伝いをしていたが、それ以外は未婚の若い娘のようにふるまっていた。パーティーに行ってダンスをしたり、兵士たちとじゃれあったりする。まわりの人々が彼女の行いを見て呆気に取られても、スカーレットはご機嫌だった。

　レット・バトラーがそうするよう仕向けていた。彼は喪服を着ることさえやめさせたがった。ある日、彼はスカーレットに美しい緑色の帽子をもってきた。

　「レット！　最高に素敵な帽子ね」スカーレットは被りながら言った。「どう、似合ってる？　これを買い取らせて。もってるお金を全部渡すわ！」

　「これはあなたのものですよ、もちろん」彼は言った。「贈り物です」

　スカーレットは一瞬言葉を失った。贈り物ですって！　でも、男からこのような贈り物を受け取るのはレディーとしてふさわしくない。母の顔が目に浮かびそうだ。「本当のレディーは男性から贈り物を受け取ったりしません」母のエレンはいつもそう言っていた。

だけど、こんなに素敵な帽子だもの、とスカーレットは思った。手放せるもんですか！「どうもありがとう、レット」と彼女は言った。「でも、もう贈り物はもってこないでくださいね。あなたはほんとうに親切だわ！」

「わたしは親切じゃありませんよ」彼は言った。「親切なんかじゃない。見返りなしに何かをあげたりしません。必ず元を取りますよ」

とうとう言ったわ！　とスカーレットは思った。やっぱりわたしに恋してるのね。彼女は色目をつかいはじめた。「じゃあ、必ず元を取るのね？」と言う。「それで、わたしに何をしてほしいの？　結婚なんてしないわよ、わかってるでしょ！」

レットは笑った。「あまり有頂天にならないでほしいな。あなたと結婚したいわけじゃない。だれとも結婚したくないんです。じつのところ、結婚なんか信じちゃいない。でもあなたからの見返りは欲しい。いつか元を取りますよ」

スカーレットは微笑みながら、美しいまっさらな帽子を見つめた。すっかり上の空だ。「ばかばかしい！」と彼女は言った。「あなたの言うことなんか信じないわ、レット・バトラー」

第10章 (☞ p.70)

1863年の夏、南部は希望に満ちていた。南部連合はいくつかの重要な戦いで勝利を収めた。ロバート・E・リー将軍の率いる軍隊が北部のペンシルヴァニア州へ向かっていた。「リー将軍がヤンキーどもを倒してくれる。この戦争ももうすぐ終わるぞ」と人々は言いあった。

まもなく知らせが届いた。軍はペンシルヴァニア州のゲティスバーグという小さな町で北軍と戦っていた。大きな戦いだ。ジョージア州から多くの兵士がそこへ送られていた。アトランタの人たちはみな、不安な気持ちで待ちつづけた。「何が起きてるんだ？　わが軍が勝ったのか？　知らせはないのか？」

スカーレットは心配だった。アシュリーはゲティスバーグにいる。もしアシュリーが殺されたらどうしよう。彼が殺されたら、わたしも死ぬわ！　だが、その恐れを人に話せなかった。アシュリーはメラニーのものなのだ。

メラニーも心配していた。「どうかアシュリーが無事でありますように」と声をあげて祈った。「ああ、スカーレット。チャールズが亡くなったとき、あなたには少なくとも赤ちゃんがいたわ。でもアシュリーが亡くなったら、わたしには何もないのよ」

丸一日、アトランタ中の人たちが戦いについての知らせを待った。やがて、恐ろしい知らせがもたらされた。南軍が負けたのだ。何千という男たちが死に、その多くがアトランタ出身だった。

スカーレットは悲しみに打たれた。彼女の男友だちの多くが殺され、スチュアートとブレットのタールトン兄弟も命を落とした。妹の恋人、フランク・ケネディは重

傷を負った。それでも、スカーレットはいくらか安心した。アシュリーが無事だったからだ！

＊　＊　＊

　戦いは秋中も続いた。だが1863年12月の始め、うれしい知らせが届いた。アシュリーがクリスマスに帰ってくるというのだ！　1週間、軍から離れることを許され、アトランタの家へ戻ってくるという。

　スカーレットはタラでクリスマスを過ごすつもりだった。だが、アシュリーのことを聞いて、予定を変えた。

　アシュリーに会わなくては、と彼女は思った。クリスマスはアトランタで過ごすわ。2年もアシュリーに会ってないんだもの！　ちゃんと確かめなきゃ——まだわたしを愛してるかしら？　わたしはこれまで以上に愛してるわ。

　まもなく、アシュリーがアトランタに到着した。相変わらずハンサムだったが、雰囲気がすっかり変わっていた。表情は硬く悲しげで、その目には得体の知れない恐怖が宿っている。

　ところが、スカーレットはこのような変化に気づかなかった。アシュリーが帰ってきたと喜んでいた。彼がここにいるのよ！　スカーレットはとてもうれしくて、他の男たちと遊びたいと思わなかった。ただアシュリーのそばにいたかった。メラニーさえいなければ、アシュリーはわたしのものなのに、と思う。彼はまだわたしを愛してるに違いないわ。どうしたら彼の気持ちがわかるかしら？

　しかし、スカーレットはアシュリーとふたりきりになることができなかった。メラニーがずっと彼のそばにいたからだ。メラニーは彼の手を取り、いとおしそうに彼を見つめた。その目にはいつも喜びの涙があふれている。「ああ、アシュリー！」メラニーはささやいた。「会いたかったわ」

　スカーレットはねたましそうにメラニーを見つめた。でもどうすることもできない。アシュリーはメラニーの夫なのだ。彼のそばにいるのはメラニーの権利だ——スカーレットにその権利はない。

　他の人々もアシュリーに会いにきた。彼の父がトウェルヴ・オークスからアトランタまでやってきた。アシュリーの妹、インディア・ウィルクスも一緒だった。スカーレットはこのふたりを見てうんざりした。老いたウィルクス氏とインディアがアシュリーから離れなかったので、アシュリーがひとりになることはなかった。

　その週が瞬く間に過ぎ、時間が夢のように消えていく。スカーレットは日に日に不安がつのった。アシュリーはもうすぐ戦争に戻らなくてはならないのよ、と彼女は思った。ふたりきりになれなかったら、どうしよう？　彼がわたしのことをどう思っているのか確かめなくては。

　とうとう、アシュリーがアトランタを発つ日がやってきた。メラニーとピティパット叔母は、あまりに悲しくて寝室から出られなかった。家中がしんとしている。ス

カーレットは、これはチャンスだと気づいた。急いでアシュリーに近づいた。

「アシュリー！」彼女はささやいた。「話があるの！」

アシュリーは微笑もうとしたが、その顔は心痛で青ざめていた。「もちろんいいよ」と言う。「じつは、ぼくも頼みたいことがあるんだ」

スカーレットはどきどきした。わかってるわ。今こそ、わたしを愛してるって打ち明けるのね！

「ああ、アシュリー」彼女は声をあげた。「あなたのためなら、なんでもするわ！」

「ありがとう、スカーレット。ぼくの頼みはこれだよ。メラニーの面倒を見てくれるかい？　いつも彼女のことが心配なんだ。メラニーは優しくて繊細だ。でも、きみはとても強い。メラニーはきみのことを姉のように慕っているんだ。彼女の面倒を見てくれるよね？」

スカーレットはがっかりした。わたしがメラニーを嫌っていることを知らないの？

アシュリーは話を続けた。「ぼくはどうなるかわからない。でも、ひとつだけ、わかっていることがある。終わりが近づいてるよ、スカーレット。そして終わりが来たとき、ぼくははるか遠くにいるだろう。メラニーを助けてやれない」

スカーレットは急に怖くなった。「終わりって？」と訊いた。

「戦争の終わりだよ」アシュリーは言った。「われわれの世界の終わりだ」

「わたしたちの世界の終わりですって？　ヤンキーたちに負けるわけがないでしょ？」彼女は叫んだ。

「真実を話すよ、スカーレット。ヤンキーどもにぼくらは負ける。やつらのほうが兵士が多いし、武器も多いんだ。こちらは何千もの男たちが殺された。しかも毎日死者が増えている。ヤンキーの軍艦がわれわれの港を封鎖したから、船で物資も運べない。終わりが近づいてるんだよ。ぼくらはこの戦争に負ける」

荒々しい考えがスカーレットの頭に浮かんだ。南部連合なんか、すっかり消えてしまえばいい。世界も終わればいい。でも、あなたは死んじゃだめ！　あなたが死んだら、わたしは生きていけないわ！

「こんな恐ろしいことを話してごめんよ」アシュリーは言った。「でも、きみの助けが必要なんだ。約束してくれるね、スカーレット？　メラニーを頼んだよ」

スカーレットはアシュリーの目を見つめた。嫌とは言えない。彼の言葉を拒むことなどできない。「ええ、約束するわ！　メラニーの面倒を見るわ」彼女は言った。「でも、アシュリー、アシュリー！　どうか行かないで。わたし、勇気が出ないわ」

「勇気を出しておくれ、スカーレット」彼はささやいた。「でないと、ぼくは行けないだろう？」彼女の手にキスをする。「スカーレット、きみはとても強くて勇敢だ。すばらしいよ。きみのすべてがね──顔も、身体も、心も、魂も」

ああ、やっと！　今度こそ、とスカーレットは思った。今こそ、わたしを愛して

るって言ってくれる。彼女はその言葉を待った。ところが、アシュリーは黙っていた。

「ああ」スカーレットは呟いた。がっかりした子どものように。

「さようなら」アシュリーは静かな声で言った。ドアに向かって歩きだす。

スカーレットは彼が去るのを見ていられなかった。あとを追い、「キスして」とささやいた。「お別れのキスをして」

アシュリーは彼女を優しく抱いた。だがスカーレットはもう待てず、彼に情熱的なキスをした。一瞬、アシュリーは彼女を引き寄せた。それから押しのけた。

「だめだ、スカーレット、だめだよ」彼は低い声で言った。

「愛してるわ」彼女は声をあげた。「ずっと愛してたの。他の人を愛したことなんかない。チャールズと結婚したのは、あなたへの当てつけよ。ああ、アシュリー、あなたのためならなんでもするわ。お願いだから、わたしを愛してるって言って！ ねえ、言ってよ。その言葉が欲しいだけなの！」スカーレットは彼を見つめた。

彼の青ざめた顔には、愛と、深い羞恥と、失望が混じりあっていた。「さようなら」と彼はささやいた。そして、アシュリーは去っていった。

第11章 (☞ p.78)

1864年の1月と2月は、南部にとって苦しい時期だった。激しい戦いが続き、南部連合軍の兵士が大勢戦死した。そして、北軍がジョージア州に進攻しようとしていた！

だが、スカーレットは幸せだった。アシュリーに愛されているからだ。あのときのキスが忘れられない。愛と失望を浮かべた彼の表情を思い出す。今では彼の愛を確信していた。そのおかげで、メラニーといるのが苦しくなくなった。スカーレットはもう彼女を嫌っていなかった。かわいそうに思うだけだ。

ばかなメラニー！ 彼女はおばかさんね、とスカーレットは思った。アシュリーは彼女じゃなくてわたしを愛してるのよ。戦争が終わったら、すべてうまくいくわ。なんとかして、わたしとアシュリーは一緒になるのよ。

ところが3月に、スカーレットはとんでもないことを知った。メラニーが妊娠したのだ。彼女とアシュリーの赤ん坊が生まれる。「とてもうれしいわ」とメラニーは言った。「すばらしいでしょ、スカーレット？ やっと赤ちゃんができるのよ！」

スカーレットは激しい胸の痛みでおかしくなりそうだった。どうしてこんなことになるの？ アシュリーはわたしを愛してるのよ。どうしてメラニーに赤ちゃんができるのよ？

しかし、彼女は何も言えなかった。自分の気持ちを押し隠すしかない。スカーレットはすぐにアトランタを発ってタラへ帰ろうと決心した。

＊ ＊ ＊

そのとき、軍から手紙が届いた。さらに悪い知らせだった。アシュリーが敵に捕らえられ、北軍の捕虜になったのだ。北部の悪評高い捕虜収容所へ送られたという。その収容所の捕虜はひどい扱いを受けて、多くが死亡していた。メラニー、スカーレット、ピティパット叔母には、アシュリーがまだ生きているかさえわからなかった。

　スカーレットは悲しみで身体が凍りついた。アシュリーが死んだらわたしのせいだわ、と彼女は思った。神さまがわたしを罰してらっしゃるのよ。わたしは結婚している男性を愛してしまった。彼を妻から奪おうとした。これはよくないことよ。神さまがわたしを罰するために彼を殺したんだわ！

　こうなっては、アトランタを離れるわけにはいかない。スカーレットは予定を変更した。ここにいて、アシュリーがどうなったか確かめなければ、と彼女は思った。今はタラに行けないわ！　メラニーが妊娠していても、ここにいるしかない。

　メラニーもスカーレットに去ってほしくなかった。「ねえ、スカーレット、ここにいてちょうだい！」と懇願した。「あなたが必要なの。あなたがわたしのそばにいてくれるって、アシュリーが言ってたわ。あなたは約束してくれたって」

　「ええ、約束したわ」スカーレットはおもむろに答えた。アシュリーは死んだかもしれないが、彼女は約束を守るつもりだった。わたしはこのままアトランタに残ろう。

第12章 （☞ p.84）

　1864年の5月がやってきた。北軍はまだジョージア州にいた。彼らはアトランタへ続く2本の鉄道を攻撃し、激しい戦闘が何度もあった。それでも、アトランタの人々は恐れなかった。北軍ははるか遠く、町から100マイルも北にいた。「われらの勇敢な兵士たちが懸命に戦っているんだ」と、みんなは言った。「ヤンキーどもがアトランタまで来るもんか！　われわれの大義が負けるはずがない！」

　ところが、それから数週間のうちに北軍が近づいてきた。南部連合軍は北軍を打ち倒すことができなかった。今や、北軍はアトランタからわずか35マイルにまで迫っていた！　南軍の多くの兵が戦死し、さらに多くの兵が負傷した。アトランタの病院は負傷兵であふれていた。

＊　＊　＊

　ある日、スカーレットはレットに戦闘について尋ねてみた。「ヤンキーたちはアトランタまで攻めてこないでしょう？　ありえないわ。南軍の兵士たちが止めてくれるわよね？」

　レットは冷ややかに笑った。「何もやつらを止められないよ。ヤンキーどもはアトランタまで来る。やつらのほうが兵士の数が多い。銃の数もね」

　スカーレットは急に怖くなった。「じゃあ、ヤンキーたちがアトランタに来るなら、

どうしてあなたはここにいるの？　怖くないの？」と訊いた。

　レットは、にやりと笑った。「なぜ、ここにいるのかって？　わたしは好奇心が強いからね。アトランタの戦いはとても重要な戦いになる。それを見ておきたい。それに、別の理由もあるだろうな。たぶん、きみを助けられるように、ここにいるんだ」

　スカーレットは頭をつんとそらした。「あなたの助けなんかいりません。とにかく、あなたの言うことなんか信じないわ。ヤンキーたちがアトランタまで来るもんですか」

　「いや、やつらはアトランタに攻めてくる。なんなら、賭けてもいい。わたしはヤンキーどもがアトランタに来ることに賭けるよ……勝ったらキスをもらおう」

　スカーレットは密かに喜んだ。やっぱりレットはわたしが好きなのね、と思った。さあ、いじわるな言葉を後悔させてあげるわ！

　「キスなんてとんでもないわ、レット・バトラー」彼女は言った。ショックを受けたふりをする。「よくもそんなことが言えるわね。あなたって紳士じゃないわ」

　レットは笑った。「もちろん紳士じゃない。でも、きみもレディーじゃない、スカーレット。だから好きなのさ。だが、きみにはキスの必要があるね。キスしてもらうといい。キスの仕方を知っている誰かにね」

　スカーレットはがっかりした。レットはわたしをからかってるんだわ。それに、わたしがレディーじゃないなんて、よくもそんなことを！

　レットは続けた。「いつか、わたしがキスをしてあげよう。気に入るはずだ。だが、今はしないよ、スカーレット。きみが成長するまで待ってるんだ。それに、あの完璧な紳士、アシュリー・ウィルクス氏を忘れるまでね。彼はおそらく、もう死んだだろう。いつか、きみは彼を忘れる。そしたら、キスしてあげるよ」

　そのとたん、スカーレットはアシュリーのことを思った。胸に痛みが広がる。ああ、アシュリー。あなたを忘れるわけがないわ！　たとえあなたが死んでも、ずっと愛しつづけるわ。

　スカーレットは怒りに満ちた目でレットを見た。「アシュリーの話はやめて。彼は本物の紳士よ。彼のことを何も知らないくせに——わたしたちのことだって！」と声をあげた。

　「きみとアシュリーのことなら、おおかた知っているよ」とレット。「トウェルヴ・オークスでの、あの日のことを覚えているかい？　わたしはそこにいたじゃないか。それに、きみがメラニー・ウィルクスのことをどう思っているかも知っている。どんなに嫌っているかをね。ひとつ訊きたいんだが、アシュリーはきみにキスしたのか？」

　スカーレットは真っ赤になり、顔を背けようとした。アシュリーがクリスマスで家に戻ったとき、彼女はキスをしたのだ。

レットは彼女の表情を見た。「そうか、彼はきみにキスしたんだな。あんなに完璧な紳士のくせに！　どうりでまだ彼が恋しいわけだ。でも、いつか忘れるさ。そしたら、わたしが——」

スカーレットは怒り心頭だった。どうしてそんなひどいことを言うの？「向こうへ行って！」と怒鳴った。「もう二度とあなたには会わないわ。大嫌いよ、レット・バトラー！」

レットは大笑いした。「わかったよ、いとしいミセス・ハミルトン」彼はお辞儀をすると、笑いながら歩き去った。

第13章（☞ p.88）

戦いが６月中も続き、北軍がアトランタに近づいてきた。もうわずか５マイル先だ！　アトランタの人々の耳には戦闘の音さえ聞こえてきた。「今こそヤンキーどもを倒さなくてはならない」みんなは叫んだ。「でないと、やつらに町を奪われるぞ」

南部連合軍は兵士が足りなかった。もはや、戦える者はだれでも必要とした。老人も少年も軍隊に入り、北軍と戦うために隊列を組んで町を後にした。

スカーレット、メラニー、ピティパット叔母は戦闘の音を聞きながら、勝利のために祈りを捧げた。だがまもなく、悪い知らせが届いた。南部連合軍が敗戦しそうだという。大勢の男たちが殺された。北軍がアトランタを三方から囲んでいる。鉄道は１本しか残っておらず、北軍がそれも攻撃しようと計画していた。

スカーレットは不安になった。その鉄道はタラの近くなのだ！　ヤンキーたちが今、タラの近くで戦っていたらどうしよう？　彼女は家族のことを思った。家に帰りたいわ。タラにいたい。お母さまのそばにいたい。お母さまはいつもわたしを安心させてくれるもの。

だが、スカーレットは行けなかった。アシュリーとの約束を思い出したのだ。メラニーなんて大嫌い、と彼女は思った。メラニーが妊娠してなければ、わたしはアトランタから出ていけたのに。ウェイドとプリシーを連れて今すぐタラに帰れたのに！

＊　＊　＊

戦闘の音がますます大きくなり、今では砲弾がアトランタに降ってくるようになった。町にいるのは危険だ。大勢が町を去る決心をし、老いたピティパット叔母もそのひとりだった。彼女はメラニー、スカーレット、ウェイド、プリシーも避難させようとした。「アトランタから逃げるんですよ」ピティパット叔母は叫んだ。「ヤンキーたちが攻めてきますよ！」

しかし、ミード医師がメラニーを引き止めた。医師は言った。「ミス・メリー、きみは妊娠中だぞ。もうすぐ赤ん坊が生まれるんだ。出産が終わるまでベッドに寝なくてはいかん。でないと、赤ん坊が亡くなるかもしれんぞ」

それから、医師はスカーレットに小声で言った。「赤ん坊が生まれるまでメラニーのそばにいてやりなさい。メラニーにはきみの助けが必要だ。彼女はきゃしゃだからな。難産になるだろう」スカーレットは引き受けたが、これまで以上にメラニーを憎んだ。

＊　＊　＊

　7月、アトランタの戦いは続いていた。砲弾が毎日降りそそいだ。スカーレットにとって、人生は悪い夢のようだった。どうしてこんなことになったのだろう？　タラのことも心配だ。タラの近くで戦闘があったことを知っている。自分の家にまで及んでいたらどうしよう？

　8月の始め、スカーレットは父からの手紙を受け取った。「いとしい娘よ」とジェラルドは書いていた。「戦闘はまだタラまで来ていない。ヤンキーはまだひとりも見ていないよ。でも、おまえとウェイドは帰ってきてはいけない。おまえの妹のキャリーンが腸チフスにかかっているからだ。おまえもウェイドもここにいては危険だろう。おまえたちも病気になるかもしれない。アトランタにいておくれ」

　その夜、スカーレットは悲しみに暮れながら、玄関ポーチでひとりすわっていた。ミス・ピティパットは町を去り、メラニーは2階のベッドで寝ている。スカーレットはタラからの知らせのことを考えていた。「かわいそうに、キャリーンは病気なのね。じゃあ、赤ちゃんが生まれたあとでもタラに帰れないわ！　どうしたらいいの？」彼女はため息をついた。

　そのとき、足音がした。レット・バトラーが家のほうへ歩いてくる。スカーレットはとても寂しかったので、彼に会えてうれしかった。レットは挨拶をして腰を下ろした。

　「まだアトランタにいたんだね」彼は言った。「ミス・ピティパットと一緒に出ていったかと思っていたよ」

　「いいえ」スカーレットは答えた。「メラニーが赤ちゃんを産むまでここにいなきゃいけないの」

　レットは笑った。「きみがミセス・ウィルクスと一緒にいるなんて、じつに奇妙で面白いな！　きみが彼女をどれほど嫌ってるか知ってるからね」

　「いじわる言わないでよ！」スカーレットは声をあげた。「約束したから残ったのよ……よくそんな失礼なことが言えるわね。こんなに悲しんでるのに。タラから悪い知らせが届いたところなのよ。妹が腸チフスにかかったから、家に帰れないの」

　「それは気の毒だな」レットは優しく言った。「でも、きみはアトランタにいたほうが安全だよ。腸チフスはヤンキーよりも危険だからね」

　それから、彼はスカーレットの片手を取り、そっとキスをした。ふしぎな、ときめくような感覚が、スカーレットの身体を貫いた。胸がどきどきする。わたしったら、いったいどうしたの？　レットのことなんか愛してないのに。わたしはアシュリーを

愛してるのよ！　どうしてこんなふうに感じるの？

「レット、やめて！　何してるの？」彼女は叫んだ。

彼は手へのキスをやめて、微笑みかけた。「スカーレット、わたしのことが好きなんだろう？」と訊く。

その質問に彼女は驚いた。「そ、そうね、好きよ——悪党みたいじゃないときはね」と言う。

彼は笑った。「悪党だから、好きなんだろう。わたしはきみが知ってる他の男たちとは違うからね。わたしを愛してくれるかい、スカーレット？」

まあ！　彼女は喜んだ。ついに、わたしの勝ちね！　さあ、がっかりさせてやるわ。「いいえ、愛せないわ。あなたは紳士らしくないもの」彼女は冷たく言った。

「そう、紳士らしくするつもりはない」レットは言った。「では、同じ意見だね。きみがわたしを愛してなくてうれしいよ、スカーレット。わたしもきみを愛していない」

スカーレットはびっくりした。「わたしを愛してないですって？」

「そうとも」レットは答えた。「愛していない。でも、すごく感心してるよ。きみの身勝手さ、道徳観のなさ、現実的な性格にね。きみが好きなのは、わたしとよく似てるからだ。わたしは紳士じゃないし、きみはレディーじゃない。ふたりとも悪党だ」

「よくもそんなことが言えるわね」スカーレットは怒って声を荒げた。「あなたって本当に失礼だわ」

「スカーレット、いいから続けさせてくれ！」レットが言う。「聞いてくれ。トゥエルヴ・オークスで初めて会った日から、きみが欲しかった。これまで求めたどの女よりも、きみが欲しい。そして、これまで待ったどの女よりも、きみを長く待ってきた」

スカーレットはうれしくなった。レットはわたしを愛してるに違いないわ。認めたくないだけなのよ！

「結婚してほしいってこと？」彼女は声をあげた。

レットは大笑いした。「まさか！　わたしは結婚に向かない男だ。知ってるだろう」

「じゃあ——何が言いたいのよ？」スカーレットは詰問した。

彼はにやりと笑った。「愛人になってくれって言ってるんだよ」

愛人ですって！　スカーレットはショックを受けるべきだとわかっていた。どんなレディーでも、レットの申し出にショックを受けるだろう。だがそのかわりに、彼女はとにかく腹が立った。激怒して叫んだ。「よくもそんなことを！　わたしはばかじゃないわ。愛人になんかなるわけないでしょ？　欲しくもない赤ん坊を山ほど産むだけじゃないの！」

とたんに、スカーレットは自分の言ったことに気がついた。恥ずかしさで顔が真っ

赤になる。どうしてそんなことが言えたのだろう？　そんな話し方をするレディーは
どこにもいない！

　レットは笑った。「だから、きみが好きなんだよ、スカーレット。きみはわたしが
知ってるどの女とも違う。きみは現実的だ。思ったことを口にする。ショックを受
けたふりなどしない。道徳を気にするふりもしない。他の女なら気を失って、それ
から出ていけって言っただろう」

　「わたしだって、出ていけって言うわ！」スカーレットは怒鳴った。「出ていって！
よくもそんなことが言えるわね。出ていって、二度と来ないで！　今度こそ本気よ！」

　レットは立ちあがり、丁寧にお辞儀をした。スカーレットの怒りなど気にしてい
ないのが、彼女にはわかった。それどころか、まるで喜んでいるようだ。彼は微笑
みながら馬車で去っていった。

第14章（☞ p.94）

　8月中、南軍と北軍はアトランタ近郊で戦闘を繰り広げていた。砲弾が町に降りつ
づけた。タラの近くでも戦いがあり、スカーレットは家族のことが心配でたまらな
かった。再び父から手紙を受け取った。よくない知らせだった。母と妹ふたりが腸
チフスで重症だという。「おまえは帰ってきてはいけないよ」とジェラルドは書いて
いた。「アトランタにいなさい。母さんとスエレンとキャリーンのために祈っておく
れ」

　お母さまが病気になるなんて、とスカーレットは思った。自分が怯えた子どもに
なったような気がした。母に会いたい。タラに帰りたい。「お願いです、神さま。お
母さまを死なせないでください」と祈った。「お母さまを助けてくださったら、わた
しはよい人間になります！　お願いです、神さま！　ああ、家に帰りたい。メラニー
が赤ちゃんを産んだら帰れるのに」

　しかし、メラニーの赤ん坊はなかなか生まれなかった。メラニー、スカーレット、
ウェイドはアトランタに残りつづけた。戦いの音はますます大きくなっていった。

＊　＊　＊

　9月1日、スカーレットはメラニーとともに彼女の寝室ですわっていた。「スカー
レット、あなたはわたしにとても親切にしてくれるわ」メラニーが言った。「お姉さ
んみたいよ。わたしとここにいてくれるなんて、本当に勇敢で優しいのね」

　スカーレットはなんとか微笑もうとした。メラニーはわたしがここにいたくない
ことを知らないのかしら？と腹が立った。わたしは家でお母さまのそばにいたいの
よ！　わたしがアシュリーを愛していることにも気づかないの？

　「大事なことを訊きたいの」メラニーが言った。「わたしが死んだら、赤ちゃんを
引き取ってくれる？」

　スカーレットは、ぞっとした。もしメラニーが死んだら？　とつぜん、罪悪感を感

じた。「ばかなことを言わないで、メリー」と彼女は言った。「あなたは死なないわ。赤ちゃんを産むのなんて簡単よ」と嘘をつく。

「死ぬのは怖くないの」とメラニー。「でも、もしわたしが死んで、アシュリーも死んでたら、赤ちゃんを引き取ってね。あなたに育ててほしいの。約束してくれる？お願いよ」

「ええ、わかったわ」スカーレットは言った。「約束するわ。でも心配しすぎちゃだめよ」

「赤ちゃんは今日生まれると思うの」メラニーは言った。「今朝から何度も痛むから」

「どうしてもっと早く言わなかったのよ！」スカーレットは叱りつけた。「今すぐプリシーにミード先生を呼びに行かせるわ」

＊　＊　＊

プリシーは戻ってきたが、ミード医師を連れてはいなかった。プリシーは恐怖で悲鳴をあげんばかりだ。「ミード先生は来れません、スカーレットさま」と叫んだ。「病院、ものすごく忙しいです。どこも死にそうな人だらけ！ 爆弾が落ちてくるし！ 家は燃えてるし！ ミード先生は、スカーレットさまが自分でメラニーさまを助けにゃならんって、言ってたです。あたし、兵隊さんと話したです。みんな、ヤンキーがもうすぐ来るって言ってた。今日にも来るって！ あたしら、どうしたらいいんですか、スカーレットさま？」

スカーレットは怖くてたまらなかった。ヤンキーたちがやってくる。どうしたらいいの？ メリーが赤ちゃんを産むまでアトランタを出られないのよ！ しかもミード先生も助けてくれないなんて！ それでも、彼女は冷静にふるまおうとした。「わたしたちでメラニーの赤ちゃんを取りあげるのよ」とプリシーに告げた。

恐ろしい午後だった。砲弾が通りに降りそそいだ。アトランタ中の人たちが、北軍が攻めてくる前にアトランタから逃げていく。家のなかでは、メラニーがひどい陣痛に苦しんでいた。瀕死の動物のように泣き叫んでいる。スカーレットはそばにすわっていたが、とても見ていられなかった。できることなど何もなかった。

＊　＊　＊

ついにその日の午後、メラニーは男の赤ちゃんを産んだ。スカーレットは疲れきっていたが、うれしかった。メラニーが死ぬのではないかと恐れていたが、なんとか彼女はまだ生きていた。とうとう赤ちゃんが生まれた、とスカーレットは思った。これでアトランタを離れられるわ！ タラに行ける。でも、どうやって？

馬も馬車もないのだと、彼女は気づいた。メラニーは弱っていて歩けない。ウェイドも遠くまでは歩けない。それに、自分はメラニーの赤ん坊の世話をしなければならない。どうしたらいいのだろう？

そのとき、スカーレットはレット・バトラーを思い出した。彼ならどうしたらいい

か知っているわ。わたしたちを守ってくれる。それに、馬車をもってるじゃない！彼女はたちまち気分がよくなり、プリシーのほうを向いた。「走っていって、バトラー船長をさがしてきなさい。走るのよ！　たぶん、わたしたちをアトランタから連れ出してくれるわ！」

　プリシーがレットからの返事を聞いて帰ってきた。「バトラー船長が来ます」と言う。「軍に馬も馬車も取られたって言ってたです。でも、心配するなって。あたしたちのために馬と馬車を盗むからって。もうすぐ来ますよ」

第15章 （☞ p.100）

　レットは1時間後にやってきた。年老いた馬と、それ以上に古ぼけた荷馬車を引いている。「こんばんは」とスカーレットに言った。「すばらしい夜だね。旅に出られるそうで」と、からかうような笑みを浮かべた。

　「よくそんなふうに話していられるわね」スカーレットは叫んだ。怖くてたまらなかった。「ヤンキーたちがやってくるのよ。みんな逃げてるわ。どうしてそんなに落ち着いていられるの？　ちょっとでも分別があれば、あなたも怖いはずよ。もう時間がないわ。今すぐアトランタから逃げなくちゃ！」

　「どこへ行くつもりなのかな？」レットは訊いた。「まわりはヤンキーだらけだ。主な道路は封鎖されている。どこにも逃げられないよ」

　スカーレットはさらに恐ろしくなった。だが、行きたい場所がひとつだけあった。「家に帰るわ！」と、彼女は叫んだ。「タラへ行くわ。ウェイドと、プリシーと、メラニーと、赤ちゃんを連れていくのよ」

　「スカーレット、気は確かか？」レットが言う。「タラへは行けない。ヤンキーどもが今週ずっとタラのあたりで戦ってたんだ。どこもヤンキー兵だらけだぞ。タラまで行けるわけがない！　とても無理だ」

　「家に帰るわ！」スカーレットは金切り声で叫んだ。涙がぼろぼろと流れる。「わたしは家に帰るの！　お母さまに会いたいの！　止められないわよ。止めようとしたら、殺してやるから！　家に帰るわ。ずっと歩かなくちゃいけなくてもね」彼女は泣き叫んだ。

　ふと気づくと、レットの腕に抱きしめられていた。彼の穏やかな声がする。「泣くんじゃない、ダーリン」と、優しく言った。「家に帰ろう、勇敢なお嬢さん。もう泣かないで」

　レットの声がいつもと違うと、スカーレットは思った。親切で優しい別人のようだ。彼女はしだいに泣きやんだ。彼の力強い腕のなかにいると、とても安心だった。いつまでもそうしていられそうだ。レットがいれば、何者も彼女を傷つけることができないだろう。

　「さあ、行かなくては」レットが言った。「プリシー、ウェイド、ミセス・ウィル

クス、赤ん坊は馬車の荷台に乗れる。きみとわたしは前に乗るんだ。さあ、急ぐぞ」

スカーレットは急いでプリシー、ウェイド、赤ん坊を荷台に乗せた。「メラニーは助けてやらなきゃ」とレットに言った。「ベッドにいるの。弱ってて歩けないわ」レットはメラニーを抱いて馬車まで運んだ。

ついに出発だ。スカーレットはレットとともに馬車に乗りこんだ。家をふり返る。そのとたん、去るのがつらくなった。ヤンキーたちは家を燃やすのだろうか？ 壊してしまうのだろうか？ だが、心配している暇はない。彼女たちはゆっくりとそこを離れた。古い馬車はガタガタ揺れて痛いほどだ。

通りは暗く、騒々しかった。どこもかしこも人々が逃げまどっている。建物が燃え、砲弾が降りそそいでいる。

「どうしたらアトランタから無事に出られるかしら？」スカーレットは、はらはらしながら訊いた。

「ひとつだけチャンスがある」レットが言った。「南部連合兵もアトランタから退却してるんだ。それに付いていけば、無事に出られるかもしれない。ただし、そっとだぞ。暗闇に紛れながら付いていくんだ。見つかったら、馬も馬車も取りあげられるからね」

スカーレットとレットは南部連合の兵士たちがゆっくりと道を進むのを見つめた。兵士たちはすっかり汚れて、疲れきっていた。軍服は破れている。靴をはいていない者も多い。みな黙って進んでいる。暗闇のなかで、彼らは幽霊のようだった。

「よく見ておくんだ」レットが言った。その声は険しかった。「われわれの勇敢な兵士たちを見てみろ！ きみは今、歴史を目にしてるんだ、スカーレット。まもなく、『大義』が負けるだろう」

とたんに、スカーレットはレットが憎くなった。よくも兵士たちをばかにできるわね。彼女は戦死した知人たちのことを思った——チャールズとブレントのタールトン兄弟や、他の人たち。収容所にいるか、死んだかもしれないアシュリーのことを思う。そして怒った目でレットをにらんだ。

兵士たちが歩き去った。レットはゆっくりと馬車であとをつけた。黙りこみ、真剣な表情をしている。１時間のあいだ、暗闇と燃える通りを過ぎていき、ついにアトランタの町を出た。

レットは馬車を止め、スカーレットのほうを向いた。「本当にタラへ行きたいのか？」と訊く。「ばかげた考えだぞ。あそこには今もヤンキーどもがいるんだ」

「ええ、もちろん」彼女は勢いよく言った。「タラまで無事に行けるわ、レット。森を抜ける小道を知ってるの。その道がタラまで続いてるのよ。ヤンキーたちに見つからないわ」

レットはしばらく考えていた。「それなら、きみはタラまで行けるかもしれないな。森を抜ければヤンキーどもも避けられるかもしれない」

スカーレットは怖くなり、愕然とした。「わたし——わたしがタラまで行けるですって？」と言う。「一緒に来てくれないの？」

「いや、ここでお別れだ」レットは謎めいた笑みを浮かべて言った。「わたしは今から軍に入るよ」

「軍にですって！」スカーレットは叫んだ。「レット、冗談なんでしょ」さらに愕然とする。ありえないわ！　レットはいつも兵士たちや大義のことをばかにしていた。英雄になどなりたくないと言っていた。どうして今さら入隊するの？

レットは笑った。「冗談なんかじゃない。入隊するんだ。わたしの勇敢さを称えておくれよ、スカーレット！　自分勝手はよくないぞ。大義への愛はどこへ行ったんだ？」

「どうしてこんなことができるの？」彼女は叫んだ。「どうしてわたしを置き去りにするの？」

「どうしてかって？」レットは微笑んだ。「もしかしたら、まだ南部を愛してるからかな。それとも、ヤンキーどもがわれらの国を破壊するのを見るに耐えないからか。もしかしたら……そう、もしかしたら、自分を恥じているからかもしれない。なんとも言えないね」

「恥ですって！」スカーレットは怒鳴った。「ええ、恥じるべきよ。わたしをこんなところに、無力なまま、ひとりで置き去りにして！」

「いとしいスカーレット！　きみは無力じゃない」レットは言った。「きみの性格に無力という言葉は似合わないよ。きみはとても自分勝手で意志が強い。どんなときでも道を見つけるだろう。さあ、馬車から降りて。お別れの前に言いたいことがあるんだ」

レットは彼女を馬車から抱きおろした。暑い夜の暗闇がふたりを包んだ。スカーレットには、すべてが奇妙な夢のように感じられた。

レットは彼女を強く抱きしめた。「わかってくれなんて言わない。許してくれとも言わない」彼は言った。「きみがどう思おうと、かまわない。わたし自身が自らの愚かさを許せないだろう。なぜ入隊するのか自分でもわからないんだ。でも南部は今、あらゆる男を必要としている。だから戦地へ向かうのさ！」彼はいきなり声をたてて笑った。

レットは話を続けた。「愛してるよ、スカーレット。これは本当だ。きみを愛してるのは、似た者同士だからだ。ふたりとも自分勝手で、悪党だ。自分たちが無事で楽しければ、世界で何が起ころうと気にもかけない」

スカーレットはレットの声を聞いていたが、言葉の意味は頭に入らなかった。ただ呆然としていた。レットが行ってしまう。わたしはどうしたらいいの？　どうやってタラまで行けばいいの？

とつぜん、スカーレットはレットに強く抱きしめられた。身体に電気が走ったよう

に感じる。自分がどこにいるか忘れてしまった。レットの腕はとても力強くて、安心できた。いつまでも、こうしていられたらいいのに！

　すると、レットにキスをされていた。ゆっくりと動く彼の唇は熱かった。こんなキスをしてくれた人は初めてだわ、とスカーレットは思った。レットのキスで、彼女の身体は熱くなり、冷たくなり、そして震えた。しばらくのあいだ、彼女はすべてを忘れた。

　馬車の荷台から、ウェイドが呼びかけた。「ママ！　ウェイド、こわいよ！」

　スカーレットはウェイドの声を聞いた。そして、自分がどこにいるか思い出した。北軍があたり一面にいるのだ。彼女もウェイドと同じように怖くてたまらない。そしてレットは――この悪党は――彼女を置き去りにしようとしている。そのうえ、キスまでするとは！　彼女はまた腹が立ってきて、レットを押しのけた。

　「この、悪党！」彼女は怒鳴った。「ひどい人！　離して。行きなさいよ！　二度と会いたくない！　あなたの上に砲弾が落ちるよう願ってるわ。死んでしまえばいいのよ！」

　レットは笑った。驚くようすもない。「はい、はい、わかったよ。わたしが栄誉の死を遂げたら、悲しんでくれることを願うよ」彼はもう一度笑った。「さようなら、スカーレット」

　レットは暗闇のなかへ歩き去った。スカーレットは馬車のそばで黙って立ちつくした。これからどうなるの？　どうやってタラまで行ったらいいの？　レットが去った今、彼女は孤独だった。

第16章 (☞p.108)

　レットが去ったあと、スカーレットは疲れはてて、もう進めなかった。荷馬車のなかで、ウェイド、プリシー、メラニー、赤ん坊と一緒に眠りに落ちた。

　翌朝になり、スカーレットは目を覚ました。一瞬、どこにいるのかわからなかった。それから、すべてを思い出した――アトランタから逃げたことや、あの悪党のレットが入隊したことを。ふいに、メラニーと赤ん坊のことが気になった。メラニーはまだ生きているだろうか？　荷馬車でのひどい旅で命を落としたのでは？　彼女はメラニーの青ざめた顔を見た。彼女はまだ息をしている。スカーレットはほっとした。ウェイド、プリシー、赤ん坊も元気だった。

　スカーレットは老いた馬を荷馬車につないだ。そして森のなかへ入っていった。1時間探しまわって、やっとタラへの道を見つけた。さあ、これで家に帰れるわ、と彼女は思った。もうすぐお母さまに会える！　神さま、どうかヤンキーたちに出会わせないでください。もし出くわしたら、馬を奪われて殺されてしまいます！

　スカーレットたちは一日中進んだ。ありがたいことに、森のなかは静かだった。タラに近づくにつれ、スカーレットは戦いの跡をたくさん目にした。死んだ兵士たち

が地面に横たわっている。煙の臭いがあたりに漂う。焼け落ちた建物や、人けのない農園がある。

　スカーレットはだんだん怖くなってきた。タラも焼かれていたらどうしよう、と思った。ヤンキーたちにみんな殺されていたら？　母や父や妹たちのことが心配だ。だが、恐れをふり払った。進みつづけるしかないのだ。一日中、焼けつくような日射しのなかを、彼女は荷馬車をタラへと走らせた。

　スカーレットがようやくタラに到着したのは夜のことだった。とうとう帰ってきたわ、と彼女は思った。大きな屋敷を見あげると、心が恐怖でいっぱいになった。タラは真っ暗で、静まりかえっている。ここにはだれもいないんだわ、と思った。じゃあ、どうしたらいいの？

　そのとき、玄関ポーチに人影が見えた。だれか家にいるわ！　思わず喜びの声をあげそうになったが、すぐに思いとどまった。その人は身動きせず、声もかけてこない。何かがおかしい、と思った。

　「わたしよ」彼女はささやいた。「わたし、ケイティ・スカーレットよ。帰ってきたのよ」

　人影がゆっくりと近づいてきた。そして声が聞こえた。「娘よ」と、その声が言った。

　「パパ？　パパなの？」スカーレットは訊いた。

　ジェラルドがこちらを見つめていた。その目は困惑していた。表情から生気がすっかり消えている。

　わたしを幽霊だと思っているようね。いったいどうしたの？　まるで老人みたいだわ。

　「ケイティ・スカーレット、帰ってきたんだね」父が言った。

　「そうよ、パパ。ただいま」スカーレットは言った。「メラニーと赤ちゃんも連れてきたわ。ウェイドとプリシーも一緒よ。わたしたち──アトランタから逃げなきゃならなかったの」

　ジェラルドはゆっくりと荷馬車に近づいた。「ああ、メラニー」と声をかける。「ヤンキーどもがトウェルヴ・オークスを焼いてしまったんだ。ウィルクス家のみんなは出ていったよ。きみはここで、わしらと暮らしなさい」

　スカーレットはメラニーのことを考えた。彼女は一日以上荷馬車のなかで横になっていた。ベッドに寝かせなくちゃいけないわ。それに、赤ちゃんにはミルクをあげないと。

　そのとき、声が聞こえた。ジェラルドの召使い、ポークが屋敷から走り出てくる。「ああ、スカーレットさま！　スカーレットさま、おかえりなさい。お帰りになってうれしいです！」と泣き叫んだ。

　スカーレットも泣きそうになった。「わたしも帰れてうれしいわ」と言った。「さ

あ、ポーク。あなたの助けが必要よ。ミス・メラニーと赤ちゃんを家のなかへ運んで。ふたりともベッドに寝かせるのよ。プリシー、ウェイドをなかへ連れていきなさい。食べ物をあげるのよ」

スカーレットはポークに目を向けた。「マミーはここにいるの、ポーク？　すぐ来るように伝えて」

「はい、マミーはここにいます」ポークは言った。「わたしの妻のディルシーもいます。他はみんな逃げてしまいました。ヤンキーどもが行けって言ったんです」

ヤンキーたちが奴隷を解放したんだわ、とスカーレットは思った。ポーク、マミー、ディルシー以外の奴隷は、みんないなくなってしまった！　これからどうしたらいいの？　彼女は古き良き日々のタラを思い出した。その頃、農園には100人もの奴隷がいたのだ。

「気にしなくていいわ」スカーレットはポークに言った。「ミス・メラニーと赤ちゃんとウェイドの面倒を見て。それと、マミーにわたしが帰ったって伝えて」

それから、彼女は父のほうをふり向いた。「パパ、みんなの具合はどう？」と、心配そうに尋ねた。「お母さまは、よくなられたの？　スエレンとキャリーンは？　もう元気になった？」

「娘たちはよくなってきているよ」ジェラルドはゆっくりと言った。それから黙りこんだ。

恐ろしい考えがスカーレットの頭に浮かんだ。言おうとしたが、声が出ない。ようやく、自分を励まして尋ねた。「お母さまは？」

「母さんは、昨日亡くなったんだ」

第17章 (☞ p.112)

お母さまが亡くなった！　恐ろしい考えでスカーレットの頭はいっぱいになった。今はそのことを考えてはいけない、と自分に言いきかせた。とても耐えられない。あとで考えるわ。

スカーレットはポークを見た。「何か食べ物はある？」と訊いた。「一日中、何も食べてないの」

「いいえ、スカーレットさま。ヤンキーどもに全部取られました。牛も鶏も豚も持っていかれたんです。菜園の野菜もみんな取られました。食べるものが何もないんです」

「食べ物が何もないですって？」スカーレットは言った。それから必死で考えた。「サツマイモはどう？」と訊いた。「ヤンキーたちはそれも掘り返したの？」

ポークがにんまりと笑った。「スカーレットさま、あなたは賢いですねえ。思いつきませんでしたよ。いいえ、やつらはサツマイモは掘り返してません。すぐ取ってきます」

ポークが出ていくと、スカーレットは父に話しかけた。「パパ、ヤンキーたちがこ こにいたのね。どうしてタラは焼かれなかったの？」

　ジェラルドはゆっくりと答えた。「やつらはタラを本部に使っておった。ヤンキー の将軍がこの家にいたんだ。だからタラは焼かれなかった」

　ヤンキーたちがタラに住んでいた！　そう考えるとスカーレットは気分が悪く なった。

　ジェラルドは続けた。「ヤンキー軍がやってきたとき、わしらにタラを出ていけと 言った。やつらはこの屋敷を焼くつもりだったんだ。だが、わしは出ていくわけに はいかんと言った。母さんと娘たちが腸チフスにかかっておったからな。わしはヤ ンキーどもに、わしらを家ごと焼け、と言ってやった。わしらはけっして出ていか ん、とな」

　スカーレットは誇らしさで胸がいっぱいになった。なんて勇敢なのだろう。全ヤン キー軍の前に立ちはだかるジェラルドの姿！

　「母さんと娘たちが病気だとわかると、ヤンキーどもはタラを焼かないことに決め た。わしらをおらせたが、この屋敷を本部として使ったんだ」ジェラルドはゆっく りと言った。「やつらは食べ物を食い尽くした。綿花を焼いてしまった。ろうそくも 薪も全部取った。奴隷を解放した。残ってくれたのはポークとマミーとディルシー だけだ。ヤンキーどもは家具さえ奪った。それから、やつらは出ていったんだ」

　ジェラルドは沈黙した。疲れはて、年老い、悲しみに沈んでいる。「おまえが帰っ てきてくれて、うれしいよ、ケイティ・スカーレット」と、ぽつりと言った。

　ああ、今のパパは子どもみたい、とスカーレットは思った。パパは無力だわ。わ たしがパパの世話をしなくては。ウェイドやメラニーや赤ちゃんの世話をしている みたいに。

　スカーレットはポークとマミーを呼んだ。「ポーク、お父さまをベッドに寝かせて ちょうだい。とても疲れてらっしゃるわ。マミー、話があるの」

　スカーレットはジェラルドが部屋を出るまで待った。「マミー」と言った。「お母さ まのことを話して。どうして病気になったの？　パパにはとても訊けなかったのよ」

　マミーの目に涙があふれた。「スカーレットさま、スラッタリー家のせいなんです よ」と言った。「あいつらが奥さまを殺したんです」

　「スラッタリー家ですって！」スカーレットは声をあげた。スラッタリー家は、タ ラの近くに住む怠け者で下層階級の家族だった。彼らは働こうとしなかった。かわ りに、オハラ家のような裕福な隣人たちに援助を求めてばかりいた。

　「そうですよ、スカーレットさま」マミーは言った。「スラッタリー家が腸チフス にかかったんです。年寄りのミセス・スラッタリーの娘、エミーの具合がひどく悪 くてね。それでミセス・スラッタリーが奥さまに助けてくれって言ったんです。奥 さまは本当に親切でいい人ですからね！　どんな人でも助けておられた。あの貧しい

白人のスラッタリー家まで！　奥さまはエミーの看病をなさいました。でも、それで奥さまも、あなたの妹さんたちも病気になったんです。戦争のせいで医者も呼べませんでした。奥さまはあっという間に亡くなったんです」

　スカーレットは腹が立った。スラッタリー家のことはずっと嫌いだった。今では、彼らを憎んでいた。母は彼らのせいで死んだのだ。今は考えないようにしよう、と彼女は自分に言いきかせた。今はとても耐えられない。あとで考えるわ。

第18章 (☞ p.116)

　その夜、スカーレットはベッドのなかで目を開けていた。とても疲れているのに眠れなかった。彼女はようやく家に帰ってきて、タラにいた。ところが、タラはすっかり変わっていた。母は亡くなった。父は今では子どものようだ。綿はなくなり、奴隷もほとんどいなくなった。食べ物は乏しく、お金はまったくない。

　スカーレットは自分が変わったこともわかっていた。以前は、愚かで思慮の浅い少女だった。きれいなドレスや男友だちのことばかり気にしていた。今、その日々は永遠に過ぎ去った。彼女はまだ19歳だが、もう少女ではない。

　今では一人前の女、重荷を負った女だ。多くの責任を担っている。タラの人たちがみな――父、妹たち、メラニー、ウェイド、他のみんなが――彼女を必要とし、頼りにしている。彼女は強いが、みんなは子どものように無力だ。

　「わたしがみんなの面倒を見なくては」スカーレットは自分に言いきかせた。「オハラ家は誇り高い一族で、威厳があるのよ。人の情けなどいらない。他人を頼ったりしないわ！　もうこんなことは起こさせない。タラだって、わたしが面倒を見るわ！」

　彼女はタラの赤土と綿花畑に思いを馳せた。愛で胸がはちきれそうだ。ここがわたしの故郷よ。わたしがタラをもう一度豊かにしてみせる。たとえ自分で綿を植えなくてはならなくても！　なんとかして、やりとげる。

　とつぜん、ずっと前に聞いたジェラルドの言葉を思い出した。彼はこう言った。「土地こそ、唯一の大事なものなんだぞ、スカーレット・オハラ。土地だけが最後まで残るんだ。そのためにこそ働く価値がある。戦って――命を懸けるに値するただひとつのものだ。そのうち、おまえも土地への愛がわかるようになるさ」今、彼女はようやく理解した。

　タラこそわたしの運命よ。これがわたしの戦い。わたしは勝ってみせる。

＊　＊　＊

　翌朝、スカーレットは働きはじめた。することは山ほどあった！　食べ物を探し、薪を拾い、家を修理しなくてはならない。スカーレットはみんなも働かせた。「タラにいたいなら働きなさい」と、ポーク、ディルシー、プリシーに告げた。彼女の緑色の目は冷たく、険しかった。「もっと食べ物が必要よ。もっと見つけないと、みん

な飢え死にするわ」スカーレットの態度に恐れをなして、奴隷たちはあわてて命じられたとおりにした。

その午後、スカーレットはトウェルヴ・オークスまで歩いていった。北軍が屋敷を焼いたことは知っていた。だが、トウェルヴ・オークスの菜園に何か残っているかもしれない。

日射しが熱いので、彼女はゆっくりと歩いた。それでもようやく、トウェルヴ・オークスにたどりついた。北軍が破壊した跡を見て、泣きそうになった。美しい屋敷はすっかりなくなっていた。

「ああ、アシュリー」彼女はささやいた。「あなたが亡くなっていることを願うわ！こんなようすをあなたが見るなんて、とても耐えられない」

スカーレットはトウェルヴ・オークスの菜園を探した。北軍はそこも破壊したかもしれない。ようやく見つかった。幸運にも、野菜はまだ食べられる状態だった。スカーレットは喜んだ。今夜はタラの食べ物が増える！　彼女は野菜をかごに集めた。

家に戻ろうとすると、スカーレットは強い空腹を感じた。もうずいぶん、まともな食事をしていない。かごから小さなラディッシュを取り、あっという間に食べた。ところが、ラディッシュは空っぽの胃には苦すぎた。スカーレットは急に気分が悪くなり、力が抜けた。地面に横になり、顔を土に押しつける。

長いあいだ、彼女は横になっていた。つらい考えや思い出で頭がいっぱいになる。すっかり弱って、これらを追い払えない。今回ばかりは疲れすぎて、「これはあとで考えよう」と言えなかった。スカーレットは父と母のことを考えた。アシュリーのことを、タールトン兄弟や、他の戦死した若者たちのことを考えた。戦争前の懐かしい日々を思い出す。あの頃はすべてが美しかった。でも、もうその日々は永遠に過ぎ去ってしまった。

ようやく、スカーレットは立ちあがった。その姿は誇り高く、毅然としていた。ただ顔からは、若々しい優しさが消えている。硬い殻が彼女の心を包みはじめていた。彼女は過去のことで二度と泣かないだろう。過去は死んだ。彼女は未来のことだけを考えていくのだ。

家に向かって歩いていると、空腹で胃が痛んだ。するといきなり、スカーレットは大声で言った。「神に誓って、もうヤンキーたちにやられるもんですか。この困難を生き抜いてみせるわ。このときが終わったら、二度と空腹に苦しんだりしない。家族にもひもじい思いをさせない。盗んだり、殺したりしなければならなくても、神に誓って、絶対に飢えたりしない！」

第19章 (☞ p.120)

数週間が過ぎた。ある朝、スカーレットは妹たちとメラニーと一緒にタラ屋敷にいた。スエレンとキャリーンはベッドのなかで、腸チフスから回復しつつあった。メラ

ニーもベッドに臥せっていた。赤ん坊のボーを産んだあと、まだ身体が弱っていた。

　他のみんなは1日中タラから出かけていた。彼らは森のなかに入り、北軍が来たときに逃げた豚を捜していた。豚が見つかれば、タラの食料が増えるだろう。

　スカーレットは心配だった。もうすぐ冬が来るから、もっと食料が必要だ。お金も必要だった。お金があれば、どこかで食べ物を買えるのに、とスカーレットは思った。お金がなかったら、わたしたちは飢えて死んでしまう。

　そのとき、聞きなれない音がした。だれかが馬に乗っているようだ。近隣の人たちはみんな逃げたはずなのに。いったい、だれかしら？

　彼女はすばやく窓から外を見た。ヤンキー兵だ！　タラのほうへ馬を走らせてくる。ベルトには銃をさしている。

　スカーレットは床にすわりこんだ。怖くてたまらない。一瞬、どこかへ逃げて隠れたくなった。この家には3人の病人と赤ちゃんがいるんだわ、と思った。どうしよう？　ここに置いてはいけない。

　ヤンキー兵がタラの玄関に入るのが聞こえた。彼は静かに玄関ホールを歩いている。泥棒だ、と彼女は気づいた。わたしたちのものを盗むつもりだわ。

　そのとたん、彼女は怒りに燃えた。これまで北軍に奪われたあらゆるもののことが頭をよぎった。もう絶対に、このヤンキー兵にまで奪わせはしない！

　彼女はチャールズ・ハミルトンの遺品のピストルをつかんだ。それを幅広のスカートのひだに隠し、玄関ホールへ下りる階段へ静かに走りよった。

　「だれだ？」ヤンキー兵が怒鳴った。「止まれ、さもないと撃つぞ！」

　スカーレットは階段を半分ほど下りたところで止まった。

　ヤンキー兵が彼女を見あげた。脅すように笑う。スカーレットは、その男が銀色の額縁をもっているのに気づいた。それは母のものだった。彼女はこう言いたかった。「それを下に置きなさい！　置きなさいったら、この泥棒！」だが言えなかった。

　「へえ、家に人がいたのか」と、ヤンキー兵が言った。銃を下ろし、彼女に近づいてくる。「ひとりかい、お嬢さん？」

　スカーレットは稲妻のようにすばやくピストルを取り出し、ヤンキー兵の驚愕する顔を目がけて撃った。銃声が静かな屋敷にとどろいた。額縁が兵士の手から落ち、血が床に流れる。ヤンキー兵は死んだ。

　スカーレットは階段を駆けおりた。兵士の血まみれの顔を見つめ、愕然とした。人を殺してしまった、と思う。殺人を犯してしまった！　ああ、まさか、わたしがそんなことするなんて！

　それからふいに、生き返った気分になった。妙に残酷な喜びで心が満たされる。殺人が勝利のように感じられた。このヤンキー兵は泥棒だ。死んでも当然だ。わたし、スカーレット・オハラ・ハミルトンは正しいことをした。タラを守ったのだ！

　そのとき、上のほうで足音がしたので、スカーレットは見あげた。メラニーだ！

きっとベッドから這い出てきたんだわ、とスカーレットは気づいた。でも、どうやって？　メラニーはまだとても弱っているのに！

メラニーは両手でチャールズの剣をもっていた。彼女には重すぎて引きずらんばかりだ。彼女はスカーレットを見おろし、死んだヤンキー兵を見た。メラニーの顔は真っ青だが、目はぎらぎらと燃えている。彼女は誇らしげにスカーレットを見つめた。

まあ、メラニーもわたしみたいじゃない！　わたしの気持ちがわかるのね、とスカーレットは思った。メラニーだってあのヤンキーを殺してたわ！

スカーレットはメラニーの勇気に感心せずにはいられなかった。新鮮な感情だった。スカーレットはずっとメラニーを嫌っていた。なんといっても彼女はアシュリーの妻だから、スカーレットはつねに嫉妬していたのだ。でも今、メラニーも勇敢なのだと彼女は気づいた。メラニーとスカーレットはそれほど違わないらしい。

「その人をすぐに埋めなくてはいけないわ」メラニーがささやいた。「だれにも知られてはだめ！　その人を殺したことがヤンキーたちに知られたら、どうするの？」

スカーレットはメラニーの言うとおりだと気づいた。「菜園のそばに埋めるわ」と言った。「あそこは土がやわらかいから、すぐにできるはずよ」

「ポケットのなかを見たらどう？」メラニーが訊いた。「いけないことかしら？　食べ物をもってるかもしれないわ」

「いい考えね」スカーレットは言った。彼女は死んだ男のポケットに手を入れ、小さな袋を取り出した。「まあ、メリー」と声をあげる。「お金がいっぱい入ってるわ！　合衆国連邦のお金に、金貨3枚、ダイヤのイヤリングが1組」

「きっと全部盗んできたのね」メラニーが声をあげた。

「どうだっていいでしょ？　これがどういうことか気づいてよ」スカーレットは言った。「今、わたしたちにはお金がある。食べ物が買える。飢えなくていい。それに、ヤンキーの馬が手に入るのよ！」

「ええ、そうね」メラニーは言った。「でも、早く埋めて。これは絶対に秘密よ。だれにも知られてはいけないわ！」

スカーレットは急いでヤンキー兵を埋めた。この出来事はだれにも話さなかった。また、タラの住人はだれも尋ねなかった。お金や新しい馬のことをふしぎにも思わない。食べ物がいきなり増えたことを喜んだだけだった。

その後も、スカーレットは殺人のことで罪悪感を覚えなかった。「あのヤンキーは死んで当然よ。殺すしかなかったのよ」彼女は自分に言いきかせた。「わたしはタラに帰ってきてから、きっと少し変わったんだわ。数カ月前なら、人を殺したりできなかった」

そのとおりだった。だが、自分で気づいている以上に彼女は変わっていた。心を包む殻はますます硬くなっていた。

第20章 (☞ p.126)

　スカーレットは新しく手に入れた馬に乗って出かけた。近隣の人たちが家に戻っているか知りたかったのだ。まもなく、フォンティン家、カルバート家、マンロー家、タールトン家が戻っていることがわかった。

　スカーレットは隣人たちが帰ってきてうれしかった。それでも、暮らしの変わりようを見るのは痛ましい。戦争前、これらの家族は裕福だった。何百人という奴隷を所有し、広大な綿花畑をもっていた。

　だが、その日々は永遠に過ぎ去った。フォンティン家、カルバート家、マンロー家、タールトン家も、今はみな貧しい。北軍に何もかも奪われたからだ。十分な食べ物をもつ者はいない。しかし、オハラ家のようにどの家族も誇り高く、けっして愚痴を言わなかった。それでもなお、スカーレットには彼らの絶望が感じられた。

　一番つらいのは、戦死した若者についての話だった。どの家族も息子たちを戦争で亡くしていた。スチュアートとブレントのタールトン兄弟はゲティスバーグで殺された。ジョー・フォンティンは死んだ。マンローの息子たちはいなくなった。ケイド・カルバートも戦死していた。

　スカーレットは彼らの死について聞くのが嫌だった。この若者たちを全員知っている。みんな友だちだった。一緒に笑ったり、ダンスをしたり、ふざけたりした。でも今、彼らはいなくなってしまった。

　スカーレットは沈む心でアシュリーのことを思った。彼も死んだのだろうか？　もしかしたら、ヤンキーのひどい収容所で死んだかもしれない！　スカーレットには知るすべがなかった。何カ月も、メラニーにはアシュリーの消息が知らされていない。手紙も届かなかった。

　それでも、タラでの生活は少しよくなった。いくらかのお金があるし、食べ物も増えている。スカーレットは綿花も収穫したかった。タラの畑に少しだけ残っていたのだ。北軍が焼き払わなかった場所だ。もし綿花を収穫できたら、売ることができる、とスカーレットは思った。

＊　＊　＊

　スカーレットはみんなを綿花畑で働かせた。マミー、ポーク、プリシー、ディルシーは黙って綿を摘んだ。この仕事は嫌だったが、文句は言わなかった。みなスカーレットの怒りに触れるのが怖かった。

　最初、スエレンは綿摘みを拒み、ひどく嫌がった。「どうしてそんなにいじわるなの、スカーレット？　わたしが綿を摘まなきゃならないなんておかしいわ」彼女は叫んだ。「わたしはレディーなのよ。畑で働くレディーなんかいないわ！　ふさわしくないもの！」

　「よくもそんなことを！」スカーレットは怒鳴り、妹の頬をぶった。「みんな綿摘みしなきゃならないのよ。昔の日々は戻ってこないわ。みんなで働くのよ。タラに

303

いたいなら綿を摘みなさい」そのときから、スエレンもみなと一緒に綿摘みをした。

　メラニーとキャリーンは愚痴も言わずに働いた。ふたりとも熱心だった。だが、ふたりともまだ弱っていることに、スカーレットはすぐ気づいた。メラニーもキャリーンも熱い日射しのなかで失神したので、スカーレットはふたりを家に送り返した。

　綿摘みの仕事はきつかった。それでも、彼らはゆっくりと綿花を収穫していった。綿花を見ていると、スカーレットは希望に胸がふくらんだ。最悪のときは終わった、と思った。今年はたいして収穫できないけれど、これは始まりにすぎないわ。今度の春にはたくさん植えよう。収穫が増えて、まもなくタラはもう一度豊かになるわ。

第21章（☞ p.128）

　11月のある日、サリー・フォンティンが全速力で馬を走らせてタラにやってきた。「スカーレット！」と叫んだ。「ヤンキーたちが来るわ！　この道の先にいる！」サリーの警告は、もはやぎりぎりだった。ヤンキー兵の小隊がタラに向かってやってくる。

　一瞬、みんなは恐怖で凍りついた。それからスカーレットは直ちに行動した。「さあ早く！」彼女は叫んだ。「ポークとディルシー、豚を森に戻しなさい。ヤンキーたちに取られるもんですか！　プリシー、ふたりを手伝うのよ！　マミー、銀食器を隠して。メラニー、馬を連れてって。スエレンとキャリーン、台所の食べ物を全部もって。そして森まで走りなさい！　急いで！」

　スカーレットは走っていき、お金と宝石の袋をつかんだ。ヤンキーたちに取られるわけにはいかないわ、と思う。それから、急いでウェイドと赤ん坊のボーを連れていこうとした。ウェイドはひどく怖がっていた。彼女にしがみついて動こうとしない。

　「ウェイド、離しなさい！」スカーレットは怒鳴った。「森へ行かなきゃ。ヤンキーたちが来るのよ！」だが、ウェイドは怖さのあまり動けなかった。スカーレットは、ウェイドとボーとともに家に残るしかないと悟った。赤ん坊をしっかりと抱きしめた。

　わたしはタラから出ていかない、と彼女は思った。ヤンキーたちが何をしようと、出ていかないわ！　でも、お金をどこに隠せばいいの？　ふいに、いいことを思いついた。彼女はボーのおむつのなかに袋を押しこんだ。

　少ししてから、ヤンキー兵たちがやってきた。彼らはすばやく屋敷中を見てまわった。盗むか壊すものを探しているのだ。どの部屋もぶち壊していった。兵士たちのわめく声が聞こえる。

　やがて、ひとりのヤンキー兵がチャールズの軍刀をもっているのをスカーレットは見た。ウェイドが「ぼくのだよ！」と泣き叫んだ。ウェイドはこの軍刀が大好きだった。これはウェイドの父と祖父が使っていたものだ。いつかはウェイドのもの

になる。スカーレットはウェイドの涙を見ていられなかった。

「やめて!」彼女は怒鳴った。「その軍刀を取らないで! それはこの子のものよ」彼女はヤンキー兵の隊長に向きなおった。「あの兵士に軍刀を取らせないでください。あれは南部連合の軍刀じゃないわ。メキシコ戦争のときのものよ」

隊長は剣を取ってよく見た。「メキシコ戦争のときの軍刀か」と言う。「よろしい。その子のものだ」彼は軍刀をスカーレットに渡した。

その兵士は腹を立てた。「くそ反逆者め、目にものを見せてやる!」そして屋敷の裏へ走っていった。

数分後、ヤンキー兵たちは去った。彼らは見つけたものをすべて奪っていった。それでも、スカーレットは安堵のため息をついた。タラは無事だった!

するとそのとき、煙の臭いがした。彼女は台所に駆けつけた。火だ! あの腹を立てた兵士が火をつけたに違いない!

スカーレットは水の入ったバケツをつかみ、火を消そうとした。だが、火はどんどん広がっていく。ひとりではこの火を消せない、と気づいて絶望した。わたしだけじゃ消せない! タラが燃える! 家が焼け落ちてしまう! だれかここで手伝ってくれさえしたら!

そのとき、台所のドアが開いた。メラニーだ。彼女は熱くて煙の充満する台所に駆けこんだ。もうひとつのバケツをつかむと、スカーレットのそばに立ち、ともに炎と闘った。ふたりで力を合わせ、ついに火を消し止めることができた。

その後、スカーレットはポーチで横になった。頭をメラニーの膝の上にのせている。疲れはてて立つこともできなかった。

「具合はどう?」メラニーが訊いた。「ヤンキーたちに何かされなかった?」

「いいえ、でも、ほとんど全部もっていかれたわ」スカーレットは言った。

「それでも、わたしたちはまだ生きてるわ」メラニーはうれしそうに言った。「タラは焼けずにすんだし、ウェイドもボーも無事だわ」彼女はボーを腕に抱いた。そのとたん、眉をひそめた。「まあ、ボーのおむつに何が入ってるの、スカーレット?」

メラニーは手を入れると、お金の袋を取り出した。顔中に驚きが広がる。それから楽しそうに笑いだした。

「まあ、スカーレット、なんて頭がいいの!」そう言って、メラニーは彼女にキスをした。「こんなこと思いつくのは、あなたしかいないわ!」

スカーレットはやはりメラニーが好きではなかったが、尊敬せずにはいられなかった。メラニーがいなかったら、タラは今日焼けてしまっていたわ、と思う。わたしひとりじゃ火を消せなかった。メラニーはおばかさんかもしれないけど、必要なときはいつも助けてくれる人だわ。

第22章 (☞ p.134)

クリスマスの日、南部連合の兵士たち数人がタラを訪れた。スカーレットたちは彼らに会って喜んだ。戦争前からの友人だったからだ。兵士たちは疲れはてて、みすぼらしい格好だったが、タラで数日過ごせて幸せだった。

兵士のひとりはフランク・ケネディ。スエレンは彼に会えてうれしかった。戦前、フランクはスエレンの男友だちだった。このとき、彼はスエレンに結婚を申しこみ、スエレンは承諾した。ふたりは戦争が終わったら結婚することにした。

スカーレットは喜んだ。フランクが今スエレンと結婚してくれたらいいのに、と彼女は思った。スエレンはすごく怠け者だもの。フランクと結婚したら、スエレンはタラから出ていくわ。そしたら、もうスエレンに食べさせずにすむのに！

フランクたちは戦争についてさまざまなことを知らせた。最近の戦闘のようすも話して聞かせた。今はサウスカロライナ州で戦っているという。「戦争はそれほど長くは続かないよ」とひとりが言った。

兵士たちはアトランタのことも教えてくれた。「ヤンキーどもはアトランタを焼け野原にしてしまった」フランクが言った。「きみたちが逃げた直後に町に火をつけたんだ。でも、今はみんな帰ってきてるよ。すでに町を立て直しているところだ。アトランタ市民は何も恐れないぞ！　元気いっぱいさ」フランクはメラニーを見た。「きみの叔母さんのミス・ピティパットだってアトランタに戻ってるよ！　叔母さんは幸運だ。家が焼けなかったんだ」

メラニーはピティパット叔母のことを聞いて喜んだ。「とてもうれしいわ」と言った。「もしピティ叔母さまに会ったら、わたしたちもそのうちアトランタに戻りますって伝えてくださいね。今のところ、スカーレットとわたしはタラにいなければならないの。でも、いつかアトランタに戻るわ」

アトランタの話を聞いて、スカーレットは誇らしくなった。「わたしはアトランタに似てるわ」と心のなかで思った。「ヤンキーたちだって、わたしを打ち壊すことはできない。わたしは立ち直る。前に進みつづけるわ」

第23章 (☞ p.136)

兵士たちの言葉は正しかった。戦争はあまり長くは続かなかった。1865年4月、南部は降伏した。戦争が終わったのだ。

メラニー、スエレン、キャリーンは、その知らせを聞いて泣いた。彼女たちには、北軍の勝利は世界の終わりのように感じられた。彼女たちのうるわしい大義が敗れたのだ。

だが、スカーレットはうれしかった。戦争なんてばかばかしいといつも思っていた。大義など本気で信じたことは一度もなかった。ああ、よかった、と彼女は思った。これでもう、ヤンキー兵のことを心配しなくてすむわ。もう何も盗まれない。家

を焼かれることもない！

それからアシュリーのことを考えた。とたんに、激しいほどの幸福感が湧きあがった。もしアシュリーが生きていたら、帰ってくるわ、と喜びに満ちあふれて思った。一瞬、スカーレットはアシュリーがメラニーと結婚していることをほとんど忘れてしまった。

戦争が終わって数カ月後、疲れはててみすぼらしい、飢えた男たちが道を埋め尽くした。南へ向かう南部連合の兵士たちだ。彼らは家に帰ろうとしていた。徒歩の兵士が多く、馬に乗っているのはわずかだった。ほとんどの兵士が何百マイルも旅しなければならなかった。

多くの兵士がタラに立ち寄った。食べ物を求め、一晩泊めてほしいと頼んだ。初めのうちは、スカーレットは兵士たちを見るたびに喜んだ。もしそのうちのひとりがアシュリーだったら！　彼女はアシュリーがタラに着くのを待ちわびていた。でも、夏が過ぎてもアシュリーは戻らなかった。スカーレットの望みは薄れていった。

しかし、メラニーは熱心にアシュリーを待ちつづけた。「彼はきっと生きているわ！」と言った。「わたしにはわかるの。彼はわたしのところへ帰ってくる」メラニーはタラに立ち寄る兵士ひとりひとりに話しかけた。そして、こう尋ねた。「わたしの夫のアシュリー・ウィルクスをご存じですか？　何かお聞きになっていませんか？」

ウィル・ベンティーンは、夏にタラに立ち寄った南部連合兵のひとりだった。ウィルがタラに着いたとき、重い病気にかかっていた。メラニーとキャリーンが彼を看病し、しばらくのあいだは彼が死ぬのではないかと恐れていた。

だが、ウィルは頑丈なたちだった。ゆっくりと病から回復した。彼は心から感謝した。「あなたたちのおかげで、わたしは命を救われました」彼はスカーレットに言った。「世話をしてくださってありがとうございます。お返しをしたいので、しばらくタラにいさせてください。お仕事を手伝います」

スカーレットは受け入れた。彼女もウィルにいてほしいと思っていた。彼は物静かで聡明な男で、いつも熱心に働いた。戦前はジョージア州南部で小さな農場を経営していたので、農業に詳しく、スカーレットによいアドバイスをくれた。まもなく、ウィルは家族の一員のようになった。

ある日の午後、ウィルとスカーレットはタラの玄関ポーチに立ち、綿花について話していた。メラニーはそばにすわって、幼いボーを見ていた。

ウィルは道を見おろして、「また兵士が来ますよ」と言った。

スカーレットも目をやった。見慣れた光景だ。くたびれはてて汚れた男が、ゆっくりと道を歩いている。もうすぐタラに着くだろう。スカーレットはため息をついた。

「帰還兵はほとんど終わりだと思ってたわ」と彼女は言った。「この人があんまりお腹がすいてなければいいんだけど。自分たちの食べ物も十分じゃないのに」

メラニーが立ちあがり、「ディルシーを呼ぶわ」と言った。「それから——」

メラニーはとつぜん口をつぐんだ。スカーレットが彼女を見ると、その顔は真っ青で、目に涙があふれていた。かぼそい両手が胸の上で震えている。

失神しそうだわ、とスカーレットは思い、あわてて近寄った。

だが、メラニーは失神しなかった。鳥が飛ぶような速さで玄関の階段を駆けおり、道を走っていった。幅広のスカートが後ろになびく。ついに兵士にたどりつき、彼の開いた両腕のなかに飛びこんだ。「アシュリー！　アシュリー！」と叫んだ。

スカーレットはようやく真実に気づいた。「アシュリー！」彼女は叫んだ。「帰ってきたんだわ！」スカーレットは彼のところへ走っていこうとしたが、ウィルがそれを止めた。

「邪魔しちゃいけません」ウィルは落ち着いた声で言った。

「行かせて！」彼女は叫んだ。「アシュリーよ！」

しかし、ウィルは行かせなかった。わかっているというように、スカーレットを見た。「しょせん、彼はメラニーの夫なんです」と言う。その目は憐れみに満ちていた。

第24章 (☞ p.142)

1866年1月、スカーレットは恐ろしい知らせを受けた。北部人たちがタラに課す税金を上げたのだ。彼らはスカーレットに300ドル支払うよう求めた。払わなければ、農園を没収するという。

スカーレットは心配でたまらなかった。ヤンキーたちにタラを取りあげられたら、どうしたらいいのだろう？　彼女はウィル・ベンティーンに相談した。

「どうしてヤンキーたちはタラの税金を上げたの？」スカーレットは訊いた。「そんなのおかしいわ。300ドルなんて多すぎる。今年は綿花もほんの少ししかできなかったのよ。税金だってもっと少ないはずだわ」

「ヤンキーどもは戦争に勝ったんですよ、スカーレットさん」ウィルは言った。苦々しい表情で、腹を立てている。「今はやつらがジョージア州を支配しているんです。南部全体もね。なんでもやりたい放題ですよ。われわれ南部人には、もうなんの権利もありません。投票権さえないんです！　カーペットバッガーとスキャラワグのやつらが取り仕切ってるんだ」

カーペットバッガーとは、戦後に南部に移ってきた北部人たちのことだ。彼らは南部へ来て裕福になっていた。カーペットバッガーたちは嘘をつき、盗みをし、無力な南部人から奪えるかぎりなんでも巻きあげた。

「スキャラワグ」は、南部人でありながら、南部連合への忠誠心を捨てた者に付けられた名だ。つまり、北部人として生きることを選んだ南部人のことである。彼らは北部人に協力し、南部人を裏切った。

「でも、ヤンキーたちにタラを取られるはずがないわ!」スカーレットは声をあげた。「タラを失うくらいなら、死んだほうがましよ!」

ウィルは考えこんだ。「スカーレットさん、だれかがタラを欲しがっているに違いありません。その男はきっと、あなたが300ドルをもっていないと知っている。その税金を払えないとわかってるんですよ。払えなければ、あなたはタラを没収される。そうすれば、そいつはタラ農園を安値で買えるというわけです!」

「そんなことさせるもんですか!」スカーレットは叫んだ。「なんとかして300ドルを手に入れるわ。税金を払ってタラを守るのよ。だけど、どうやったら手に入るかしら?」

「さあ、わかりません」ウィルが言った。

スカーレットはため息をついた。怖くて不安だった。ヤンキーたちにタラを奪われると思うと気分が悪くなる。それから、アシュリーのことを思った。彼なら気持ちを楽にしてくれる、とスカーレットは思った。アシュリーに相談しよう。

スカーレットは急いで外へ出て、アシュリーがひとりでいるのを見つけた。彼は薪を割っていた。その顔は疲れはてて悲しげだ。

スカーレットは彼に税金のことを話した。「それは悪い知らせだね」ようやく、彼は言った。「ぼくたちには金がない。どこで300ドルを手に入れるんだい?」

スカーレットはほとんど怒っていた。どうしてアシュリーは役に立とうとしないの?「ねえ、助けてくれない?」彼女は声をあげた。「助けてよ。わたし、どうしたらいいかわからないの」

アシュリーはため息をついた。「できることなら助けてあげたいよ。でも、ぼくには金がないんだ」と言った。「ぼくの金はもうなくなった。戦争ですべて失ってしまった。ぼくは貧しいんだ」その目は悲しそうだが、穏やかだ。それから、苦々しげに笑った。「裕福な人をひとりだけ知ってるよ。レット・バトラーが金をもっているらしい。アトランタに戻ってきたんだ。ピティパット叔母さんが見かけたそうだ。叔母さんが、彼は金をたくさんもっていると言ってたよ。戦争が終わるまえに南部連合から手に入れたらしい」

スカーレットはレット・バトラーの名など聞きたくなかった。「彼の話はしないで」と声をあげた。「レット・バトラーなんか大嫌いよ。助けてくれないの、アシュリー?」

「ごめんよ、スカーレット」アシュリーは言った。「ぼくには助けられない。戦争が終わった今、ぼくたちはおぞましい新しい世界に住んでいる。ぼくはこの新しい世界の人間じゃない。この世界では、ぼくは無力なんだ」

スカーレットは戸惑った。「どういう意味なの? 新しい世界って?」と尋ねた。

「ぼくは古い世界の人間だ——戦前にあった世界のね」アシュリーは言った。「音楽と詩と夢に満ちた穏やかな世界だ。あの頃、ぼくたちの生活は美しかった。でも、古

い世界は去ってしまったんだ。消えてしまった。新しい世界は厳しくて、冷たくて、醜い。ぼくには現実的すぎる。この世界では、ぼくは無力だ。怖いんだよ」

スカーレットはまだわからなかった。どういう意味かしら？　どうしてこんな変なことを言うの？

「アシュリー、怖がらないで！」彼女は叫んだ。「わたしがなんとかする。タラを救うわ！　恐れないで……何もかもうまくいくから！」

アシュリーは首を左右にふった。彼女はふと、アシュリーが話しているのはタラを救うことではないのだと気づいた。彼は他のことを考えている。彼女には理解できないことを。

「きみにはわかってもらえないだろうね」アシュリーはそう言って微笑んだ。「きみとぼくはあまりにも違うんだよ、スカーレット。ぼくは夢の世界に住むのが好きだ。現実から身を隠したい。でもきみは、たとえ厳しくても現実の生活を恐れない。きみは勇敢だよ。現実から逃げようとしない。だから、きみはこの新しい世界でもやっていけるよ」

「逃げるですって！」スカーレットは叫んだ。「アシュリー、そうじゃないわ。わたしもあなたと同じで、逃げたいの。この問題すべてから逃げたいのよ！」

アシュリーは驚いて彼女を見つめた。スカーレットは彼の手をつかんだ。

「アシュリー、一緒に逃げましょう」彼女は言った。「こんなの、もううんざりよ！　食べ物を探すのにもうんざり。お金の心配も大嫌い。パパやスエレンやキャリーンやみんなの世話にもうんざりだわ！　アシュリー、逃げましょう。メキシコに行けばいいわ。わたし、あなたの奥さんになるわ！　あなたはメラニーを愛してないでしょ！　まだわたしを愛してる。それに、メラニーはもう赤ちゃんを産めないわ。わたしならもっと——」

アシュリーがスカーレットの話を遮った。「スカーレット、やめてくれ！　そんなことを言っちゃいけない！」

「でも、どうして？」スカーレットは言った。「わたしを愛してるんでしょ！　わかってるのよ！　どうして一緒に逃げられないの？」

「メラニーと赤ん坊を置いていけるわけがないだろう？　たとえふたりを憎んでいても、絶対にできない！　ふたりはぼくの家族だ。ぼくにはふたりを守る責任があるんだ」アシュリーは彼女に言った。「スカーレット、きみだってウェイドを置いていけないだろう。お父さんや妹たちのこともね。彼らはきみの家族だ。きみには彼らを守る責任がある」

「置いていけるわ」彼女は声をあげた。「家族にも、もううんざりなのよ。逃げましょう。ここにはわたしたちを引き止めるものなんかないわ」

アシュリーは静かに彼女を見つめた。「引き止めるものはない——名誉以外はね」と言った。

スカーレットは彼の冷めたグレーの瞳を見つめた。この人はわたしと逃げる気なんかない、と彼女は気づいた。この人はメラニーを置いていけない。そこまでわたしを愛していない。立派すぎるんだわ。彼女は泣きだした。

アシュリーはさっと近づいて彼女を抱きよせた。「スカーレット、泣かないでおくれ！」とささやく。

スカーレットが彼を見あげた。彼女の緑色の瞳が、愛で輝いている。その瞬間、アシュリーは我を忘れ、どこにいるかさえ忘れた。そして熱烈なキスをした。しばらくのあいだ、ふたりの身体はひとつに溶けあうようだった。それからとつぜん、彼はキスをやめて、荒々しく彼女を押しのけた。

「やっぱり、わたしを愛してるじゃないの！」スカーレットは叫んだ。「言って！愛してるって言ってよ！」

アシュリーの目は絶望と恥に満ちていた。「わかった、言うよ」怒っているような声で言う。「そうだ、きみを愛してる。きみの勇気と情熱と活力と……。でも、これは間違ってる。間違ってるんだ！　ぼくはもうここにはいられない。出ていかなくては。メラニーと赤ん坊を連れて、今すぐタラを出ていくよ」

「だけど、どうして？」スカーレットは問い詰めた。「わたしを愛してるなら、どうしてメラニーといられるの？」

アシュリーは悲しげに首をふった。「わかってもらえないだろうね」

スカーレットは胸が張り裂けそうだった。アシュリーはけっしてメラニーと別れないと、今知ったのだ。「わたしには何も残らないわ」と彼女は言った。「あなたはいなくなるし、もうすぐタラもなくなってしまう」

「それは違うよ」アシュリーは彼女に言った。「きみには残っているものがある。いちばん愛してるものがね。きみにはまだタラがあるじゃないか」彼はかがんで赤土をつかむと、それをスカーレットに差しだした。

手のなかの土はひんやりとしている。「そうね」彼女はゆっくりと言った。「わたしにはまだタラがある」

彼女は広大な赤土の大地と、何エーカーもの綿花畑を思い浮かべた。アシュリーの言うとおりだ、と気づいた。わたしはどれほどタラを愛していることか！　そしてタラを守るために、どれほど必死で戦わなければならないことか！　わたしは戦うわ。タラを失うものですか！

スカーレットはアシュリーを見た。たちまち平静な気持ちに戻った。彼女の声は落ち着いていた。「あなたとメラニーは出ていかなくてもいいわよ」と言った。「もうこんな真似はしないから。二度とこんなことはないわ」

そして彼女はゆっくりと、だが胸を張って歩き去った。

第25章 (☞ p.150)

　スカーレットは家に戻った。そのとき、馬の蹄の音が聞こえた。タラに馬車が到着したのだ！

　スカーレットは驚いた。馬車は新しくてとても立派だ。「だれかしら？」とつぶやいた。「近くの人たちはみんな貧しくて、新しい馬車を買うお金なんかないのに」

　すると、男と女が馬車から降りてきた。それがだれか、スカーレットはすぐにわかった。男はジョナス・ウィルカーソンという北部人だ。ジョージア州でヤンキー政府のために働いている。南部人からいろいろだまし取って裕福になっていた。そして女はエミー・スラッタリーだ。

　スカーレットは怒りに燃えた。あのいまいましいヤンキー、ジョナス・ウィルカーソン！　よくもタラに来れたわね。それに、エミー・スラッタリー、あのおぞましいクズ白人の娘！　エミーは、お母さまが亡くなった原因だわ、とスカーレットは思った。エミーが腸チフスにかかって、それをお母さまにうつしたから、お母さまは亡くなったのよ！

　「ここから出ていきなさい、このクズ白人！」スカーレットはエミーに怒鳴った。「今すぐ出ていって！」

　エミーは怖がり、あわてて馬車に戻った。だが、ジョナス・ウィルカーソンは腹を立てた。「わたしの妻にそんな言い方はしないでもらいたい」彼は言った。「友人として訪問しにきたんだぞ」

　「友人ですって？」スカーレットは叫んだ。その声は鞭のように辛辣だった。「わたしたちには、クズ白人やあなたみたいなヤンキーの友人なんかいないわ。絶対にね！　出ていきなさい！　すぐにタラから出ていって！」

　ウィルカーソンはますます腹を立てた。「相変わらず高慢ちきだな」と言った。「まあ、もう長くは威張っていられないさ。金がないのはわかってるんだ。タラの税金も払えないんだろう。あんたは農園を手放すしかない。そしたら、おれが買うんだ！　エミーとおれがここに住むのさ！」

　スカーレットは憎しみでいっぱいになった。「タラは渡さない」彼女は怒鳴った。「あなたたちに住ませるぐらいなら、この家を焼くわ。壊してやる。ここに住ませるもんですか。さあ、出ていって！」

　ウィルカーソンも同じぐらい憎々しげに彼女をにらんでから、馬車に戻った。彼とエミーはすばやく馬車を走らせて去った。

　スカーレットはふたりが去るのを見つめていた。「どうしたらいいの？」とつぶやいた。急に怖くなってくる。「ウィルカーソンの言うとおりだわ。わたしにはお金がない。税金を払えない。どうにか考えないと、タラを失うわ！　どうしたらいいの？」

　そのとき、アシュリーの言葉を思い出した。「レット・バトラーなら金をもっている」とアシュリーは言っていた。

それよ、とスカーレットは思った。レットから税金のお金を手に入れればいいのよ。300ドル借りるわ！　そしたら、タラは安泰よ。

　一瞬、彼女は喜んだ。でもそれから、別の考えが頭をよぎった。「レットにお金を借りても、問題は解決しない」と気づいた。「来年、ヤンキーたちはもっと税金を上げるわ。わたしがついに払えなくなるまで、毎年上げるつもりなのよ。タラを守りたいなら、お金持ちにならなきゃ！　お金がたくさんないと、ずっとヤンキーたちを恐れ、いつも心配することになる。じゃあ、どうしたらいいの？」

　スカーレットはレットのことを考えた。彼の言葉を覚えている——「きみが欲しい。これまで求めたどの女よりも、きみが欲しい」アトランタをあとにした夜の彼のキスを思い出す。

　「レット・バトラーと結婚しよう」彼女はつぶやいた。「そうすれば、もうお金の心配をしなくてすむわ！」

　もちろん、レットにわたしと結婚させるのは簡単じゃない、と思う。アトランタを出た夜、彼にひどいことを言ったもの。だけど、彼を魅了できるはずよ！　ずっと彼を愛していたって思わせればいいのよ。お金のために結婚しようとしてるのを知られちゃだめ。彼に恋してるって思わせなきゃ！

　そのとき、スカーレットはレットの別の言葉を思い出した——「いいかい、わたしは結婚には向かない男だ。結婚など信じていない」。彼が結婚してくれなかったらどうしよう？　もし愛人になれと言われたら？

　そう考えて愕然とした。一瞬、レット・バトラーの愛人になるという考えに苦しんだ。お母さまが亡くなっていてよかった、と思う。もし生きていたら、恥ずかしくてたまらないっておっしゃるわ。本物のレディーなら、愛人になることを承知するはずがないもの！　だけど、タラを救うにはそれしかないわ、とスカーレットは悟った。他にお金を手に入れる方法はない。タラはだれにも奪わせるものですか！　タラを失うくらいなら、死んだほうがましよ。決心がついたわ。来週、レットに会いにアトランタへ行こう。

　スカーレットは鏡を見て、映った自分の姿にショックを受けた。すっかり変わりはてていた！　血色が悪く、やせこけている。緑色の瞳は険しくて物欲しそうだ。「もう少しもきれいじゃないわ」彼女は声をあげた。「これじゃあ、レットに好かれないわ。あの人は美しい女しか好きじゃないもの」

　スカーレットは自分の服を見た。古くて、よれよれで、汚れている。「レットはきれいに着飾っている女が好きなのよ」とつぶやいた。「こんな古いドレスを着ているのを見たら、タラの状況が悪いって、彼は気がつくわ。お金目当てだとばれてしまう。どうしたらいいの？」

　スカーレットは窓に歩みよった。沈んだ気持ちで外を眺める。そのとき、ある考えが頭のなかに飛びこんできた。窓には緑色のビロードの長いカーテンが下がって

いる。そのビロードは柔らかくて美しい。「ドレスを作ればいいのよ！」彼女は叫んだ。「このカーテンで新しいドレスを作るわ」

彼女は急いでドアを開けた。「マミー！」と大声で呼ぶ。「すぐに来て。来週アトランタへ行くから、新しいドレスがいるのよ！」

第26章（☞ p.154）

翌週、スカーレットはアトランタ行きの列車に乗った。家族には、税金を払うためのお金を借りにいくと言ってある。レット・バトラーについての計画のことは話さなかった。

スカーレットはひとりではなかった。残念なことに、マミーがついてくると言ってきかなかったのだ。「わたしもアトランタについていきます」マミーは言った。「あそこにはヤンキーやスキャラワグがいっぱいいるんです。アトランタなんかへ、ひとりで行っちゃいけません」

スカーレットとマミーはアトランタに着いた。町はすっかり変わってしまった、とスカーレットは悲しくなった。北軍がほとんどの建物を焼き払ってしまったのだ。それでも、新しい生活の兆しがいたるところで見られた。町の人たちが再建していて、どの通りにも新しい家があった。

「ヤンキーたちでさえ、アトランタを破壊できなかったのね」スカーレットは誇らしげに言った。「この町の人たちはけっしてあきらめない。じきにアトランタは前より大きく、立派になるわ」

スカーレットとマミーはピティパット叔母の家へ行った。老婦人はふたりを見て喜んだ。「スカーレット」彼女は声をあげた。「戻ってきてくれてうれしいわ！　うちにお泊まりなさい。話したいことがたくさんあるんですよ。アトランタではいろんなことが起こっていてね！」

スカーレットはピティパット叔母の家で夕食をともにした。叔母は知らせたいことが山のようにあるらしい。「ミード家、メリーウェザー家、ホワイティング家、エルシング家も、みんな戻ってきたのよ！　もちろん、今は貧乏ですけどね。それでも、町の人たちは家や仕事を立て直しているの。みんな、あのいまいましいヤンキーたちが大嫌いでね！　ヤンキーたちをアトランタで見るなんて、ひどいことですよ。しかも大勢いるんだから！」

ピティパット叔母はしばらく口をつぐんでいた。「そうそう、忘れてたわ！」と声をあげた。「バトラー船長が監獄に入っているんですよ！　先週、ヤンキーたちが彼を捕まえて監獄に入れたの。なんてことでしょうね」

「レット・バトラーが監獄に？」スカーレットは驚いた。「どうしてですか、ピティ叔母さま？」

「よくは知らないけどね」ピティパット叔母は言った。「バトラー船長がとてもお

金持ちだからじゃないかって、おおかたの人は言ってるわ」

「バトラー船長は封鎖破りで裕福になったんですよ」とスカーレット。「どうして
ヤンキーたちがそんなことを気にするのかしら？」

「そのことじゃなくてね。ヤンキーたちは、バトラー船長が南部連合政府の金<ruby>金<rt>きん</rt></ruby>を
もっていると思ってるんですよ」

「南部連合の金ですって？　それはなんですか？」スカーレットは好奇心に駆られ
た。

「戦争が終わったとき、バトラー船長は南部連合の財産だった金をたくさん預かっ
ていたとか。とにかくヤンキーたちはそう思っているの」ピティパット叔母は説明し
た。「南部連合の金は何百万ドルもの値打ちがあるんですよ！　バトラー船長はその
金をどこかに隠しているの。ヤンキーたちは金を合衆国連合政府に渡してほしいの
ね。だから監獄に入れたのよ。もしバトラー船長が金を渡さなかったら、ヤンキーた
ちは彼を絞首刑にするかもしれないわ！　想像してみてごらんなさい——ヤンキー
たちがバトラー船長を殺すだなんて！」

スカーレットはとても興味を引かれた。レットは思っていた以上に裕福になって
いるのだ！　彼が監獄にいることは別に悲しくもない。

「もしかしたら、わたしと結婚させることができるかもしれない」彼女は心のなか
で思った。「レットがわたしと結婚したら、ヤンキーたちが彼を殺したってかまわな
いわ。そうすればわたしは未亡人になって——彼のお金が全部手に入るもの！」それ
はすばらしい考えだった。スカーレットは幸せな気分でベッドに入った。明日、レッ
ト・バトラーに会いにいこう、と彼女は思った。

第27章 (☞ p.158)

翌朝、スカーレットは早くに目を覚まし、新しい緑色のビロードのドレスを着て
みた。「わたし、きれいだわ」と、うれしく思う。「貧乏には見えない。お金がいる
のをレットに気づかれないわ」

スカーレットは急いでピティパット叔母の家を出た。マミーに見られたくなかっ
たからだ。まもなく北軍の監獄に着いた。「バトラー船長と面会したいのですが」と
ヤンキー兵に言った。「わたしはミセス・ハミルトンと申します」

数分間、彼女は緊張しながら待った。やがて兵士が戻ってきて言った。「囚人との
面会を許可します。彼は隣室にいます。ドアを閉めるので、ふたりきりで話せます
よ。時間は10分です」

スカーレットは部屋に入った。レットが近づいてきた。服は汚れていたが、微笑
んでいる。「スカーレット！」と彼は声をあげた。「会えてうれしいよ。監獄まで面
会にきてくれるとは、なんてやさしいんだ」本当にうれしそうだ。「いつアトランタ
に来たんだい？」と訊く。

「昨日よ」スカーレットは答えた。「ピティ叔母さまから、あなたが監獄にいるって聞いたの」彼女は心配しているように見せようとした。「それを聞いて、とても悲しかったわ！ ああ、レット！ わたし、怖いの！ ヤンキーたちはあなたを傷つけないわよね？」今にも泣きそうなふりをする。

「おいおい、スカーレット！」レットが言った。心配されて喜んでいるらしい、とスカーレットは気づいた。からかっているようすはない。

計画はうまくいってるわ、と彼女は思った。レットはまだわたしのことが好きなのね。わたしも彼を好きだと思っているようだし、結婚にもちこめるわ！

「じゃあ、わたしを許してくれるんだね、スカーレット？」レットは微笑みながら訊いた。「あの夜アトランタの郊外にきみを置いていったとき、きみはずいぶん怒っていた。入隊するわたしを憎んでいたね！ もう許してくれたのかい？」

スカーレットはまだ怒っていたが、その気持ちを押し隠した。「もちろん、許してるわ」と優しく言った。「あの夜は怒ってたけど。でも入隊せずにはいられない理由はわかってるの。愛国心に駆られたのよね」

レットは笑って、首を横にふった。「南部連合兵だったのは８カ月間だ」と言う。「きつい日々だったよ。雪のなかを行軍したんだ。靴は破れるし、飢えそうになるし。なぜ入隊しようなどと決心したのか今でもわからないね！ まったく愚かだったよ。だが、われわれ南部人は勝ち目のない戦いをするのが好きだからね」彼は再び笑った。「でも、それもすんだことさ。きみがどうしてるか話してくれ、スカーレット」

「とても元気よ、ありがとう」スカーレットは言った。のんきで幸せそうなふりをする。「タラはすべて順調よ。もちろん、ヤンキーたちはいるけど、わたしたちには面倒をかけてこないし。ただ最近とっても退屈なのよ、レット！ 田舎は静かすぎるわ。それで、アトランタの叔母さまを訪ねることにしたの。ここで楽しんだり、友だちに会ったりしたいのよ」

レットはにやりとした。「たぶん、アトランタの男友だちにも会いたいってわけだな！ まあ、会えてうれしいよ、スカーレット。きみのことをよく考えたものだ。戦争のあと、どうしてるか心配だった。きみより美しい女をたくさん知ってるし、優しい女もたくさん知っている。それでも、いつもきみのことを思い出すんだ」

スカーレットは喜んだ。計画がますますうまくいっている！ 彼女は再び、怖くて心配しているような表情をつくった。

「ああ、レット！」と声をあげた。「わたしもいつも、あなたのことを思ってるわ！ だからこんなに心配なの。あなたが監獄にいるのを見るのはつらいわ！ ヤンキーたちはあなたを殺さないわよね？ あなたが絞首刑になったら、わたしは死んでしまうわ。だって、わたしは……」彼女は頬を染めてうつむいた。

「なんてことだ！」レットは叫んだ。「スカーレット、きみは本当に──」彼は近づいて彼女を強く抱きしめた。

スカーレットは彼に向けて顔をあげ、目を閉じた。やったわ、と心のなかで喜んだ。今こそ、レットはわたしにキスをして、愛してるって言うわよ！

　レットは彼女の手を取ってキスをした。それから、とつぜん動きを止めた。

　スカーレットは目を開けた。「どうしたの？」と訊く。

　レットは彼女の手を見つめていた。その手は荒れて赤くなっている。まるで奴隷の手のようだ。裕福で若いレディーの手には見えない。スカーレットは自分のミスに気がついた。

　「本当のことを話すんだ」レットは言った。その声は冷たかった。「タラはうまくいってないんだな？　順調どころじゃない。ずっと嘘をついてたんだ。何か欲しいんだろう。それで、あんなに親身で優しそうなふりをしてたんだ」彼は首を横に振った。「正直に言えばよかったのに、スカーレット。本当は何が欲しいんだ？」

　スカーレットは腹を立てながらも、がっかりした。計画は失敗だ。「わかったわ、そのとおりよ」と彼女は言った。「タラの暮らしはひどいものなの。わたしたちは貧乏なのよ。食べ物さえ十分にない。それどころか、すべてを失いそうなの。税金を払うのに300ドル必要なのよ。払えなかったら、ヤンキーたちにタラを没収されてしまうわ」

　「つまり、わたしから300ドル借りたいわけだな」レットは言った。「もし300ドル出したら、わたしは何がもらえるのかな？」

　ついにそのときが来た。「まえに、わたしに愛人になってほしいって言ったでしょ」スカーレットはゆっくりと言った。「今なら愛人になるわ——お金を出してくれるなら」

　レットは彼女を見つめた。奇妙な表情を浮かべている。「金は出さない」と言った。「たとえそうしたくても、今は出せない。ヤンキーどもがすぐそばで見張っているんだ。やつらはわたしの金を狙ってる。今は何もできないんだ」

　スカーレットは失望のあまり気が遠くなった。レットがお金を出してくれないなんて！　彼女の望みは消えた。いったいどうやってタラを救えばいいのだろう？　彼女は泣きたくなった。

　「スカーレット、よく聞くんだ」レットが言った。「金はあげられないが、アドバイスをあげるよ。他に借金を頼むつもりの男はいるかい？」

　「いいえ」彼女は小さな声で言った。

　「それは驚いたな」レットは笑った。「わたし以外にも男友だちがたくさんいるじゃないか。監獄に入っていない崇拝者がいるはずだ。とにかく、アドバイスしておこう」

　「聞きたくないわ」彼女はきつく言い返した。

　「聞くんだ」彼は真剣に言った。「男から何かを手に入れようとするときは、あからさまに言っちゃいけない。女らしく無力なふりをするんだ。たいていの男はその

ほうが好きだからな。自分の魅力をうまく使えよ。以前は上手に使ってたのに、今じゃ使い方を忘れたようだな」

「振る舞い方なんか教えてもらいたくないわ」スカーレットは言った。

「元気を出せよ」レットはそう言って、にやにや笑った。「ヤンキーどもがわたしを絞首刑にするときに見においで。遺産をいくらか、きみに残すかもしれないから」

「あら、ありがとう」スカーレットは怒りをこめて言った。「だけど、税金を払えるほど早く処刑してくれないかもね」そして監獄をあとにし、そそくさと立ち去った。

第28章 （☞ p.164）

雨が降っていた。スカーレットはぬかるみのなかを、とぼとぼと歩いた。寒いうえに、新しいドレスが濡れてしまっている。だが、彼女は気にかけなかった。「どうやってタラを守ればいいの？」とつぶやいた。「どこなら300ドルを手に入れられるかしら？」

そのとき、男の声がした「スカーレットさん？　そうですよね？」

スカーレットがふり向くと、フランク・ケネディの姿が見えた。彼は馬車に乗っていた。「ケネディさん！」彼女は声をあげた。「お会いできてうれしいですわ！」

「どうして雨のなかを歩いておられるんですか、スカーレットさん？」彼は訊いた。「家までお送りしましょう」スカーレットは喜んで応じた。

「いつアトランタに着かれたのですか？」フランクが訊いた。「その——だれかとご一緒ですか？」

妹のスエレンのことを考えているのだと、スカーレットは気づいた。フランクとスエレンは婚約していた。

「いいえ、ひとりで参りましたの」スカーレットは言った。「今はアトランタにお住まいですか、ケネディさん？」

「ええ、ここに店をもっているんです」フランクは得意げに言った。「なかなかうまくやってます。店が繁盛しましてね。今年は1000ドル儲けました。来年はビジネスをもっと大きくしたいと思っています。製材所を買う予定なんですよ」

スカーレットはたちまち興味を引かれた。フランク・ケネディがお金を儲けている！と思った。もっと詳しく話すように、彼をおだてることにした。

「あなたはとても賢くていらっしゃるのね、ケネディさん！」スカーレットは言った。緑色の瞳でうっとりと彼を見つめる。「わたしは何も知らない小娘ですわ。ばかな質問をしても許してくださいね。もっといろいろ教えてくださらない？　製材所ってなんですか？」

フランクはすっかりうれしくなり、自分のビジネスについてスカーレットに話した。「製材所というのは、丸太を切って材木にする工場ですよ」と説明した。「今はアトランタ中が町を再建してましてね。新しい家を建てるために、みんな材木が必

要なんです。製材所を買ったら、材木を売って大儲けしますよ」

「まあ、すばらしいわ!」スカーレットは言った。「なんでもよく考えてらっしゃるのね、ケネディさん!」彼女は優しく微笑みかけた。

フランクからお金を借りられるかしら? とスカーレットは考えたが、断られるだろうと悟った。彼はスエレンとすぐにでも結婚するためにお金を稼いでいるのだから。不公平だわ! どうしてスエレンがフランクのお金を手に入れるの? スエレンはわたしと違って、タラのことなど気にもかけていないのに。

そのとき、スカーレットに、ある考えがひらめいた。わたしがフランクを手に入れよう。わたしが結婚するのよ。スエレンは彼にふさわしくないもの。そうすれば、フランクのお金で税金が払えるわ!

彼女はフランクのほうを向いた。「ああ、ケネディさん! ああ、フランク!」彼女は声をあげ、急に泣きだした。「家族のことがとても心配なんです」と言う。「わたしは無力ですわ。どうしたらいいかわからないんです! あなたはとても賢くていらっしゃる。助けてくださらない?」彼女は頭を彼の肩にのせて泣いた。

フランクは驚いたが、うれしかった。スカーレット・オハラほど、つねに誇り高く美しい女を他に知らなかった。今、その彼女が自分の馬車のなかで泣いている! 自分の肩に頭をのせて! しかも自分のことを「フランク」と呼んだ! 彼はすっかりのぼせあがった。とつぜん、勇敢で不敵な男になった気がした。

「心配しなくていいですよ、スカーレットさん」彼は言った。「わたしがお助けします。なんでもよく考えているんですから! 妹さんのスエレンと結婚したら、ずっとご家族を支えますよ」

さあ、とてつもない大嘘をつくときだ。心の準備はできている。彼女は驚いたふりをした。「まあ、ケネディさん!」と叫んだ。「ご存じないんですか? スエレンはお手紙を差し上げていないのですか?」

フランクは、ぎょっとした。「なんのことですか? スエレンは具合でも悪いのですか?」と訊いた。

「いいえ——でも、なんてよくない振る舞いなんでしょう! お手紙を差し上げるべきなのに! なんてひどい妹なの! ああ、恥ずかしいですわ!」スカーレットは言った。

「どういうことなんですか?」フランクは叫んだ。

「とても言いにくいのですけれど」とスカーレット。「スエレンは来月トニー・フォンティンと結婚するんです。あなたのことが待ちきれなかったんですわ。ごめんなさい、フランク! あなたはこんなに立派な方なのに! スエレンはあなたにこんな仕打ちをするべきじゃなかったんです」

フランクは愕然とし、悲しみに沈んだ。スエレンが他の男と結婚する! 彼は信じられなかった。どうしてそんな裏切りができるのだろう?

ちょうどそのとき、馬車がミス・ピティパットの家に着いた。マミーが外で待っている。もう話す時間はなかった。

　「なかにお入りになりませんか?」スカーレットはフランクに訊いた。その声はやわらかくて優しげだった。緑の瞳が輝いている。「どうぞゆっくりなさって夕食を召し上がってください。ピティパット叔母さまもお会いしたら喜びます。あなたがいらしたら、わたしもとてもうれしいですわ」と、温かく微笑みかける。「でも、ピティ叔母さまにスエレンのことはお話しにならないでね。わたし、妹のことがとても恥ずかしいんです!」と、ささやいた。

　「え、ええ、けっして言いませんよ」フランクは言った。スエレンのことは悲しかったが、スカーレットに優しくされて、まだのぼせあがっていた。「夕食をごちそうになりましょう」と言った。

　マミーがふたりを家のなかへ招きいれた。マミーはスカーレットの顔を見た。それから、フランクをじろじろと見て、その目がはっとしたように輝いた。

　マミーには何もかもお見通しだ、とスカーレットは気づいた。「こうするしかないのよ!」彼女はマミーにささやいた。「フランクはお金をもってるわ。彼と結婚すれば、タラを守れるのよ。絶対にスエレンに言っちゃだめよ!」

　「だれにも言いませんとも」マミーは落ち着いた声で言った。「ヤンキーどもにタラを取られるわけにはいきませんからね。ケネディさまと結婚できるようお手伝いしますよ」

第29章 (☞ p.170)

　それからの2週間、スカーレットはフランク・ケネディにほぼ毎日会った。「彼に求婚させなくては」と自分に言いきかせた。「彼のお金がすぐいるのよ。大急ぎで結婚しなきゃいけないわ——遅すぎてタラの税金が払えなくなるまえに!」税金の支払い期限は間近だと、彼女にはよくわかっていた。

　スカーレットはレットのアドバイスを覚えていた。フランクといるときは、優しく、穏やかで、はかなげに振る舞った。彼をおだてながら、その目を見つめた。自分の魅力を最大限に利用した。

　フランクにとって、スカーレットからの好意はすばらしく、目新しいものだった。これまで、彼はレディーにもてたことがなかった。自分がハンサムでも魅力的でもないことを知っている。「それなのに、スカーレットさんはわたしが好きなようだ」フランクは感動した。「愛してさえいるかもしれない!」そう思うと、自分がとても強くて男らしくなったような気がした。

＊　＊　＊

　スカーレットの計画はうまくいった。2週間後、彼女とフランク・ケネディは結婚した。フランクはこのうえなく幸せで誇らしかった。「わたしには世界一優しくて

かわいい妻がいるんだ」

　スカーレットも幸せだった。結婚式の翌日、彼女はフランクから300ドルを手に入れた。「お願いよ、ダーリン!」と懇願する。「あなたは心が広い人だわ。タラの税金を払うのを助けてほしいの!　わたしのためにお願い、あなた!」

　最初、フランクはスカーレットの要求に驚いた。「300ドルは大金だ」と思う。「渡したら、今すぐ製材所を買えなくなるぞ」それでも、フランクは新妻の頼みを断れず、スカーレットにお金を渡した。彼女はすぐにそのお金をタラに送り、結婚を知らせる手紙も書いて送った。

　スカーレットは心からほっとした。妹の婚約者を横取りしたことは気にならなかった。タラが無事なんだもの、と思う。税金を払ったんだから、ヤンキーたちに奪われないわ!　大事なのはそれだけよ!

　でもしばらくすると、スカーレットはまた不安になった。今タラは無事だけど、ヤンキーたちは来年も奪おうとするかもしれないわ。税金をもっと上げるかもしれない!　フランクの店のことを調べないと。どれくらいお金があるか知っておく必要があるわ。彼が商売上手ならいいんだけど。わたしたちをヤンキーたちから守ってくれるのはお金だけよ!

　彼女はフランクに店について尋ねたが、彼は首を横にふった。「心配いらないよ、ダーリン」と言う。「きみのように、きれいでかわいいご婦人は、ビジネスのことなんか知らなくていいんだよ。わたしがきみの夫なんだから、任せておくれ!」それでも、スカーレットは調べようと決心した。

　数週間後、フランクは病気になった。しばらくベッドで寝ていなければならない。スカーレットは家を出ると、フランクの店へ急いだ。帳簿を見て、スカーレットはがっかりした。店は本来ならもっと儲かるはずなのに、それほど儲かっていなかった。

　フランクは商売上手じゃないんだわ、とスカーレットは悟った。代金をまだ払ってない人がたくさんいるじゃない。フランクはお人よしすぎる。客に未払い金を請求できないのよ!　もっと強気にならなきゃ。未払い金を集金したら、もっと裕福になれるのに。あらまあ、製材所を買えるぐらいのお金が入るわ!

　新しい考えがスカーレットの頭に浮かんだ。「わたしのほうがフランクより上手にビジネスができるわ!」とつぶやいた。「わたしのほうが上手にできる——フランクが男でもね!　わたしのほうが稼げる。そうするわ、わたしが製材所を買うのよ!」

　そのとき、だれかが店に入ってきた。レット・バトラーだった。彼はからかうように微笑みかけた。「これはどうも、ミセス・ケネディ!」と言う。「ご結婚おめでとうございます!」

　スカーレットはレットを見て驚いた。「じゃあ、ヤンキーたちはあなたを釈放したのね。絞首刑にしなかったんだわ」彼女は言った。「すればよかったのに。この悪

党! ここで何をしてるの?」

「きみの新たな結婚のお祝いを言いにきたのさ」レットはにやりと笑って言った。「2度目だねえ……変わった理由で結婚するのは。ひとり目の夫のチャールズのことは覚えているかい?」

「ちょっと、レット!」スカーレットは声をあげた。「静かにしてよ! よくそんなひどいことが言えるわね。だれかが聞いてるかもしれないでしょ」レットのからかうような声の調子は気に入らなかったが、スカーレットは彼に会えてうれしかった。レットにだけは、正直な自分でいられるのだ。「本当は何しに来たのよ?」と訊いた。

「きみに会ってタラのことを訊くためさ」レットは言った。「フランクは300ドルをくれたかい? タラをヤンキーどもから守れたのか?」

スカーレットは微笑んだ。レットって、とても優しいときもあるのね。わたしのことを心配してくれてたんだわ! タラを失ったんじゃないかと気にしてたのね。

「ええ、フランクは税金のお金をくれたわ」彼女は言った。「でもね、レット! フランクは商売がとても下手なの。人がよすぎるのよ。客に代金を請求できないんだから。それに、わたしはもっとお金がいるのよ。タラを立て直すためにね。それから製材所も買いたいし」

「製材所だって?」レットが訊いた。「きみが製材所を買ったりしたら、まわりから非難されるぞ。みんな呆れるだろうな。おおかたの人間は、女は家でおとなしくしてるべきだと思ってる。女はビジネスのことなど知らなくていいってね」彼はにやりと笑いかけた。

「人がどう思おうと、かまうもんですか」スカーレットは答えた。「これからもずっとタラを守るためにお金がいるのよ。フランクが稼げないなら、わたしが稼ぐわ。あの製材所を買うのよ。レット、お金を貸してもらえない? ちゃんと返すから」

レットは笑った。「いいとも、貸してあげよう。喜んで製材所を買うのを手伝うよ。事業を始めるのも助けてあげよう」と言った。「ただし、よく聞くんだ、スカーレット。わたしの金をアシュリー・ウィルクスのために使うんじゃない。これが、ただひとつのルールだ」

スカーレットは心に痛みを感じた。「アシュリーはわたしのお金を使ったりしないわ!」と声をあげた。「彼は誇り高い人なのよ。わたしに助けなんか求めないわよ」

「本当かい?」レットが訊いた。「アシュリーは今タラに住んでるんだろ? きみの家に住み、きみの食べ物を食べ、きみの援助を受けている。彼の誇りは、どこにあるんだ?」

スカーレットは答えられなかった。レットの言うとおりだ。

「よくもアシュリーのことが言えるわね」彼女はようやく言った。「あなたなんかに彼のことはわからないわよ。彼は立派で高潔すぎるものね。あなたは紳士じゃないわ、レット。アシュリーは紳士よ」

「ああ、わたしは紳士じゃない」レットは言った。「でも、紳士だと名乗ったことなどないよ。立派で高潔だともね」彼はスカーレットを見つめた。「アシュリー・ウィルクスは紳士だと言ったな？ じゃあ教えてくれ。彼はようやくすばらしい妻を愛するようになったのか？ メラニー・ウィルクスは立派なレディーだ。それとも、彼はまだきみを欲しがってるのか？」

　スカーレットの顔が真っ赤になった。タラでアシュリーにキスされた日のことを思い出す。レットの目から顔を隠そうとしたが、彼は見逃さなかった。

　「なるほど、高潔なウィルクス氏はまだきみを欲しがってるわけか」レットは言った。その声には怒りと嘲りが含まれている。「なんとご立派な紳士だ！」

　「まあ、レット！」スカーレットは叫んだ。「お願いだから、やめてよ。アシュリーの話はしないでちょうだい。あなたには絶対わからないんだから」

　「わたしから金を借りるのなら、アシュリー・ウィルクスについて尋ねる権利がある」レットは告げた。「製材所を買う金を貸してやろう、スカーレット。だが、わたしの金を1ドルでもウィルクス氏のために使うんじゃない。もし彼のために使ったら、本気で怒るからな」

第30章 (☞ p.176)

　数カ月後、フランク・ケネディは結婚したことをまだ喜んでいた。スカーレットのこともまだ愛している。だが彼は当惑し、幸せではなかった。スカーレットがすっかり変わってしまったのだ！ 結婚前、彼女は優しく、しとやかで、無力だった。どんなことにも彼のアドバイスを求めた。完璧な南部のレディーに見えた。

　今、スカーレットは少しも無力ではない。活動的で、強く、自信に満ちている。どんなことにもフランクのアドバイスなど求めないし、彼の言葉に従わない。

　フランクはこの変化が気に入らなかった。また、スカーレットの行動にショックを受けた。彼女は自分で製材所を買ったのだ！ さらに悪いことに、レット・バトラーから金を借りた。あのいまいましいスキャラワグに！

　じつに下品なことだ、とフランクは思った。アトランタの人々はスカーレットのことを噂していた。だれもが呆れていた。

　「女は家にいて、夫に従うべきだ」フランクは心のなかで思った。「どうしてスカーレットにはわからないんだろう？ どうしてこんな女らしくないことをするのだろう？ 妻はビジネスのことなんか知らなくていい。料理や掃除や育児をするべきなんだ」

　ところが、スカーレットはそんなことには興味がなかった。彼女は自分で製材所を経営した。毎朝、馬車で製材所へ通い、工場を監督した。午後には、アトランタ中を馬車で回り、材木を買ってくれる客を探した。料理や掃除はマミーや使用人たちにさせ、ウェイドの世話はピティパット叔母に任せた。

一番困るのは、スカーレットがしっかり儲けていることだ！とフランクは思った。彼女はとても商売上手だと認めるしかない。「わたしよりうまいんだ」と自分に言いきかせた。そう考えると、恥ずかしくなった。

　スカーレットの製材所についてのフランクの考えは正しかった。彼女の事業はとてもうまくいっていて、多くの顧客を抱えていた。アトランタ中の人が新しい家を建てていた。北部人など、多くの人がスカーレットの材木を買った。事業が成功したので、スカーレットは製材所をもうひとつ買うことができた。

　フランクはスカーレットの振る舞いについて、彼女と話をしたかった。仕事をやめてほしかった。でもフランクは怖かった。スカーレットに指図すると、いつも彼女が怒るからだ。

　「スカーレットは思いどおりにしているときは天使のように優しい」彼は心のなかで思った。「でも、わたしが反対すると怒り狂うんだ！」

　フランクは妻に何も言わないことに決めた。それでも、やはり不幸せだった。そのとき、あることを思いついた。「スカーレットに必要なものがわかったぞ。赤ん坊だ！　女はだれでも赤ん坊が大好きだ。もうひとり赤ん坊ができれば、ビジネスなんかどうでもよくなるだろう」

　1866年の晩春、スカーレットは妊娠していることに気づいた。フランクは喜んだが、スカーレットはうれしくなかった。「もう赤ちゃんなんか欲しくないのに」彼女はひとりごとを言った。「妊娠したから、もうあんまり製材所で働けなくなるわ」

　妊婦は家でおとなしくしているものだ。絶対に町中を馬車で乗りまわすべきではない。ところが、スカーレットは働きつづけた。それどころか、これまで以上に働いた。お金のことしか考えていなかった。アトランタの町の人たちは唖然としたが、スカーレットは気にしなかった。心配でしかたなかったのだ。

　稼がなくては、と彼女は思った。当分働けないから、最後のチャンスよ。妊娠6カ月になったら、家から出してもらえない。そしたら、フランクが工場を監督することになる。彼は商売がとても下手なのに。たぶん大損するわ。

第31章 (☞ p.180)

　1866年、アトランタは危険な場所だった。ヤンキーたちが町を支配し、南部全域も同様に支配していた。彼らが法律を作り、すべてを取り仕切っていた。

　南部人は無力だった。投票権はなく、家や事業をヤンキーたちに奪われることもあった。南部の男たちは理由もなく投獄され、女たちは道で襲われた。恐ろしい時代だった。

　ヤンキーたちと公然と戦うことは不可能だ。しかし、南部の男たちは別の反撃法を見つけた。クー・クラックス・クランと呼ばれる秘密結社を作ったのだ。クランは夜に集まることが多かった。彼らの目的はふたつ。南部を守ることと、敵を殺す

ことだ。

ヤンキーたちはクランを憎み、その結社に入ることを違法とした。クランに加入していると証明された者は処刑された。クランのメンバーであることは危険だった。それでも、アトランタに住む南部の男たちは、ほとんどがこの結社に入っていた。夜、クランのメンバーは馬で町を巡回し、しばしばヤンキーやカーペット・バッガーを殺した。ヤンキーたちはクランのメンバーを捕らえようとしたが、たいていは失敗に終わった。

フランク・ケネディはアトランタが危険だとわかっていたので、スカーレットのことが心配だった。毎日、彼女はひとりで馬車に乗って製材所に通っている。フランクはそれをやめさせたかった。

「危険だよ」と彼は言った。「製材所への道は安全じゃないんだ、スカーレット。今アトランタには悪いやつが大勢いるから、襲われるかもしれない。傷つけられるかもしれないよ。もう働くのはやめるんだ。家にいなさい」

「だけど、毎日製材所に行かなくちゃ」スカーレットは彼に言った。「事業を続けなきゃいけないもの！」

それからスカーレットは、フランクの怒りながらも心配そうな顔を見た。とうとう彼女は言った。「あと１カ月通って、それからやめるわ。その頃にはお腹が大きくなるから、どっちにしろ家にいなきゃいけないもの」

フランクは喜んだ。「１カ月経ったら、スカーレットは家にいなくてはならないんだ」と自分に言いきかせた。「彼女は製材所で働けなくなって、そのうち赤ん坊が生まれる。そうしたら、ビジネスへの興味なんかすっかりなくなるだろう！　ふつうの妻のようになるんだ！」

＊　＊　＊

来る日も来る日も、スカーレットは製材所へ通った。偶然にも、途中で何度もレット・バトラーに出くわした。彼はよく馬で道を走っていた。彼女の馬車を見るといつも挨拶し、速度を落として彼女の横で馬を歩かせた。

スカーレットはレットに会うといつもうれしかった。彼は友だちだ、と思うようになっていた。レットは彼女のことを理解してくれた。彼と一緒にいると居心地がいい。レットには正直に話すことができる。製材所についての計画を話すと、レットは彼女の行いに驚いたりせず、その商才を褒めてくれた。

ある午後、スカーレットとレットは並んで道を進んでいた。「どうしてアトランタの人たちはわたしのことを悪く言うのかしら？」スカーレットは彼に尋ねた。「わたしが製材所を経営してることに、みんな呆れるのよ。どうしてそんなに怒るの？　何も悪いことはしてないのに。お金を稼ごうとしてるだけよ」

レットは笑った。「答えは簡単だ。きみの振る舞いがふつうの女の人と違うから、みんな仰天するのさ。まっとうな南部人社会では、人と違うことは罪だからね。きみ

はレディーだ。レディーは事業を経営したり、金を稼いだりするもんじゃない。たとえどんなに貧しくても、レディーは働くもんじゃない。きみは社会のルールを破ってるんだよ、スカーレット。だから、みんなが悪口を言うのさ」

「だけど、わたしがいくらか稼いだからって、どうしてみんなが気にかけるのよ？」

「すべてを手に入れることはできない」レットは言った。「自分で選ぶんだな。金を稼いで友人をなくすか、貧しく女らしくなって友人をたくさんもつか」

「貧しくなるのは嫌よ」スカーレットはすかさず言った。「でも、それが正しい選択でしょ？」

「ああ、一番欲しいものが金ならね」彼は答えた。

「この世でお金より欲しいものはないわ」

「じゃあ、そちらを選ぶしかなかったわけだ」レットは言った。「だが金を選んだら、きみはいつも孤独だろう。それも選んだことになるんだ」

スカーレットは黙りこんだ。レットの言うとおりだ、と気づいた。彼女は孤独だった。母は亡くなった。妹たちには親しみを感じたことがない。もちろん、メラニーがいる。とはいえ、今ではメラニーを尊敬しているものの、やはり好きではなかった。ある意味、レットだけが本当の友人だった。

第32章（☞ p.184）

1週間後、スカーレットはタラのウィル・ベンティーンから手紙を受け取った。それは悪い知らせだった。ジェラルド・オハラが亡くなったのだ。葬儀は数日後の予定だという。スカーレットはショックを受け、悲しみに暮れた。父が亡くなったなんて！ 彼女はすぐにアトランタを発ち、タラへ向かう列車に乗った。

どうしてパパが亡くなるの？ とスカーレットは思った。戦争前の懐かしい日々の父を思い出す。彼はとても活動的で、生き生きしていた！ 彼のいないタラなど想像もつかない。とはいえ、ジェラルドはエレンが亡くなってからすっかり変わっていた。妻が死んだとき、彼の心は壊れてしまった。あのときから、彼は老いた亡霊のようだった。

「少なくとも今、パパはお母さまといるわ」スカーレットはしんみりと自分に言いきかせた。「ふたりはまた一緒になったのよ」

スカーレットがタラに着くと、すぐに別の知らせが待っていた。ウィル・ベンティーンが頼みたいことがあると言う。「スカーレットさん、妹さんのスエレンと結婚したいのです。よい夫になるよう努めます。結婚を許していただけますか？」

スカーレットはとても喜んだ。ウィルは善良で働き者だ。彼がスエレンと結婚すれば、ずっとタラにいてくれるだろう。

「ええ」彼女は言った。「あなたがスエレンと結婚してくれたらうれしいわ。あなたと結婚できて妹は幸運ね。あなたはもう家族よ、ウィル」

だがそのあと、アシュリーから打ち明けられた知らせには喜べなかった。彼はスカーレットに、もうすぐメラニーとタラを出ていくと告げたのだ。

「北部へ行くんだ」アシュリーは言った。「メラニーと赤ん坊を連れてニューヨークへ行くよ。そこで仕事を見つけたんだ」

スカーレットは、にわかに怖くなった。「もしアシュリーが北部へ行ったら、もう二度と会えないかもしれないわ！」と心のなかで思った。考えただけでも恐ろしい。

「だめよ！」彼女は叫んだ。「行っちゃだめよ。出ていかないで、アシュリー！　メラニーと一緒にアトランタに来ない？　わたしが——わたしが仕事をあげるわ！　わたしの製材所を管理したらいいのよ」

「いいや」アシュリーは言った。「きみは優しいね、スカーレット。でも、その仕事は引き受けられない。きみには長く頼りすぎた。ぼくはタラを出ていかなくてはならないんだ。自分で働いて家族を養わなくては。今出ていかないと、ぼくは自尊心をすっかり失ってしまう」

アシュリーの気持ちは変わらないと、スカーレットは悟った。彼女は声をあげて泣きだした。するとメラニーが部屋に駆けこんできて、スカーレットを抱きしめた。

「アシュリー、何を言ったの？」メラニーが叫んだ。「いったい何をしたの？　どうしてスカーレットが泣いてるの？」

「アシュリーに製材所の仕事をお願いしたの」スカーレットは彼女に言った。涙をぼろぼろこぼしている。「ああ、メリー！　彼の助けが必要なのよ。わたしひとりじゃ事業をやっていけないわ。もうすぐ赤ちゃんが生まれるんだもの。なのにアシュリーったら、いじわるなのよ！　わたしを助けられないって言うの。そんな仕事はしないって！」彼女はさらに泣き声をあげた。

メラニーは人生で初めて、怒りをこめて夫に言った。「アシュリー！」と叫ぶ。「どうしてそんなひどいことが言えるの？　いとしいスカーレットはわたしたちに本当によくしてくれたのよ。ボーが生まれたときには、わたしの命を救ってくれた。ヤンキーたちが攻めてくるなか、アトランタから無事に連れ出してくれたのよ。それから必死で働いて、わたしたちを守って食べさせてくれたわ！　世界一のお姉さんよ。なのに助けられないですって？　よくそんなひどいことができるわね」

スカーレットはアシュリーの顔を見た。とたんに希望が湧いてくる。彼はもう嫌とは言えないわ。アトランタに来るに違いない！

アシュリーはメラニーを見、それからスカーレットを見た。その目には疲れがにじみ、とてもつらそうだ。

「わかったよ」ついに彼は言った。言葉を発するのが痛いかのように、ゆっくりと話した。「アトランタへ行こう。製材所の仕事を引き受けるよ、スカーレット。きみたちふたりには、とても敵わない」

第33章 （☞p.188）

　1週間後、スカーレットはアトランタに戻った。ほどなくして、アシュリー、メラニー、息子のボーもアトランタに戻ってきた。約束どおり、アシュリーは製材所の仕事に就き、スカーレットのために工場を管理した。

　スカーレットはアシュリーが戻ってくれてうれしかった。毎晩、彼は彼女の家に寄り、その日の経営状況を報告した。ふたりは製材所について話しあい、アシュリーは材木の売り上げを伝えた。

　スカーレットはすぐに、アシュリーに商才がないことに気づいた。そのことに驚き、がっかりした。

　アシュリーは頭がいいのに、と彼女は思った。どうしてお金を儲けるのが下手なのかしら？　だが、その気持ちを押し隠した。かまわないわ。アシュリーがアトランタに戻ってきてくれただけでも、わたしはうれしいわ！

　ところが、スカーレットはアシュリーとふたりきりになることができなかった。彼が家に来るときは、いつも他にだれかがいた。フランク、ミス・ピティパット、マミー、幼いウェイドがいつもそばにいたからだ。

　アトランタ中の人たちが、ウィルクス一家を歓迎した。とくにメラニーにまた会えたことを喜んだ。メラニーは内気で地味だが、いつもみなに好かれていた。彼女の優しさと寛容さに惹かれて、だれもが友だちになりたがった。

　この戦後の厳しくつらい日々のなかで、メラニーはいっそう人気者になった。アトランタの南部人はみな、メラニーとアシュリーの小さな家を訪れた。メラニーはだれでも歓迎した。人々は彼女の優しい顔を見ると、悲しみや痛みを忘れるのだった。

　メラニーは南部人が重んじる美徳をすべて兼ね備えていた。彼女は貧しさを恐れない。アトランタの裕福なヤンキーたちやカーペットバッガーをけっして羨ましがらない。優しく、寛容で、勇敢だ。何よりも、メラニーは南部連合に忠実だった。南部は戦争に負けたが、彼女はまだ大義を愛している。これらの美徳のゆえに、みながメラニーを愛していた。彼女の家のなかでは、ヤンキーに支配された生活というおぞましい現実を忘れることができた。

第34章 （☞p.190）

　数カ月後、スカーレットは女の赤ん坊を産んだ。彼女とフランクは、その子をエラ・ロリーナ・ケネディと名付けた。フランクはうれしくて誇らしかった。ついに父親になったのだ！

　スカーレットは赤ん坊が生まれたことにそれほど喜びを感じなかった。ただ、妊娠が終わったのはうれしかった。「もうこれ以上赤ちゃんはいらないわ」と心のなかで思った。「さあ、これでまた製材所の仕事を始められる！」

スカーレットはすぐさま仕事に戻った。赤ん坊のエラとウェイドの世話はマミーとピティパット叔母に任せた。フランクはスカーレットの決断に不満だったが、彼女を止めることはできなかった。毎日のように、スカーレットは馬車を製材所へ走らせた。

　ある夜、スカーレットは馬車で家に戻っていた。人けのない道でひとりきりになった。するといきなり、ふたりの見知らぬ男が現れた。物陰に隠れていたに違いないわ、とスカーレットは思った。

　男たちが馬車目がけて走ってくる。スカーレットは危険に気づき、馬をもっと速く走らせようとした。

　「急げ！」ひとりの男が怒鳴った。「逃がすな！　金を奪え！」

　もうひとりの男がスカーレットにつかみかかり、彼女のドレスを破いた。彼女を馬車から引きずりおろそうとする。

　スカーレットは怖くてたまらなかったが、必死で抵抗した。悲鳴をあげ、足でける。男の顔を爪でひっかく。男はその痛みに声をあげ、思わず手を離した。

　今がチャンスだ。スカーレットは全速力で馬車を走らせた。家に着くまでスピードをゆるめなかった。

　家に着いたとき、スカーレットは怯えて泣いていた。フランクは彼女を慰めた。「心配いらないよ」と言う。「怖い思いをしただけだ。傷つけられなくて幸運だった。さあ、泣くのはおやめ。今夜、わたしは集会に出なくてはならない。集会のあいだ、きみとピティパット叔母さんはメラニーの家に行くんだよ」

　スカーレットは腹を立て、困惑した。どうしてフランクはそんなに落ち着いていられるのだろう、と思った。わたしは襲われたところなのよ！　そんな夜に、よくわたしをひとりにできるわね。どうしてくだらない集会なんかに行くのよ？

　フランクは集会に行き、スカーレットとミス・ピティパットはメラニーの家へ行った。メラニーがなかへ招きいれた。「スカーレット、かわいそうに！」彼女は声をあげた。「もういくらか気分がよくなったかしら」少し口をつぐんでから、「アシュリーは今夜は留守なの」と付け加えた。「フランクと一緒に集会に出ているのよ」

　家にはアシュリーの妹のインディア・ウィルクスもいた。彼女はスカーレットとミス・ピティパットに無言であいさつした。4人は数時間、一緒にすわっていた。

　スカーレットはしだいに、何かがおかしいと気づきはじめた。メラニーは青ざめて口数が少なく、とても緊張しているようだ。インディアもぴりぴりしている。ときどき、インディアがスカーレットを見つめた。その目は冷たく、怒りに満ちていた。

　とうとう、スカーレットはインディアのほうを向いた。「どうしてわたしをにらんでるの？」と訊いた。

　「あなたが大嫌いだからよ！」インディアは声をあげた。「あなたはレディーじゃ

ないわ、スカーレット・オハラ。レディーならあんなことはしない。レディーが製材所を経営するなんて間違ってるし、ひとりでアトランタ中を馬車で乗りまわすのも間違ってる。今日、あの男たちに襲われたのは自分のせいよ。まともな妻らしく家にいたら、起こらなかったはずだわ！　しかも今、あなたのせいで男の人たちがみんな危険にさらされているのよ！」

メラニーが叫んだ「やめなさい、インディア！　スカーレットは知らないのよ——集会のことは知らされてないの！」

「わたしが知らないって、何を？」スカーレットは急に怖くなってきた。「今夜の集会で何が起こってるの？」と問いつめる。「いったい、どうなってるの？」

そのとき、ドアをノックする音がした。メラニーが急いで開けにいった。ドアの外には、レット・バトラーがいた。彼は口早に話した。

「ミセス・ウィルクス、彼らが危険です。ヤンキーたちは集会のことを知っています。これは罠だ」

メラニーの顔がさらに青ざめた。「まあ、なんてこと！」と声をあげる。「バトラー船長、どうしたらいいんでしょう？　もしヤンキーたちに見つかったら、みんな殺されるわ！」

「まだ時間があるかもしれない」レットは言った。「集会の場所を教えてください。ヤンキーどもが着くまえに知らせることができたら、逃げられるかもしれません」

「信じちゃだめ、メリー！」インディアが叫んだ。「その男はろくでなしのスキャラワグよ！　たぶんヤンキーたちに告げ口するつもりだわ」

メラニーはレットを見つめた。それから、彼に何かをささやいた。

「ありがとう、ミセス・ウィルクス」彼は言った。「彼らを救うために全力を尽くします」そして夜の闇のなかへ走り去った。

スカーレットは恐怖で頭がおかしくなりそうだった。「何が起こってるの？」と叫ぶ。「教えて！　教えてよ！」

インディアが彼女に向きなおった。「フランクとアシュリーと善良な南部の男の人たちは、みんなクー・クラックス・クランに入っているのよ。今夜は集会だったの。そして、あなたを襲った男たちを殺すつもりだったのよ」と彼女は言った。「でも今、ヤンキーたちに集会のことを知られてしまった。ヤンキーたちに見つかったら、あの人たちは殺されるわ。そして、これは全部あなたのせいなのよ！」

「インディア、そうじゃないわ！　スカーレットのせいじゃない」メラニーが言った。「もちろん男の人たちはみんなクランに入ってるわ。スカーレットを襲った犯人を殺さなくてはならないのも当然よ。でも、バトラー船長が助けてくれるわ。ヤンキーたちが来ると知らせてくれるでしょう」メラニーは真っ青だったが、その声は落ち着いていた。

第35章 (☞ p.196)

　ほとんどメラニーの言うとおりだった。レット・バトラーはすばやくクランの集会場所に着き、アシュリーやクランのメンバーたちに危険を知らせることができた。「ヤンキーどもがすぐにやってくるぞ」レットは告げた。「殺されたくなかったら、今すぐここから立ち去れ」

　男たちはレットが嫌いだった。彼のことをスキャラワグでヤンキーどもの友人だと考えていた。だが彼の言葉が本当だとわかると、その警告に従った。

　大半の男は逃げることができ、夜の闇に紛れて家へ急いだ。だが、全員が幸運というわけではなかった。ひとりのメンバーが逃げる途中で殺された。それはフランク・ケネディだった。

　翌朝、スカーレットはその恐ろしい知らせを聞いた。フランクが死んだのだ。最初は信じられなかった。それから、激しい罪悪感に襲われた。

　「全部わたしのせいだわ！」と、自分を責めた。「インディアの言うとおりよ。わたしが製材所に行くと言い張らなければ、襲われたりしなかった。そしたら、フランクが殺されることもなかったのに！　ああ、わたしはひどい妻だわ！　かわいそうなフランク！　わたしはいじわるで、彼の言うことを聞かなかった。それで彼は死んでしまった──わたしのせいよ！」

　フランクは数日後に埋葬された。その後、スカーレットは寝室にこもっていた。悲しみと罪悪感にさいなまれ、何もできなかった。

　やがて、その家にひとりの訪問客があった。レット・バトラーだ。彼は喪服姿だった。「ケネディ夫人にお悔やみを言いたいのですが」と、ミス・ピティパットに言った。

　「今はお客さまにお会いできないと思います」ミス・ピティパットは答えた。

　だが、スカーレットにはレットの声が聞こえていた。彼に会えると思うと、心が明るくなった。彼女は声をかけた。「ちょっと待ってて。すぐ下りていくわ、レット」

　ミス・ピティパットはスカーレットの行動に驚いた。それでも、レットを招き入れた。

　スカーレットが1階に下りると、レットは居間でひとりで彼女を待っていた。彼は、悲しみと罪悪感に満ちた彼女の表情を見た。

　「スカーレット、どうしたんだい？」彼は優しく聞いた。

　スカーレットは彼と話せてうれしかった。心からほっとした。レットは正直に話せる唯一の人だわ、と彼女は思った。この人だけは、わたしに呆れたりしない。

　「全部わたしのせいなのよ、レット！」彼女は声をあげた。「フランクが死んだのはわたしのせいなの。わたしはいい妻じゃなかった。わたしが彼を不幸にしたのよ。少しも彼の言うことを聞かなかった。製材所を買うと言い張ったり、ひとりで通うと言い張ったり。そもそも、フランクと結婚するべきじゃなかったのよ！　スエレン

の恋人だったのに、わたしが横取りしたんだもの。わたしは悪いことをたくさんしてしまった」

　レットは微笑んだ。「もしかしたら、きみは最高の妻じゃなかったかもしれない。フランクと結婚すべきじゃなかったかもしれない。でも、きみには税金を払う金が必要だった。もしフランクと結婚して金を手に入れてなかったら、きみはタラを失っていただろう。ヤンキーどもに没収されていたはずだ。本当にそんなことができたと思うかい？」

　スカーレットはしばらく考えた。「いいえ、できなかったわ。わたしはタラを守らなきゃならなかった。だから、フランクと結婚したのよ。税金を払うお金を手に入れるには、それしかなかったもの」

　「フランクはだれかから強制されて結婚したわけじゃない。彼がきみと結婚したかったんだ」レットは付け加えた。「いいかい、スカーレット、そんなことを悩んでもしかたないよ。過ぎたことだ。それはそうと、わたしはきみに頼みたいことがあって来たんだ」

　レットはしばらく言葉を切ってから、「スカーレット、わたしはやっぱりきみが欲しい」と言った。「これまで求めたどの女より、きみが欲しい。フランクは亡くなったのだから、わたしと結婚してほしい」

　スカーレットは唖然とした。レットはきっと頭がおかしくなったんだわ、と思った。結婚なんて信じてないくせに！　何度もそう言ってたじゃないの！

　だが、レットはとても落ち着いていた。彼女に微笑みかける。その目には笑みが浮かんでいたが、注意深く彼女を見つめていた。

　スカーレットはなかなか言葉が出なかった。「でも、レット、わたしはあなたを愛してないわ」と、ようやく言った。

　「きみはチャールズ・ハミルトンも、フランク・ケネディも愛してなかったじゃないか。頼むよ、スカーレット。今すぐ結婚しようというわけじゃない。フランクが亡くなったばかりだからね。しかるべき時期が過ぎるまで待とう。さあ、結婚すると言ってくれ」

　「わたしは——わたしはもう結婚しないわ」彼女は言った。「結婚して幸せだと思ったことがないもの」

　「それはどちらの結婚も、ついてなかったからさ。チャールズはまだ坊ちゃんだったし、フランクは老人だった。今度は本物の男と結婚してみないか？　わたしと結婚しないか？」と彼は訊いた。

　スカーレットはアシュリーのことを思った。彼の穏やかなグレーの瞳、ゆったりとした微笑み、そしてキス。結婚したくない本当の理由はアシュリーだった。彼女はアシュリーのものだ。わたしは永遠に彼のものよ、と思った。

　レットはスカーレットの顔を見つめた。その優しく夢見るような表情を見て、彼

は悟った。

「きみはばかだ、スカーレット・オハラ！」そう叫ぶと、彼女にキスをした。

レットにキスをされると、スカーレットの頭からアシュリーの面影が消え去った。レットの腕のなかで力が抜けていく。目がくらみ、気が遠くなる。高揚感が身体に満ちてくる。気づくと、自分からもキスを返していた。

「やめて、お願い」彼女はささやいた。「失神しそう！」

レットは彼女を強く抱きしめた。「失神させてやりたい。失神させてやる。だれもこんなふうにキスしたことがないだろう。チャールズも、フランクも、きみのくだらないアシュリーも。あいつらがきみの何を知っている？　あいつらにはきみが理解できなかった。わたしは理解しているよ。さあ、イエス、と言うんだ、でないと——」

「イエス」スカーレットはささやいた。考えもせずにその言葉を口走った。一瞬、自分でも驚いたが、それから安心感が胸に広がった。だれかがかわりに決断してくれたかのようだ。

レットは慎重な目で彼女を見つめた。「本気か？」と訊く。

「ええ」彼女はゆっくり答えた。

「なぜイエスと言ったんだ？　金目当てか？」

スカーレットは顔を赤らめ、「なんてひどいことを訊くの！」と声をあげた。「まあ、そうね、あなたがお金持ちなのはいいことだわ、レット。お金も、イエスと言った理由のひとつよ」

「そのひとつだけか？」彼は訊いた。怒っているようすはない。

「理由は他にもあるわ」とスカーレット。「あなたはいつもわたしを理解してくれたわ、レット。わたしのすることにも驚かない。あなたといると正直でいられるの。本当に思っていることを話せる。わたしたちは似た者同士なのよ。ふたりとも悪党だって、まえに言ってたでしょ。それに——イエスって言ったのは、あなたが好きだからよ、レット」

「わたしが好きだって？　じゃあ、愛してはいないのか？」彼は訊いた。

スカーレットは本心を言うしかないと思った。「ええ、愛してないわ」と認めた。「でもレット、あなたもわたしを愛してないんでしょ。何度もそう言ったじゃないの」

「そのとおりだ」レットは言った。謎めいた笑みを見せる。「きみを愛してはいない、スカーレット。もし愛していても、けっして言わないさ。きみを本気で愛する男のために、神のご加護を祈るよ、ダーリン。きみはその男の心を打ち砕くだろうからね」

第36章 (☞ p.206)

しかるべき時期が過ぎると、スカーレットとレットは結婚した。スカーレットの生活はすっかり変わった。心配も恐れも感じないのは何年ぶりだろうか。レットは

彼女が楽しめるようにし、小さな女の子のように甘やかした。

　レットは彼女に美しい服を買い、パーティーや舞踏会に連れていった。ふたりでニューオーリンズへ旅行し、豪華なホテルに泊まった。高級レストランへ行き、おいしいごちそうを食べた。

　レストランではいつも、スカーレットはお腹がはちきれそうになるまで食べた。ときには食べすぎて気分が悪くなるほどだった。レットは笑ったが、スカーレットは気にしなかった。飢えかけたタラでの苦しい日々が、どうしても忘れられなかった。

　レット・バトラーとの結婚は、スカーレットにとって新しい経験だった。チャールズやフランクとの結婚とはずいぶん違っていた。スカーレットはチャールズもフランクもたやすくコントロールできた。ふたりとも彼女を盲目的に愛していたからだ。彼らはスカーレットを怒らせることを恐れていて、彼女よりも弱かった。

　だが、スカーレットはレットをコントロールできなかった。彼はなんでも自分のしたいようにする。彼をごまかすこともできない。レットは彼女をすっかり理解していたし、彼女が怒っても怖がらなかった。

　スカーレットにはこの新しい夫が理解できなかった。まるで謎だった。ときには優しくて思いやりがある。情熱的な恋人のように振る舞うこともある。でも他のときには、彼女のことを笑って楽しんだり、からかって怒らせたりする。彼女が怒るのを楽しんでさえいるようだった。

　ときどき、スカーレットはレットにじっと見つめられているのに気づいた。その目は熱心で、何かを見出そうとしているようだった。

　「なんなの？」と、彼女はよく訊いたものだ。

　すると、彼はいつも笑って、「なんでもない」と答えるのだった。

＊　＊　＊

　毎日、スカーレットは楽しく過ごした。忙しくてアシュリーのことを考えられないことが多かった。それでもときどき、夜になるとアシュリーのことを思った。

　ある夜、スカーレットはレットとベッドに寝て、その腕に抱かれていた。「アシュリーとここにいられたらいいのに！」スカーレットは心のなかで思った。「レットじゃなくて、アシュリーと結婚できたらよかったのに！」彼女は大きなため息をついた。

　そのとたん、レットが彼女を押しのけてベッドから出た。「ちくしょう」と彼は言った。「この浮気っぽい小娘め」

　どういうわけか、考えていることがレットにばれたんだわ、とスカーレットは気づいた。まだアシュリーを恋しがってるのを知ってるのね！

　レットは寝室から出ていき、一晩中戻らなかった。ようやく帰ると、彼は酔っていて、彼女に不作法な挨拶をした。

　スカーレットは腹を立て、冷たく、よそよそしい態度をとった。「よくこんな振る

舞いができるわね」と心のなかで思った。「酔っぱらうなんて！　どうして妻をこんなふうに扱えるの？」そのあとは1日中、スカーレットとレットは口をきかなかった。夕食のときでさえ、お互いに無視した。

　その夜、スカーレットは恐ろしい夢を見た。夢のなかで、彼女はタラに戻っていた。戦争が終わったばかりのときだ。母は亡くなっていた。ヤンキーたちが来ようとしている。だれも食べ物がない。スカーレットの家族が彼女のまわりにいて、食べるものを求めてくる。スカーレットはとても怖かった。冷たく暗い霧に包まれていく。夢のなかで彼女は走りだした。逃げなければ！　何かを見つけなければ、何か大事なものを——でも、いったい何を？

　スカーレットは悲鳴をあげて目を覚ました。悪夢のせいで、まだひどく怯えていた。目を開けると、レットの姿が見えた。とても頼もしく見えて、安心できる。

　「ああ、レット！」彼女は叫んだ。「抱いて！」

　「ダーリン！」彼はそう言って、両腕で抱きあげた。彼女はレットに強くしがみついた。

　スカーレットは悪い夢のことを彼に話した。「よくこの悪夢を見るの。戦争直後のつらかった頃が忘れられないのね。悪夢のなかで、わたしはひもじくて怖がっている。それから霧のなかを走って、何かを見つけようとしてるの。見つけられたら、もう怖がらなくていい。でも、それが何かわからないから、けっして見つからないの」

　「悪い夢はそういうもんさ」レットは言った。「でも怖がらなくていいよ、スカーレット。わたしがここにいるかぎり、怖がる必要はない。わたしが守ってあげるよ」

第37章（☞ p.210）

　アトランタに住む南部のレディーたちは、スカーレットの結婚に唖然とした。その多くがフランク・ケネディの死は彼女のせいだと思っていた。なんてひどいこと、と彼女たちは言いあった。ところが今、スカーレットが再び結婚したのだ！　さらに悪いことに、相手はアトランタでもっとも嫌われている男のひとりだ。レット・バトラーが悪党でスキャラワグだということは、だれもが知っている。その彼と結婚したことで、スカーレットは自らもスキャラワグだと証明したわけだ。

　ミード夫人、メリーウェザー夫人、エルシング夫人はとくにショックを受けていた。彼女たちはもうスカーレットの家を訪ねないことで同意した。

　「スカーレットの家には絶対に行かないことにしましょう」メリーウェザー夫人が言った。

　「レット・バトラーと結婚したからには、スカーレットとはもう口をききません」とミード夫人が言う。

　エルシング夫人も付け加えた。「スカーレットは今ではスキャラワグですよ！　アトランタのまともな南部のレディーは彼女の家を訪れたりしません」

メラニーは彼女たちの計画を聞くと、烈火のごとく怒った。「スカーレットはわたしの大切な義姉です」メラニーは彼女たちに言った。「よくそんな意地の悪いことがおっしゃれますね！　スカーレットは、わたしの赤ちゃんが生まれたとき、わたしの命を救ってくれました。ヤンキーたちが攻めてくるなか、わたしをアトランタから連れ出してくれたのです。タラではだれよりも懸命に働いて、わたしたちが食べられるようにしてくれました。アシュリーにはアトランタでの仕事をくれたのですよ！　スカーレットは優しくて、心が広くて、勇敢です。わたしはずっと愛しつづけますわ」

　「でもレット・バトラーと結婚したのですよ！」エルシング夫人が声を張りあげた。「彼はおぞましいスキャラワグよ、メラニー！」

　「バトラー船長は善良で立派な方です」メラニーは答えた。「あの方はアシュリーの命を救ってくださいました。ヤンキーたちがクラン狩りをしたあの恐ろしい夜のことです。バトラー船長はあなたがたのご主人たちも救ってくださったじゃないですか」メラニーは付け加えた。「どうしてそれをお忘れになれるのですか？　あの方に感謝なさるべきですわ」

　ミード夫人、メリーウェザー夫人、エルシング夫人は言葉を失った。

　「わたしはスカーレットとバトラー船長のお宅へ伺います」メラニーは言った。「ふたりはわたしの友だちですから。わが家でもいつも歓迎します。もしみなさんがふたりのお宅へ行かれないのなら、わたしはもう、みなさんの友だちではありませんわ」と、レディーたちに告げた。

　ミード夫人、メリーウェザー夫人、エルシング夫人に選択肢はなかった。メラニーを愛しているから、彼女の友情を失いたくない。とうとう、彼女たちはスカーレットとレットの家を訪ねると約束した。

　スカーレットとレットはアトランタで美しい豪邸を買った。ウェイド、エラ、マミーも移ってきて一緒に住んだ。

　スカーレットはその家が自慢だった。どれほど裕福になったかみんなに見せびらかしたかった。そこで派手なパーティーを催し、アトランタで知っている人をみな招待した。裕福なカーペットバッガーたちさえ招いた。

　レットはスカーレットの行いを見て笑った。「きみはよい人間と悪い人間の違いがわからないのか」彼は言った。「このカーペットバッガーのやつらは盗人で、嘘つきで、詐欺師だぞ。でも気づかないようだな、スカーレット。金持ちで愛想がよければ、よいか悪いか区別できないんだろう」

　「ばかばかしい！」スカーレットは言った。「あなたがどう思おうと気にしないわ、レット。わたしの新しい友だちはいい人たちよ。わたしのことを非難したりしないもの。アトランタのほとんどのレディーたちと違ってね。退屈じゃないし、貧乏じゃないし、昔のことでくよくよしないわ。いつも楽しい話ばっかりよ」

レットはにやりと笑った。「いつものことだが、きみは賭ける相手を間違えてるぞ。ヤンキーたちはいつまでもジョージア州を支配するわけじゃない。いつの日か、南部人は州政府の支配権を握るだろう。そうなったら、きみのカーペットバッガーの友人たちは金も権力も失う。彼らがあっという間にいなくなるのを見て、きみは驚くだろうな、スカーレット。そのときに後悔するぞ!」

内心では、新しい友人についてのレットの意見は正しいのかもしれない、とスカーレットは思った。彼らは本物の紳士やレディーではない。

「お母さまが生きていたら、わたしの友だちを見てショックを受けるわね」スカーレットは認めた。だが、彼女はその不愉快な考えを押しのけた。「そのことは今は考えないようにしよう」と自分に言いきかせる。「また別の日に考えるわ」

第38章 (☞p.214)

結婚の約1年後、スカーレットは妊娠した。彼女はがっかりして腹を立て、急いでレットに伝えにいった。

「わたしはもう赤ちゃんなんかいらないの!」彼女は言った。「知ってるでしょ! だから、この子は産まないわ! 中絶の方法があるもの。今なら知ってるわ」

レットはすばやく彼女をつかまえた。「どういう意味だ? 何かしたのか?」

「いいえ」とスカーレット。「でも、するつもりよ」

「いや、させないぞ」レットは言った。その顔は真剣だった。「産みたくてもそうでなくても、その子は産むんだ」

「どうして?」スカーレットは訊いた。「どうして気にするの?」

「きみが赤ん坊をひとり産もうが20人産もうが、わたしは気にしない」とレット。「だが、きみが死ぬかどうかは気になる」

「死ぬですって?」スカーレットは声をあげた。「どういうこと?」

「中絶しようとして死ぬ女が多いんだ」レットは説明した。「中絶はとても危険だ。きみにはさせないぞ、スカーレット。命を危険にさらすんじゃない。この子を産むんだ」

スカーレットは、いぶかるように彼を見た。「本当にそんなにわたしのことが気になるの、レット?」と訊いた。

レットの顔はとたんに無表情になった。それから笑いだした。「まあ、そうさ」と軽い調子で言った。「なにしろ、きみには大金を使ったからな」

* * *

翌年の春、スカーレットは女の赤ん坊を産んだ。彼女はその子をユージェニー・ビクトリアと名付けた。ところが、その子が鮮やかな青い目をしているので、だれもがボニーと呼んだ。

その名前を思いついたのはメラニーだ。「なんてかわいい赤ちゃんなの! 目が

とっても青いのね。南部連合のボニー・ブルー・フラッグみたいだわ」と彼女が言っ
たので、そのときからこの赤ん坊はボニーと呼ばれるようになった。

　ボニーが生まれた瞬間から、レットは別人のようになった。父親になったことが、
彼を変えたのだ。彼は自分の娘に夢中になった。その子に関することすべてに興味
をもち、誇らしさと幸福で胸がいっぱいになった。どこへ行ってもボニーの話をし、
ボニーが世界一かわいい赤ん坊だと思っていた。

　アトランタの人たちはとても驚いた。誇らしげで幸せそうなレットを見て、唖然と
した。レット・バトラーのようなスキャラワグがわが子をそれほど愛するとは、だ
れも思っていなかったからだ。

　スカーレットも意外だった。レットのわが子への愛情は度を越している。男らし
くないようにも思える。男はたいてい赤ん坊にそれほど愛情を示さないものだ。「あ
なたはボニーのことになったら、ばかみたいに振る舞うのね」彼女はレットに言っ
た。「ボニーはかわいいけど、他の赤ちゃんと変わらないわ」

　「いいや、ばかはきみだよ」レットは言った。「わかってないんだな。わたしがボ
ニーを愛してるのは、完全にわたしのものになった最初の人だからだよ。この子は
わたしの娘だ」

　スカーレットは笑った。「わたしの娘でもあるわ」

　「いいや」とレット。「きみにはもうウェイドとエラがいるじゃないか。ボニーは
わたしのものだ。この子には必ずなんでも与えるよ。アトランタでいちばん幸せな
子になるんだ。王女様のようにね」彼は言葉を切り、真剣な表情になった。「ボニー
がみんなに好かれるようにもするぞ。まともな南部人社会に受け入れてもらわなけ
れば。娘をスキャラワグにはしないぞ」と言う。

　「人がどう思おうとかまわないでしょ？」スカーレットは訊いた。「これまで気に
したことないじゃないの、レット。どうして今さら気にするの？」

　「わたしのことをどう言おうとかまわないさ」彼は答えた。「だが、ボニーの将来は
気になる。わたしの過去の行いのせいでボニーを悲しませるわけにはいかない。父
親のせいで恥ずかしい思いをさせたくないんだ」

　「つまらない心配をしてるのね」スカーレットは言った。「とにかく、お金がある
かぎりは、人がどう思おうと問題ないわ。わたしたちがお金持ちなら、ボニーは
受け入れてもらえるわ」

　「スカーレット、わかってないんだな」とレット。「わたしたちは裕福だが、今もだ
れにも好かれてないし、尊敬もされてないじゃないか。ボニーは南部人の子だ。こ
の子を善良なアトランタ市民の社会に受け入れてもらいたいんだ」

　スカーレットはまた笑った。「そうなるとは思えないわね」と言う。「アトランタの
まともな南部人はみんな、わたしたちを嫌ってるのよ。あなたのこともずっと嫌っ
てるわ。戦争中でさえ嫌ってたのよ！　みんなあなたのことを、ろくでなしのスキャ

ラワグだと思ってるわ。もう変えられないわよ」

「いや、変えてみせる」レットは言った。「ボニーのためにやるんだ。わたしの計画を台無しにするなよ、スカーレット」

＊　＊　＊

レットは本気だった。彼はゆっくりと、アトランタの善良な南部人たちを惹きつけていった。ヤンキーやカーペットバッガーたちとはもう付き合わなかった。酒を飲むのもやめた。教会に通い、まじめに振る舞い、責任感のある態度を示す。貧しい南部人を援助するため寄付をする。そして、戦時中に南部連合軍に入隊していたことも明かした。彼はボニー、ウェイド、エラの優しく愛情深い父親だった。

アトランタの人々はレットの変化に驚いた。最初は戸惑っていたが、しだいにレットへの嫌悪感が薄れていった。ミード夫人、メリーウェザー夫人、エルシング夫人でさえ、もう彼をそれほど嫌わなくなってきた。

「バトラー船長はとてもボニーを愛していますね」ミード夫人が言った。「いい父親のようですわ。それほど悪い人のはずがありませんね」

「本当ですわ」エルシング夫人が言った。「それに、彼は南部軍の兵士だったんですよ。口には出さなかったけれど、きっと大義を大事に思っていたのですね」

「ヤンキーやカーペットバッガーたちと一緒にいるのを、もう見かけませんね」メリーウェザー夫人も言った。「もしかしたら、彼をスキャラワグと呼んでいたのは間違いだったかもしれません」

ボニーが2歳になる頃には、レットは再びアトランタ社会の立派な一員になっていた。もうスキャラワグとは見なされなかった。

ところが、スカーレットはそれほど好かれなかった。レットと違って、彼女は自分の生き方を変えなかった。製材所の仕事に精を出し、裕福なヤンキーたちと相変わらず親しくしていた。アトランタの南部人のほとんどがスカーレットを嫌っていた。今では、昔からの友人はメラニーだけだった。それでも、スカーレットは気にしなかった。

「アトランタの人たちは、とてもいじわるね」とつぶやいた。「みんな嫉妬してるだけよ。わたしみたいにお金持ちになりたいんだわ。どう思われようとかまうもんですか。くよくよしないで、何もかも別のときに考えるわ」

第39章（☞ p.220）

スカーレットはもう赤ん坊は欲しくなかった。レットと寝なければ、赤ちゃんを産まずにすむわ、と彼女は思った。

レットと寝ないという思いつきに、スカーレットは心が躍った。「レットと寝なければ、アシュリーに忠実でいられる」と、自分に言いきかせた。「アシュリーと一緒にいられないから、他のだれとも一緒にいないようにするわ」

最初は、怖くてレットに言えなかった。レットは怒るだろう、と彼女は思った。だがとうとう、勇気を出して彼に話した。

　「わたし、もう赤ちゃんは欲しくないの」スカーレットはきっぱりと告げた。「子どもは３人で十分よ。じつは、寝室を別々にしたいんだけど。もう一緒に寝ないほうがいいと思うの」

　一瞬、レットは傷ついたように見えた。それから冷たく無表情な顔になった。「わかった」と言う。「きみの純潔なベッドでひとりで寝るがいい。だが、子どものことじゃないだろう？　なぜわたしともう寝たくないのか、わかってるぞ。きみが考えそうなことはお見通しだよ、スカーレット」

　スカーレットは顔を赤らめた。アシュリーのためだと気づいたんだわ。

　レットは続けた。「わたしにもう興味がないんだろう、スカーレット」と軽い調子で言う。「いいさ。少しもかまわない。わたしもきみにそれほど興味がないからね」それから、にやにやした。「幸いなことに、世間にはベッドがたくさんある……そしてほとんどのベッドには女がたくさんいる」

　スカーレットはショックを受け、腹を立てた。「この、悪党！」と怒鳴った。「本当にあそこに行って寝る気ね、あの──」

　「もちろんだとも」レットはにやりと笑った。「きみがわたしと寝ないんなら、そうするさ？　わたしは忠実さなど気にしたことがないんでね」

　「この極悪人！　毎晩、寝室に鍵をかけるわ」スカーレットは怒鳴った。

　「鍵なんかいらないさ。きみのところへは来ないから」レットは言った。「だが、わたしがきみを欲しいと思ったら、どんな鍵をかけても無駄だからな」彼は背を向けて部屋を出ていった。

　スカーレットは話が終わって、ほっとした。でも急に悲しくなった。「どうして悲しいのかしら」と、つぶやく。「やったのよ。思いどおりになったわ！　レットとはもう一緒に寝なくていい。これで、わたしはアシュリーに忠実でいられるわ」

　それでも、スカーレットは不可解な喪失感にさいなまれた。理由もわからずに、スカーレットは泣きだした。

第40章 (☞ p.222)

　数カ月後、スカーレットは製材所を訪れていた。事業のようすをチェックしたくてたまらないし、アシュリーにも会いたくてたまらなかった。

　アシュリーは気さくな笑顔で彼女に挨拶した。「やあ、スカーレット。今日はなんてきれいなんだ！」

　彼女は笑った。「まあ、アシュリーったら！　わたしは年を取って魅力もあせちゃったわ」

　「ぼくにとっては、きみはいつまでも16歳のままだよ」彼は言った。「戦争前のあ

の日を覚えているかい？　トウェルヴ・オークスでパーティーがあった日だ。あの日、きみはとてもきれいだった。ぼくには、きみが今でも同じに見えるよ」

　スカーレットは昔のことを考えるのは嫌いだった。つらすぎるからだ。それでも微笑もうとした。「ええ、すばらしい日だったわね」と言う。「だけど、アシュリー、それはずっと前のことでしょ！　あれからいろんなことが変わったわ！　わたしたちも変わったのよ」

　「そうだね、ふたりとも変わった。でも、変化への向き合い方が違っていた」アシュリーが言った。その目は悲しげで、物思いにふけっている。「きみは強かった。変化を恐れなかった。でもぼくはとても怖かった。今でも怖いんだ。ぼくはこの新しい世界になじめない」

　「そんなふうに言わないで！」スカーレットは声をあげた。やはり昔のことは考えたくない。「この新しい世界もそんなに悪くないわよ、アシュリー。わくわくするわ。物事が速く進むし」

　「ぼくは古い世界のほうが好きだな」とアシュリー。「わくわくすることは少ないし、なんでもゆっくりだ。でも特別な魅力がある。毎日美しいものでいっぱいだった。戦争前の暮らしを覚えてるかい、スカーレット？」

　そのとき、彼女は思い出した。とたんに頭のなかが思い出であふれた。あの遠い日々の安らかさと美しさが蘇る。全盛期のタラを、そして今は亡き友人たちを思い出す。

　スカーレットはアシュリーの悲しげな目を見つめた。自身の目にも涙があふれてくる。

　どうしてアシュリーが心から幸せになれないのか、やっとわかったわ、と彼女は悟った。過去が恋しすぎるからよ！　今までわからなかった。わたしが完全には幸せになれないのも、そのせいだわ。わたしも過去が恋しいもの。だけど、わたしは考えないようにして、将来に目を向けるようにしている。でもアシュリーは将来に目を向けられない。怖くてたまらないんだわ。

　スカーレットは心のなかで深く理解した。ふしぎなほど穏やかな気持ちになる。アシュリーへの情熱的な愛がとつぜん消えた。彼はただの昔からの友人だ。ふたりはともに過去を思い出している。互いに若かった日々のことを。

　「あの頃から長い道のりを歩んできたわ」スカーレットはささやくように言った。「あの頃の暮らしは全然違ってたわね。ああ、アシュリー――何ひとつ望んだようにはならなかったわ！」

　「人生は望みどおりにはいかないものだよ」アシュリーはしんみりと言った。「人生はぼくらが期待するものを与えてくれない。与えられたもので最善を尽くすしかないんだ」

　スカーレットはいつの間にか泣いていた。遠い日々のために、永遠に過ぎ去った

日々のために泣いた。アシュリーは両腕を開き、彼女を優しく抱いて慰めた。

「ふしぎだわ」スカーレットは心のなかで思った。「アシュリーに抱かれているのに、何も感じない。彼はただの友だちよ！　キスもしたくない。友情以外、何も欲しくない」

長いあいだ、アシュリーは彼女を抱いていた。それから、いきなり彼女を押しのけた。スカーレットは驚き、あわててふり向いた。

彼女の後ろに、インディア・ウィルクスとエルシング夫人がいた。インディアの目が憎しみに燃えている。薄い唇は、邪悪な喜びで笑みを浮かべている。エルシング夫人は驚きながらも冷たい表情だった。

スカーレットは、インディアとエルシング夫人が考えていることに気づいた。「アシュリーとわたしが恋人同士だと思ってるんだわ！　でも——でも、わたしたちは何も悪いことはしてないわ！　ただ昔のことを話してただけよ！」

だれも信じてくれないだろうと、スカーレットにはわかっていた。インディアとエルシング夫人はアトランタ中の人たちに言いふらすだろう。みんなが彼女とアシュリーは恋人だと非難するだろう。彼女は罪悪感と恐怖で気分が悪くなった。次は何が起こるのだろう？　アシュリーの人生をめちゃくちゃにしてしまったのだろうか？　メラニーはなんて言うだろう？　レットはどうするだろう？

アシュリーの顔は青ざめていた。「きみはもう行きなさい」彼はスカーレットに言った。

スカーレットは怖くて言葉が出なかった。アシュリーにうなずいて見せると、急いで製材所を後にした。

＊　＊　＊

家に着いても、恐れは増すばかりだった。「もうすぐアトランタ中の人に知られるわ」とつぶやいた。「インディアとエルシング夫人がみんなに言いふらすもの。そしたら、だれもわたしと口をきいてくれないわ。どうしたらいいの？」

スカーレットは自分の寝室に入ってドアを閉め、ベッドに横になった。永遠に自分の部屋にいられたらいいのに！　隠れていたい。レットと会うのが怖い。ふしぎなことに、メラニーと顔を合わせるのがもっと怖い。

そのとき、階下で足音がした。レットが帰宅したのだ。彼女の部屋へ歩いてくるのが聞こえる。彼がドアをノックした。

「どうぞ」スカーレットは言った。

レットが部屋に入ってきた。「起きるんだ」と言う。「出かけるぞ」

「どこへ行くの？」スカーレットは訊いた。

「ミセス・ウィルクスの家だ」レットは言った。「彼女に会いにいくんだ」その声は落ち着いていて、冷たかった。

スカーレットは戸惑った。レットはとても落ち着いている！　自分とアシュリーと

のことを知らないのだろうか？「ごめんなさい」ようやく彼女は言った。「メラニーの家には行けないわ、レット。今日は気分が悪いの。ひとりで行ってきて」

レットは冷ややかな目で彼女を見た。「きみは臆病者だな」その声は辛辣で、よそよそしかった。

レットは知っているんだわ、とスカーレットは思った。怖くてたまらない。「ああ、レット！　みんなの話は嘘よ」彼女は叫んだ。「本当じゃないわ。わたしは何も悪いことはしてないの。でも、今はメラニーの家には行けない。みんながわたしの噂をしなくなるまで行けないわ！」

「行くんだ」レットが彼女に告げた。「今行かなければ、二度とアトランタで人前に出られなくなるぞ。たとえミセス・ウィルクスに家から追い出されても、きみは行くんだ」

「行けないったら！」スカーレットは叫んだ。メラニーと顔を合わせると考えるだけで恐ろしい。

「無理にでも行かせるぞ」レットは告げた。「引きずってでも、ミセス・ウィルクスの家に行かせるからな」

レットはスカーレットに急いで着替えをさせ、馬車に乗せた。ふたりはまもなくアシュリーとメラニーの家に着いた。

スカーレットはのろのろと玄関に近づいた。家のなかで人の声がする。きっとメラニーにお客さまが来てるんだわ、とスカーレットは気づいた。ここから逃げだしたい。

スカーレットがノックすると、メラニーがドアを開けた。一瞬、沈黙がおりる。家のなかには数人のレディーたちがいた。スカーレットとメラニーを興味津々で見つめている。

メラニーはスカーレットに温かく微笑みかけ、キスをした。「スカーレット、いらっしゃい！」メラニーは大きな声で言った。「会えてとてもうれしいわ。今日の午後はずっといてね」

第41章 (☞ p.230)

ようやく訪問を終え、スカーレットは家に戻った。

メラニーに救われたのだと、スカーレットは気づいた。そう思うと、さらに罪悪感が重くのしかかってくる。メラニーは、インディアとエルシング夫人の言葉を絶対に信じなかった。

「あの人たちったら、あなたとアシュリーのことで、よくあんな嘘がつけるわね！」メラニーはスカーレットに言った。「わたしの大切なスカーレット！　あなたがどんなにいい人か知ってるわ。みんなはあなたに嫉妬してるの。だから、いじわるするのよ。でも心配しないで。わたしがやめさせるから」と付け加えた。

メラニーはスカーレットを同行させて訪問にまわった。アトランタに住む南部人のレディーの家をすべて訪れた。メラニーは彼女たちに、スカーレットに礼儀正しく接するよう忠告した。彼女たちはしかたなく受け入れた。スカーレットは大嫌いだが、それ以上にメラニーが好きだったからだ。メラニーの友情にスカーレットは守られたのだ。

＊　＊　＊

その夜、レットは遅くに帰ってきた。スカーレットは彼を見たとき、ひどく酔っているのに気づいた。

「いとしいミセス・バトラー」彼は嘲るように言った。「こっちへ来て一緒にすわれよ」

レットは見た目も声も、冷酷な別人のようだった。スカーレットは逃げたかったが、怖くてできなかった。

「どんな気分だ？」レットは尋ねた。「大嫌いな女に救われて、どんな気分だ？　メラニー・ウィルクスがきみを救ったんだ。彼女はきみを愛し、信じている。これを自分への罰だと考えるんだな」

「あなた、酔ってるのね」スカーレットは答えた。「説明しようと思えばできるけど、どうせわかってくれないわね。だから、わたしはもう寝るわ」彼女は去ろうとしたが、レットに引き止められた。

「ベッドには行かせないぞ」彼が言う。「まだ行かせない」それから、彼は笑いだした。ぞっとするような笑い声だった。

「やめて！　何がおかしいの？」スカーレットは叫んだ。

「笑ってるのは、きみが哀れだからさ。きみはばかだ、スカーレット。きみとアシュリー・ウィルクスのことは全部知ってるぞ。実際には寝たことがないのも知ってる。わたしと一緒に寝ながら、わたしをアシュリーだと想像してたこともな。まったく、笑えるじゃないか。ベッドにふたりしかいないはずなのに、3人いるようなもんだ」

スカーレットは愕然として声が出なかった。

「哀れな女だ」レットは続けた。「月が欲しくて泣いてる子どものようだな。だが、その子は月を手に入れてどうするつもりだ？　きみはアシュリーをどうするつもりなんだ？　彼はきみを幸せにしてはくれないぞ、スカーレット。きみには彼が理解できないし、彼にはきみが理解できない。だが、きみとわたしは同じだから、幸せになろうと思えばなれただろう。ふたりとも悪党だからな。いいかい、わたしはきみを愛してるし、完璧に理解してるんだ。ところが、きみは一度もチャンスをくれなかった」

一瞬、スカーレットは動きを止めた。レットの言葉にひどく驚いた。レットがわたしを愛していると言った。本気かしら？　それとも、酔っているだけ？　それに、アシュリーがどうとか、わたしが月を欲しがって泣いているとか、いったいどういう

意味なの？

だが彼女の考えはまとまらなかった。わからないわ。とにかく逃げなくちゃ。今のレットはすごく怖いもの。部屋まで駆けあがって、ドアに鍵をかけるのよ！

スカーレットは階段に向かって走りだした。ところがレットはすばやく追いかけてきた。彼女の腕を荒々しくつかむ。

「わたしを寝室から追い出しておいて、やつを追いかけてたんだな」と彼は言った。「絶対に今夜は、ベッドにふたりしかいられないようにしてやる」

スカーレットはレットの腕のなかで、なすすべを失った。彼が恐ろしい他人のように思え、すさまじい恐怖に襲われる。逃げようとすると、痛いほどきつく抱きしめられ、胸に押しつけられた。彼の心臓が雷鳴のように打つのが聞こえる。レットは彼女を抱きあげ、死のような暗闇のなかへ階段を上がっていった。

そして彼女にキスをした。その硬い唇の感触に、スカーレットはすべてを忘れた。そのとたん、もう怖くなくなった。謎めいた荒々しい興奮と喜びを感じる。スカーレットは彼に強くしがみつき、熱い暗闇へと運ばれていった。

第42章 (☞ p.234)

翌朝スカーレットが目を覚ますと、レットはいなかった。彼はアトランタを去っていた。チャールストンとニューオーリンズへの旅に出たのだ。ボニーも連れていき、いつ戻るのかだれも知らなかった。

スカーレットは妙に悲しかった。その夜の情熱を思い出す。レットは彼女を愛していると言った。彼女はその言葉をほぼ信じていた。「あの人に会わなくちゃ」とつぶやいた。「本当にそうなのか知りたいわ。わたしを愛しているのかしら？」

数週間後、スカーレットは妊娠していることに気づいた。「また赤ちゃんが生まれるわ！」と思ったが、内心では喜んでいた。レットも喜んでくれるだろうと期待する。「戻ってきたら、赤ちゃんのことを伝えよう。そしたら、わたしのことをどう思ってるかわかるわ」

レットのいない生活は孤独だと、スカーレットは思い知らされた。彼がいなくて寂しかった。レットは、彼女が正直でいられる唯一の人だ。彼だけが理解してくれる。彼女は辛抱強くレットの帰りを待った。

3カ月後、レットとボニーがアトランタに戻ってきた。スカーレットは急いで迎えに出た。ふたりが帰宅したので、胸がときめくほどうれしかった。

ところが、家に着いたレットはスカーレットにキスもしなかった。「顔色が悪いね、ミセス・バトラー。わたしがいなくて寂しかったわけじゃないよな？」と、からかうように尋ねた。

そのとたん、スカーレットは傷つき、腹が立った。胸に痛みが広がる。つまり、わたしを愛していないのね、と思った。気づくべきだったわ！　なんてばかだったのか

しら！ 3カ月のあいだずっと、本当に愛されていると思っていたなんて！

「いいえ、寂しくなんかなかったわ！」彼女は怒鳴った。「顔色が悪いのは——赤ちゃんができたからよ」

レットは驚いてスカーレットを見た。ふしぎな熱っぽい光で目が輝く。彼は彼女に歩みよった。

だがそのとき、彼女の顔が怒っているのに気づいた。彼の目の光が消えていく。「それで、その幸せな父親はだれだい？ アシュリーか？」と訊いた。

彼の言葉はナイフのようにスカーレットの心を切り裂いた。

「なんて人なの！」彼女は叫んだ。「あなたの子だとわかってるくせに。こんな赤ちゃん欲しくないわ。あなただって欲しくないんでしょ！」

一瞬、レットは傷ついたようだった。スカーレットはそれを見て喜んだ。怒らせてやったわ。傷つけてやった。自業自得よ！

すると、レットは苦々しそうに笑った。「心配しなくていいさ」と答える。「幸運にも流産するかもしれない」

スカーレットは激怒した。階段の一番上に立ったまま、彼に殴りかかった。驚いたレットがすばやく身をかわすと、スカーレットはバランスを失った。何かにつかまろうとしたが、間に合わなかった。

次の瞬間、彼女は階段を転げ落ちていった。身体中が痛い。最後に覚えているのは、駆けよってくるレットの姿だった。その顔は恐怖で真っ青になっている。やがてスカーレットは意識を失い、すべてが闇のなかへ消えていった。

＊ ＊ ＊

何週間も、スカーレットは大変具合が悪かった。流産したうえに、死の危険さえあった。奇妙で恐ろしい夢のなかにいるようだ。弱りはてて、恐怖と激しい痛みにさいなまれた。

メラニーが毎日、スカーレットのベッドの脇にすわっていた。彼女の優しい手と穏やかな声が、スカーレットの苦しみを和らげてくれた。

それでも、スカーレットはレットに会いたかった。レットが恋しくて、メラニーに彼のことを訊きたかった。「レットはここにいるの？」と心のなかで思った。「どうしてそばに来てくれないの？」

でもそのとき、苦しい思いに引き止められた。「レットはわたしを愛していない」と思い出した。「わたしなんかいらないんだわ」すると、あまりに悲しくて彼を呼べなかった。

ところが、レットが寝室のドアのすぐ外にいることを、スカーレットは知らなかった。昼も夜も、レットは彼女に会えるのを待っていた。心配と罪悪感ですっかりやつれていた。メラニーには、彼が幽霊のように見えた。

「スカーレットはわたしを呼びましたか？」彼はメラニーに言った。

「ごめんなさい、バトラー船長。あなたのことは呼んでいませんでした」メラニーは彼に言った。「でも、スカーレットはとても具合が悪くて、正気じゃないんです。そのうちあなたのことを呼ぶでしょう」

レットは泣きだした。メラニーはひどく驚いた。彼が泣くのを見たことがなかった。バトラー船長はいつもとても強くて、皮肉っぽくて、自信に満ちているのに！

メラニーは慰めようとした。「心配いりませんよ、バトラー船長！」と言った。「スカーレットはよくなります。彼女のためにもしっかりしなくては！ 彼女はあなたをとても愛しているんですよ」

「あなたはわかってないんだ」彼はまだ泣きながら言った。「あなたにはわからない！ 彼女はわたしを愛していない……。わたしのほうを向かせようと努力したんだ。必死でやったんだ！ だが、どうしても愛してもらえなかった。彼女はわたしなどいらないんだ。わたしの赤ん坊も。わたしはずっと嫉妬してきて、嫉妬で狂いそうだった。でも、どうにもならない。彼女はけっしてわたしを愛しはしない。彼女が愛しているのは──」

とつぜん、レットは口をつぐみ、メラニーの優しく穏やかな目を見つめた。その目は思いやりと憐れみに満ちている。それから、彼は首を横にふった。

「わたしは悪党だ」と彼はささやいた。「だが、そこまで悪党じゃない。あなたには言えない。たとえ言っても、あなたは信じないだろう。あなたは善人すぎる。あなたほど本当にいい人に会ったことがない」

メラニーはレットの手を優しくたたいた。「かわいそうなバトラー船長！ 心配しすぎて疲れたんですね」と言う。「今、自分でも何を言っているのかわからないのでしょう！ もう心配しなくていいですよ。スカーレットはあなたを愛しています。そのことに気づいてくださいね。彼女はすぐによくなりますよ」

第43章 (☞ p.238)

スカーレットはゆっくりと回復し、体調が元に戻りだした。だが、生活は変わってしまった。レットがまったく違う態度で接するようになったのだ！ 丁寧で優しくさえあったが、他人のようだった。彼女が何をしようと何を感じようと、気にかけるようすもない。今では、彼にとって大事なのはボニーだけだ。

スカーレットは孤独だった。レットに関心や興味をもたれないのが寂しい。彼女を笑うときのようすさえ恋しかった。

他のことでも戸惑っていた。レットは幾夜も、真剣そうな男たちのグループとよく集まっていた。いつも南部人の男たちで、けっしてヤンキーたちではなかった。何時間も話し合っているのが、スカーレットの耳にも届いた。あるとき、彼女はレットに集会について尋ねた。

「われわれはスキャラワグを打倒する計画を練っているんだ」レットは言った。

「まもなく、州政府に南部人たちを選出するつもりだ。スキャラワグの連中は追い出されるだろう。そして、ジョージア州は再びジョージア州の人間によって治められる。そうなったら、きみのスキャラワグの友人たちはみな、力と金を失うだろうな」

スカーレットは驚いた。「だけど、レット、だれもがあなたのことをスキャラワグだと思ってるじゃない」と言った。「どうして南部人たちがあなたを信用するの？」

レットは笑った。「スカーレット、よく見てないのか？　わたしはもうスキャラワグじゃないぞ！　もうずいぶん、スキャラワグのような振る舞いはしていない。よこしまな行いは改めたんだ」そう言って微笑んだ。「ジョージア州を助けるために働いている。今ではみんな、わたしをよき南部人だと思っているよ」

「だけど、ほんとは気にしてないでしょ！」スカーレットは声をあげた。「どうしてそんなことしてるのよ？」

「ボニーのためさ」レットは答えた。「ボニーを善良な南部人社会に受け入れてもらいたいからね。いまジョージア州を助けることで、ボニーが大きくなったときに必ず受け入れてもらえるようにしているんだ」

＊　＊　＊

レットの言ったとおりだった。ほどなくしてスキャラワグたちは州の政権を失い、彼らの権力の日々は終わった。ジョージア州の住民が、南部人を州議員に選出したのだ。ついに、スキャラワグによる10年もの支配が終わった！　アトランタ中の南部人たちが祝杯を挙げた。喜ばしい日だった。

スカーレットだけがこのことにショックを受けた。スキャラワグたちが力を失うはずがないと信じていたからだ。彼らが負けるのを見ても悲しくはなかった。それどころか、とてもうれしかった。

ただ、友人になる相手を間違えたことに気づいていた。彼女は南部人の旧友たちを無視して、かわりにスキャラワグたちと親しくなっていた。彼らは裕福で楽しかったし、スカーレットにはそれで十分だったのだ。

今、スキャラワグである新しい友人たちはアトランタを去ろうとしている。政権が変わったことに恐れを感じたからだ。彼らは金も力も失った。もうジョージア州にいる理由はなかった。

ふいに、スカーレットは深い孤独感を覚えた。南部人の昔からの友人たちには嫌われている。スカーレットが何年ものあいだ、友人たちをあまりに呆れさせ、怒らせてきたからだ。彼女はスキャラワグとみなされていた。今でも彼女のことを愛してくれるのはメラニーだけだ。

寂しくなるので、彼女はその考えをふり払った。「とにかく、本当はたいしたことじゃないわ。今考えるのはよそう」と自分に言いきかせた。

第44章 (☞ p.242)

　アトランタのだれもが、ボニー・バトラーはかわいい女の子だと目を細めた。黒い巻き毛に、鮮やかな青い瞳。優しくて、愛らしく、楽しい子だ。彼女はアトランタの人気者だった。

　ただ、ボニーは甘やかされていると、みなが思っていた。レットは娘を何よりも愛していた。彼女のかわいさ、活発さ、明るさを自慢にしていた。娘が望むものはなんでも与え、やりたいことはなんでもさせ、どこへでも一緒に連れていった。同様に、ボニーも世界中のだれよりも父を愛していた。

　ボニーが5歳のとき、レットに尋ねた。「パパ、馬を買ってくれる？　馬に乗れるようになりたいの、パパみたいに！」

　レットはすぐに小柄でおとなしいポニーを買ってやった。そして乗り方を注意深く教えた。ボニーはそのポニーがとても気に入り、ミスター・バトラーと名付けた。ボニーはみるみる上達し、大胆に乗りこなせるまでになった。

　ボニーとレットは連れだって、アトランタ中を馬で巡った。ボニーはミスター・バトラーに、レットは大きな黒馬に乗っている。それはアトランタでおなじみの光景になった。町の人たちはレットと小さな娘を見ると、いつも微笑みかけてくれた。ふたりは馬で競争することもあった。レットは毎回ボニーに勝たせてやった。

　やがてレットは、ポニーで柵を飛び越える練習をさせることにした。ボニーはとてもわくわくした。そしてミスター・バトラーで柵を飛び越えてみると、すごく気に入った。ただ乗ってるだけより、ずっと楽しい！　まもなく、彼女は低い柵をやすやすと飛び越えるようになった。

　「ねえ、パパ！」ある日、ボニーが言った。「高い柵を飛び越えたいの。お願い！」

　「だめだよ、ダーリン」レットは言った。ボニーにだめと言ったのは、おそらくこれが初めてだろう。「まだだめだ。6歳になったら、高いほうの柵を飛び越えてもいいよ。今はまだ待ちなさい。ミスター・バトラーはとても小さなポニーだからね。高い柵を飛び越えるほど脚が長くないんだ」

　ボニーはとても悲しくなり、泣きながらねだった。「お願い、パパ！　きっとできるから！」

　レットはボニーを泣かせるのがつらかった。数週間後、もうそれ以上ボニーの願いを断れなくなった。「わかったよ」彼は笑いながら言った。「でも、馬から落ちても、パパのせいにしないでくれよ！」

　ボニーは喜びにあふれて父にキスをした。急いでミスター・バトラーの背に乗る。胸が高鳴り、勇気が湧いてくる。「お母さま！」と、大声でスカーレットを呼んだ。青い瞳がうれしそうに輝く。「パパが、高い柵を飛び越えていいって。見ててね！」

　スカーレットは玄関ポーチに立っていた。お気に入りの娘に手をふりながら、誇らしい気持ちで微笑んだ。「もちろんよ、ダーリン！」と言う。「見てるわ。さあ、

飛び越えて！　とてもすてきよ！」

　ボニーは手をふり返した。「お母さま、うまくやるから見ててね！」と大声で言う。ボニーとミスター・バトラーは柵に向かって突進した。

　スカーレットはそれを見たとたん、とてつもない恐怖に襲われた。「ボニー、やめて！」と叫んだ。「その柵は高すぎるわ！　だめよ！　止まりなさい！」

　恐ろしい悲鳴と、木の折れる音がした。ミスター・バトラーが柵に衝突したのだ。ボニーはポニーの背から投げ出された。地面に横たわったまま身動きもしない。

　レットが幽霊のように色を失い、娘に駆けよった。「ボニー！」と叫ぶ。「ボニー！」

　しかし、どうすることもできなかった。ボニーは死んでいた。

第45章 (☞ p.246)

　ボニーが亡くなってからの数日間、スカーレットはレットに怒っていた。心の痛みに耐えかねて、レットに残酷な言葉を投げつけた。

　「あなたがボニーを殺したのよ」彼女はレットに言った。「あなたのせいよ。あの柵を飛び越えさせたりしなければ、ボニーは今も生きていたのに！」

　レットは黙って聞いていた。その目には涙が浮かんでいる。ようやく彼は口を開いた。「きみには情けというものがないのか？」

　「ないわ」スカーレットは答えた。「情けなんかないわよ。わたしの子どもがいなくなったんだもの」

　数カ月間、スカーレットは悲しみに暮れていた。それでも、気をしっかりもとうとした。しかし、レットはすっかり打ちのめされていた。愛する娘の死が彼を破滅させたようだ。夜も眠れず、一日中酒に溺れた。その目は死んだように虚ろだった。

　時が経つにつれて、スカーレットの怒りは消えていった。彼女はレットと慰めあいたいと思うようになった。レットにあやまり、ボニーの死はあなたのせいではないと言いたかった。

　だが、もう遅すぎた。レットは彼女に他人のように接した。たいていは沈黙している。たまに話すときも、丁寧だがよそよそしかった。

　スカーレットはこれほど孤独を感じたことはなかった。レットが恋しかった。彼がいないと、世界が不自然に思える。得体の知れない恐怖を感じる。それは、霧のなかを逃げるという昔からの悪夢の恐怖に似ていた。安心させてくれるものを求めているのに、どうしても見つからない。

　スカーレットは南部人の昔からの友人も恋しかった。あの人たちと話せたらどんなにいいだろう！　彼女たちならわかってくれるはずだ。スカーレットのように、彼女たちも苦しんできた。戦争や敗戦、死や飢えに耐えてきた。あの人たちならこの痛みをわかってくれる。彼女を慰めることができるだろう。

　「でも、昔の友だちはわたしと話したがらないわ」と、スカーレットは気づいた。

「何年もまえに、わたしの友だちでいるのをやめたもの。わたしのせいだわ。わたしが気にかけなかったから！　でも今はあの人たちが恋しい。もう遅すぎるのね」

第46章（☞ p.248）

　ある日、スカーレットはマリエッタという近くの町を訪れていた。すると、レットから短い手紙が届いた。「ミセス・ウィルクスが病気だ。すぐに帰りなさい」

　スカーレットは急いでアトランタへ戻った。レットが馬車で駅まで迎えにきていた。すぐに彼女を乗せてウィルクス家へ向かった。

　「メラニーはどこが悪いの？」スカーレットは声をあげた。「いったいどうしたの？　2、3日前に会ったときは元気だったわよ！」

　「彼女は危篤だ」レットは言った。「きみに会いたがっている」

　「危篤ですって！」スカーレットは叫んだ。「まさか！　メリーがそんな！　何があったの？」

　「流産したんだ」レットが答えた。

　スカーレットは驚いた。「なんですって！　でも、どうして、レット？」と訊く。「もう子どもを産んじゃいけないって、ミード先生からいつも言われてたのに」

　「昔から子どもが好きだからな」レットは言った。「彼女が妊娠してることに気づかなかったのか？　最近とても幸せそうだったじゃないか……そうに違いないと、わたしはわかってたよ」

　「メラニーが死ぬはずないわ、レット！　ありえない！　だって、わたしも流産したけど大丈夫だったんだから——」スカーレットは叫んだ。

　「彼女にはきみのような体力はないよ」レットは静かに言った。「体力なんてあったことがない。あるのは温かい心だけだった」

　まもなくふたりはウィルクス家に到着した。スカーレットは急いで玄関に駆けより、ノックした。アシュリーが出迎えた。悲しみのせいで声に力がない。

　「やっと来てくれたね」彼は言った。「きみを呼んでいるよ」

　「メリーはほんとは危篤なんかじゃないわよね？」スカーレットは訊いた。「メリーが死ぬはずがないわ！」部屋を見まわすと、インディア・ウィルクスとピティパット叔母もいた。ふたりともアシュリーと同じく、悲しみで凍りついている。

　本当なんだわ！とスカーレットは悟った。メラニーは死にかけている！

　そう思うと、恐怖に襲われた。神さまがメラニーを取られるはずがないわ。わたしにはメラニーが必要よ！　どうしても必要なのよ！　メラニーがいなければ、わたしはやっていけない。

　その真実にスカーレットは驚いた。メラニーはずっと自分の力と慰めだったのだと、彼女は気づいた。メラニーはいつも彼女を敵から守ってくれた。いつもスカーレットの味方をしてくれ、心から愛してくれた。

そのとき、メラニーの寝室のドアが開いた。ミード医師が出てきて、スカーレットを見た。「さあ、早く」と彼は言った。「メラニーが会いたがっているよ」

　スカーレットはその小さな部屋に駆けこんだ。メラニーがベッドに横になっていた。まるで少女のように小さくて、顔が真っ青だ。黒髪が枕の上に広がり、目は閉じられている。

　「メリー、わたしよ」スカーレットは優しく言い、彼女の手を握った。

　メリーはしばらく目を開けた。「スカーレット」とささやく。その声は弱々しいが、はっきりしていた。「約束してくれる？」

　「もちろんよ！」スカーレットは声をあげた。

　「ボーの面倒を見てね」メラニーは言った。「あなたに託すわ」

　「約束するわ」とスカーレット。「自分の子どもだと思って世話をするわ」

　メラニーは沈黙した。それから再び話そうとした。「アシュリー」とささやく。「アシュリー……」

　一瞬、スカーレットは恐怖と恥ずかしさでいっぱいになった。ああ、なんてこと！　メラニーは知ってるんだわ。アシュリーとわたしのことを知っている！　過去を変えられたらいいのに！　昔に帰りたい！　すべてやり直したい！

　スカーレットはメラニーの愛情深い黒い瞳を見つめた。だが、そこに憎しみはなかった。愛と優しさが死と闘っているだけだ。

　「神さま、ありがとうございます！」スカーレットは無言で祈り、感謝をささげた。「メラニーは知らないのですね。わたしにはもったいないことだけど、彼女に知られずにすんで感謝します」

　ようやくメラニーは言葉を継いだ。「アシュリー……アシュリーの面倒を見てくれる？」と、弱々しい声で訊いた。「面倒を見て……でも本人にはわからないようにしてね」

　「そうするわ」スカーレットは言った。「約束する」

　ミード医師が寝室に入ってきた。「さあ早く！」とささやく。「インディアとミス・ピティパットが待っているよ」

　スカーレットは泣くのをこらえて、メラニーにキスをした。「おやすみなさい」と小さな声で言う。

　「約束してくれる？」メラニーがささやいた。「バトラー船長に優しくしてね。あの人は――あなたをとても愛してるわ」

　メラニーの言葉にスカーレットは驚いたが、戸惑いを押し隠して、「ええ、もちろんよ」と言った。それからミード医師に促されて寝室を出た。

　　　　　　　　　　　　　　＊　＊　＊

　アシュリーが部屋の隅に立っていた。泣いている。「ああ、アシュリー」スカーレットは声をあげた。「しっかりしなきゃ！」

彼は首を横にふった。「ぼくがしっかりしていられたのは、メラニーがいたからだ。彼女がぼくの力だよ。彼女がいなければ、ぼくは弱くて途方に暮れてしまう。メラニーはぼくのすべてなんだ」

　スカーレットは唖然としてアシュリーを見た。このとき初めて、彼を本当に理解した気がした。

　「アシュリー、あなた、メアリーを愛してるのね！」彼女は声をあげた。

　「彼女はぼくにとって、けっして消えない夢だったんだ」彼はささやく。

　「まあ、アシュリー、あなたって、なんてばかだったの」スカーレットは思わず言った。今、すべてが残酷なほど明らかになった。「この何年ものあいだ、本当はわたしを愛してなかったね！　あなたはずっとメラニーを愛してたのに、自分で気づいてなかったのよ。そして、わたしも——わたしもばかだった。あなたを愛してると思ってたけど、ばかでわがままな子どもにすぎなかったんだわ」

　真実を突きつけられてアシュリーは傷ついた。「頼むよ」と懇願した。「今はやめてくれ」

　スカーレットはメラニーとの約束のことを思い出した。アシュリーの面倒を見なくては。いじわるを言ってはいけない。

　「泣かないで」彼女は優しく言った。「すぐにメラニーのそばに行くのよ。泣いてるのを見せちゃだめよ」

　ミード医師が大声で呼んだ。「アシュリー！　すぐ来なさい！　急いで！」アシュリーは寝室に駆けこんだ。

　スカーレットはひとりになった。ふいに、そこから立ち去りたくなった。つらすぎて、ここにはいられない。「帰らなきゃ！」と自分に言いきかせる。彼女はその家を出て、小走りで通りを進んでいった。

第47章 (☞ p.254)

　スカーレットは家へと急いだ。寒くて霧のかかった夜だった。なぜだかわからないが、彼女は怖かった。得体の知れない危機感に襲われる。霧と暗闇に包まれていく。

　「あの悪夢みたい！」彼女は気がついた。「怖いわ。霧のなかを走ってる！　あの悪夢が現実になったようだわ！」心臓が激しく脈打つ。恐怖で頭がおかしくなりそうだ。彼女は力のかぎり走った。

　やがて、家の明かりが見えた。「悪夢とは違うわ」彼女は思った。「家が見える！もうすぐ帰れるわ！」とたんに気持ちが落ち着いた。

　わが家！　それこそ、自分が行きたかったところだ！　そこへ向かって走っていたのだ。レットのもとへ帰ろうとして！

　そう思ったとたん、ようやくわかって叫びそうになった。レット！　自分はレット

のもとへ帰るために走っていたのだ。アシュリーではなく彼が、あらゆる恐怖と困惑を解決する道だった。力強く安心できる腕で抱いてくれるレット。からかうような笑いで恐れを吹き飛ばしてくれるレット。完璧に理解してくれるレット。

　レットは自分を愛してくれている！　どうして愛されていることに気づかなかったのだろう！　メラニーは知っていた。だから、「彼に優しくしてね」と言ったのだ。

　まだ霧に包まれていたが、スカーレットはもう気にならなかった。「わたしはレットを愛している」彼女は思った。その真実に気づくと、喜びと驚きで胸がいっぱいになった。「いつから愛しはじめたのかわからないけど、愛してるわ。アシュリーを愛してるんじゃない。ああ、わたしは何も見えてなくて、ばかだった！　レットはずっとわたしを愛してくれてたのに、わたしはいじわるばかりしてしまって。でも、わたしはあの人を愛しているわ。彼に話そう。彼を見つけて、今すぐ伝えよう」

　彼女は家に駆けこみ、レットを捜した。レットがダイニングルームにいるのを見つけると、一瞬、その腕のなかへ飛びこみたくなった。だが彼の顔を見て、立ちどまった。

　レットの目は暗くて疲れきっていた。彼は驚きもせずに彼女を見た。その顔は穏やかで、ほとんど優しげだったが、そのことがかえって怖かった。

　「こっちへ来て、すわりなさい」彼は言った。「メラニーは亡くなったのか？」

　スカーレットはうなずいて、腰を下ろした。怖くて言葉がなかなか出ない。

　「安らかに眠りたまえ」レットは言った。「彼女ほど心底優しい人は他に知らないよ」彼は長いあいだ沈黙した。

　やがて、彼は再び目をあげ、今度は冷ややかな声で言った。「そうか、ミセス・ウィルクスは亡くなったのか。きみにとっては、いろいろやりやすくなったわけだ」

　「まあ、レット、よくそんなことが言えるわね。わたしが彼女を愛していたのを知ってるくせに！」スカーレットは声をあげた。

　「いや、知らなかったな」

　「もちろん愛してたわ！　彼女はとてもいい人だったもの！　自分以外のみんなのことばかり考えて……。ほら、わたしに言った最後の言葉も、あなたのことだったのよ」

　レットは急に関心をもって彼女を見た。「なんて言ったんだ？」

　「彼女は、『バトラー船長にやさしくしてね。彼はあなたをとても愛しているから』って言ったの」スカーレットは彼に伝えた。

　レットは奇妙な表情で彼女を見つめた。「他には何か言っていたか？」

　「わたしにボーの面倒を見てって……それからアシュリーの面倒も」スカーレットは言った。

　「それは好都合だな」レットは皮肉っぽく言った。「最初の奥さんの許可をもらったとは！　これで、わたしと離婚してアシュリーと結婚できるじゃないか」

「そんな！　違っわ！」スカーレットは叫んだ。もう黙っていられない。「離婚なんかしたくないわ！　そうじゃないのよ、レット。アシュリーなんていらない。わたしはあなたを愛してるの！」

　レットはしばらく黙っていた。「きみは疲れているんだ」と、ようやく言った。「もう寝たほうがいい。わたしも何も聞きたくない」

　「だけど、今言わなきゃいけないの！」スカーレットは声をあげた。

　「いいかい、スカーレット、きみの顔を見ればすべてわかるよ」レットは言った。「どんな理由か知らないが、きみはとつぜん、ウィルクス氏が自分に合う男じゃないことに気づいたんだな。それで今は、わたしが好きなような気がするんだろう」彼はため息をついた。「そんな話をしてもなんにもならない」

　「どうして？」スカーレットは迫った。「あなたを愛してるのよ。あなたもわたしを愛してるんでしょ。わたしはずっとひどい妻だったけれど、これからはすべて変えていくわ！　愛してるのよ、ダーリン！　それに気づかなかったなんて、わたしはばかだったわ。レット、信じて！」

　「信じるよ」彼は言った。「以前なら、その言葉を聞いて喜んだだろう。以前なら、きみの愛を神に感謝しただろうな、スカーレット。でも今では、どうでもいいことだ」

　「何を言ってるの？」スカーレットは叫んだ。「レット、わたしを愛してるのよね？　そうに違いないわ！　メリーが、あなたはわたしを愛してるって言ってたもの」

　「彼女の言うとおりだよ、彼女が知っているかぎりではね」彼はゆっくりと言った。「でもスカーレット、どんなに不滅の愛でも枯れてしまうことがあるんだ。最強の愛でさえ死に絶えることがある」

　彼女はそれを聞いて愕然とした。

　「わたしの愛は枯れてしまった」レットは続けた。「わたしはずっと待ちつづけて、きみに愛されようとした。アシュリー・ウィルクスを忘れさせようとした。スカーレット、わたしはきみを何年も、何年も愛していたんだ！　そしてやっと結婚したとき、きみに愛されていないことを知った。でも、こちらを向かせることができると思っていた。自分の愛を打ち明けることはできなかったが……。きみは自分を愛する者には残酷だからね、スカーレット。その愛を鞭のように使って、相手を傷つけるだろう」

　彼の声は穏やかで疲れきっていた。「きみを2階へ抱いていった夜、きみが愛してくれるんじゃないかと願っていた。でもそのあと、とても怖くて顔を合わせられなかった。それから——きみは流産した。とてもつらかったよ。きみに会いたかった……だが、きみはわたしを呼んでくれなかった。自分はなんてばかなんだ、と思ったよ。それで、あきらめたんだ。愛情をすべてボニーに注ぐことにした。あの子はきみのようだったよ、スカーレット。ボニーはきみだと想像していたんだ。きみにあげた

かった愛情をすべてボニーに注いだ。そして、あの子が亡くなったとき、あの子がすべて天にもっていってしまった」

　すると、スカーレットは心からレットがかわいそうになった。こんなに誠実にわたしを愛していたのね！　そして、こんなに苦しんできたなんて！　ようやくスカーレットは彼を理解した。

　「ああ、ダーリン！」彼女は心をこめて言った。「これまでのこと、本当にごめんなさい。わたしが悪かったわ！　でも、これからすべてよくなっていくわ。あなたを愛してるもの！　一緒に幸せになれるわ」

　「いや、ありがたいが、けっこうだ」レットは優しく言った。「わたしの愛は消えてしまったんだよ、スカーレット。自分の心をまた傷つけるのはごめんだ」

　スカーレットは絶望感でいっぱいになった。「だけど、レット！」と叫んだ。「わたしに何か感じるはずよ！　何か残っているはずだわ！」

　「ふたつだけ残っている」彼は言った。「憐れみと思いやりだ」

　なんてことなの、と彼女は思った。それでは、本当に何も残っていないのだ。「わたしが台無しにしたのね」彼女はゆっくりと言った。「もうわたしを愛していないの？」

　「そのとおりだ。それに、わたしは出ていくつもりだよ」彼は答えた。「アトランタから出ていくんだ」

　一瞬、スカーレットは泣き叫びたくなった。しかし自分を抑えた。たとえレットが愛してくれなくても、尊敬の念を抱かせなくては、と思った。懇願したり、泣いたりしないわ。取り乱すもんですか。

　彼女は顎を上げて彼を見た。「どこへ行くの？」と静かに尋ねる。

　彼はかすかに称賛の思いをこめてスカーレットを見つめた。「まだわからない。たぶんチャールストンかヨーロッパかな」

　スカーレットはうなずいたが、何も言わなかった。

　「では、わたしの言いたいことは、わかってくれたんだね？」レットが言った。

　スカーレットは胸が張り裂けそうになった。「いいえ！」と、だしぬけに叫んだ。「わかったのは、あなたがわたしを愛してないことと、ここを出ていくってことだけよ！　ああ、ダーリン！　あなたが行ってしまったら、わたしはどうしたらいいの？」

　「自分に嘘はつけないし、きみにも嘘はつけない」レットは言った。「壊れたものは壊れたんだ。なくなったものは戻らないのさ。一緒に住んで、何事もなかったかのように振る舞うことなんてできない。きみが何をし、どこへ行くべきか、気になったらいいんだが、少しも気にならないんだ」

　彼は言葉を切ってから、軽く、だが優しく言った。

　「スカーレット、わたしにはどうでもいいんだ」

第48章 （☞ p.260）

　スカーレットはレットが部屋を出ていくのを見つめた。苦々しい痛みが心に広が
る。彼女は無力だった。できることは何もない。言えることもない。レットの気持
ちを変えることはできない。

　「わたしはレットのことを理解してなかったんだわ」彼女は気づいた。「アシュ
リーのことも理解してなかった。アシュリーのことを理解していたら、愛したりし
なかったのに。そして、レットのことを理解していたら、彼を失うことはなかった
のに」そう思うと恐ろしくて、心のなかが焼けこげて穴が開いてしまいそうだ。

　「今は考えないようにしよう」彼女は自分に言いきかせた。「考えたら気が変にな
るわ。明日考えよう。でも——でも、どうしたらいいの？　レットを失うわけにはい
かない！　行かせるわけにはいかない！　何か方法があるはずよ！」

　そのとき、彼女はタラのことを思った。とつぜん、胸の痛みがほんの少し和らい
だ。タラ！　豊かな赤土の広大な綿花畑が目に見えるようだ。緑の木々に囲まれた白
い屋敷を心に描く。

　タラを思うと、スカーレットの心に勇気が湧いた。彼女は誇らしく目をあげた。そ
の顔には決意がみなぎり、瞳は新しい力で輝いていた。それは、けっして敗北を認
めず、けっしてあきらめない女の瞳だ。

　「こうすればいいわ」と自分に言いきかせて、頭を高くもちあげた。「明日、タラ
に帰るのよ。それから、こういうことを全部考えよう。レットは取りもどせる！　今
はその方法がわからないけど、そのうちわかるはず。明日なら、タラで方法を思い
つくわ。だって、明日はまた別の日だから」

English **C**onversational **A**bility **T**est
国際英語会話能力検定

● E-CATとは…
英語が話せるようになるための
テストです。インターネット
ベースで、30分であなたの発
話力をチェックします。

● iTEP®とは…
世界各国の企業、政府機関、アメリカの大学
300校以上が、英語能力判定テストとして採用。
オンラインによる90分のテストで文法、リー
ディング、リスニング、ライティング、スピーキ
ングの5技能をスコア化。iTEP®は、留学、就職、
海外赴任などに必要な、世界に通用する英語力
を総合的に評価する画期的なテストです。

www.ecatexam.com

www.itepexamjapan.com

名作文学で読み解く英文法
風と共に去りぬ

2024年6月2日　第1刷発行

原 著 者　マーガレット・ミッチェル

英文リライト　ミキ・テラサワ

翻　　訳　牛原眞弓

文法解説　和泉有香（Joy）

　　　　　レイナ・ルース・ナカムラ

発 行 者　賀川　洋

発 行 所　IBCパブリッシング株式会社
　　　　　〒162-0804 東京都新宿区中里町29番3号 菱秀神楽坂ビル
　　　　　Tel. 03-3513-4511　Fax. 03-3513-4512
　　　　　www.ibcpub.co.jp

印刷所　　株式会社シナノパブリッシングプレス

ISBN978-4-7946-0813-0